Building Evolutionary Architectures

진화적 아키텍처

O'REILLY® 한빛미디어 Hanbit Media, Inc.

"서비스의 발전에 따라서 요구 사항 또는 시간의 흐름에 따른 변화를 어떻게 안전하게 아키텍처에 반영할 수 있을까?"

서비스의 아키텍처를 수립하는 과정에서 그리고, 서비스를 운영하면서 위의 질문들이 필연적으로 생기게 마련입니다. 그런데 이러한 질문의 답변은 쉽지 않습니다. 모든 것을 쉽게 해결해주는 황금 열쇠는 존재하지 않고, 어떨 때는 새로운 언어가, 또 어떨 때는 새로운 프레임워크가 모든 문제를 해결해 줄 것 같지만, 사실은 이것이 해결해줄 수는 부분은 아주 작은 부분일 뿐입니다.

다만 확실한 건 '변화는 피할 수 없고, 변화를 계속 대비해야 한다'뿐입니다.

그렇다면 그 변화에 대한 준비는 어떻게 해야 할까요? 변화에 대비하기 위해서는 좋은 거버넌스도 필요하고, 이를 뒷받침할 좋은 툴들도 필요합니다. 그리고 무엇보다 이런 고민들을 미리 아키텍처와 프로세스에 반영해야 합니다.

이 책의 전반부에서는 변화에 대응하기 위한 '진화적 아키텍처'가 어떤 것인지를 설명하고, 후반부에서는 각각 이를 적용하는 데 필요한 툴이나, 거버넌스, 방법들을 소개하고 있습니다. 다만 이런 내용들이 쉽게 이해되지는 않습니다(꽤 어렵습니다). 주니어 개발자가 아니라, 시니어 개발자에게 서비스의 진화를 위해서 꼭 읽어볼 만한 책이라고 생각합니다.

강대명, 레몬트리 CTO

이 책의 원서를 처음 접한 것은 이 책의 대표 저자인 닐 포드가 2010년 내외에 IBM 디벨로퍼웍스라는 사이트에 기고한 「진화적 아키텍처와 창발적 설계」라는 연작을 통해서였다.

익스트림 프로그래밍에서 아키텍처도 단순한 형태에서 시작해 점진적으로 필요한 수준으로 개선해야 한다는 이야기를 들었을 때 비현실적이란 생각이 들었다. 아키텍처는 장기적으로 광범위하게 영향을 미치는 큰 결정이라서 나중에 바꾸는 건 불가능하거나 아주 큰 비용이 든다고 믿었다. 그 후에 POJO로 대변되는 비침투적 기술이 주목받고 그중 대표적인 기술인 스프링 프레임워크를 사용하면서 진화하는 아키텍처라는 개념을 만날 때쯤에는 적극적으로 옹호할 준비가 되어 있었다.

Building Evolutionary Architectures

진화적 아키텍처

진화적 아키텍처

피트니스 함수, 거버넌스 자동화를 활용해 생산성 높은 소프트웨어 구축하기

초판 1쇄 발행 2023년 08월 31일

지은이 닐 포드, 레베카 파슨스, 패트릭 쿠아, 프라모드 사달게이 / **옮긴이** 정병열 / **펴낸이** 김태헌
펴낸곳 한빛미디어(주) / **주소** 서울시 서대문구 연희로2길 62 한빛미디어(주) IT출판2부
전화 02-325-5544 / **팩스** 02-336-7124
등록 1999년 6월 24일 제25100-2017-000058호 / **ISBN** 979-11-6921-134-5 93000

총괄 송경석 / **책임편집** 박민아 / **기획·편집** 김지은
디자인 표지 박정우 내지 박정화 / **전산편집** 백지선
영업 김형진, 장경환, 조유미 / **마케팅** 박상용, 한종진, 이행은, 김선아, 고광일, 성화정, 김한솔 / **제작** 박성우, 김정우

이 책에 대한 의견이나 오탈자 및 잘못된 내용에 대한 수정 정보는 한빛미디어(주)의 홈페이지나 아래 이메일로 알려주십시오. 잘못된 책은 구입하신 서점에서 교환해드립니다. 책값은 뒤표지에 표시되어 있습니다.

한빛미디어 홈페이지 www.hanbit.co.kr / **이메일** ask@hanbit.co.kr

지금 하지 않으면 할 수 없는 일이 있습니다.
책으로 펴내고 싶은 아이디어나 원고를 메일(**writer@hanbit.co.kr**)로 보내주세요.
한빛미디어(주)는 여러분의 소중한 경험과 지식을 기다리고 있습니다.

그 연작이 공개된 지 10여 년이 지났고, 그 사이 세상은 클라우드 컴퓨팅, 스타트업, 디지털 전환, 데이터 일반화되었다. 이제는 소프트웨어를 매체에 담아 배포distribute하는 방식보다 SaaS 형태로 한 곳에 배치deploy해서 서비스하거나 앱 스토어를 통해 지속적으로 전송되는 형태가 더 일반화되었다. 따라서 소프트웨어 개발 방식도 프로젝트 기반보다는 제품의 생애 동안 지속적으로 개발하고 개선하고 출시하는 순환 개발 방식으로 전환되고 있다. 이제는 최소 기능 제품에서 시작해서 빠르게 시장의 피드백을 받으며 개선하거나 방향을 전환하는 방식에 친숙해졌다.

2009년에 닐 포드가 이 개념을 이야기할 때는 다소 앞선 도전적인 주장이었다면 이제는 그 필요가 무르익었고 환경도 충분히 준비되었다. 그리고 이 개념도 그사이 정리되고 개정판이 나올 정도로 정교화되어서 이렇게 우리말로 번역될 수준이 되었다. 닐 포드의 책과 강의는 표현과 전달 방식이 학문적이고 거창해서 쉽게 이해가 안 되고 때로는 용두사미식으로 마무리가 되어 아쉬운 면이 있었다. 이 책 또한 그런 어려움을 가지고 있다. 특히 개발자들은 주로 구현 기술에 더 치중되어 있어 아키텍처 용어에 익숙하지 않아 이 책을 읽는 데 어려움을 느낄 수 있다. 하지만 조금만 인내를 가지고 초반의 문턱만 넘으면 평생 자산이 될 지식을 얻게 될 것이다. 이 어려운 내용을 깔끔하게 번역해주신 역자 님께 고마운 마음을 전한다. 이러한 헌신 덕분에 우리 업계가 앞으로 한 걸음 더 진보하게 될 것이다.

박성철, 컬리 물류 프로덕트 본부장

개인적으로 닐 포드의 책을 굉장히 좋아합니다. 특히, 이 책은 고수준 아키텍처를 설계하는 과정에서 독자들이 더 깊이 생각할 수 있도록 도와줍니다. 더불어 모던화하는 여러 기업이 지켜야 할 규범적 지침과 지속적으로 개선되는 아키텍처 선정의 기준이 되는 피트니스 함수의 다양한 사용법을 안내합니다. 만약 여러분이 현재 변화하는 조직의 진화하고 있는 아키텍처를 다루고 있다면 이 책에서 다양한 인사이트를 제공받을 수 있을 것입니다. 이 책의 하이라이트는 후반부입니다. 역사와 전통이 깊은 아키텍처가 가져야 할 정신을 전반부에 다룬다면, 후반부는 더욱 실용적인 방법으로 소개하고 있기 때문이죠. 진화하고 있는 IT 업계에 몸 담고 있다면 이 책은 굉장히 매력적으로 여러분에게 다가올 것입니다.

김세웅, AWS

이 책은 진화적 소프트웨어 아키텍처에 관한 혁신적인 가이드와 통찰을 전달합니다. 뿐만 아니라, 거버넌스의 중요성과 시스템 설계에서의 진화적 아키텍처에 대한 깊은 이해를 중심으로 다루고 있습니다. 따라서 소프트웨어 아키텍트는 물론, 다른 전문가들도 이 책을 통해 소프트웨어 프로젝트를 효과적으로 관리하여 지속 가능한 솔루션을 만드는 데 도움을 받을 수 있습니다. 쉽게 이해할 수 있는 구성으로 저자들의 지식과 경험을 나누고 있는 이 책을, 이 분야에 관심이 있는 모든 이에게 강력히 추천합니다.

윤명식, 메가존클라우드

사람들은 새로운 것을 원하고, 거기에 맞게 플랫폼은 바뀌어야 합니다. 그러나 설계가 제대로 되어있지 않다면 플랫폼을 변경하는 것은 어렵습니다. 이 책에서는 변화에 적응하고 수용하여 진화하는 플랫폼을 만들기 위해 어떤 부분을 고민해야 하는지에 대해 설명하고 있습니다. 소프트웨어 개발에서 벗어나 플랫폼 설계에 관심을 가지기 시작한 개발자와 유연한 플랫폼을 설계하기 위해 고민하는 아키텍트에게 이 책을 추천합니다.

윤병조, 소프트웨어 개발자

이 책은 소프트웨어 개발의 핵심 주제를 중심으로 아키텍처의 원칙과 실제 사례를 통해 진화적 아키텍처의 개념과 장점을 설명합니다. 이 책을 읽고나면 소프트웨어 아키텍처에 대한 새로운 시각과 통찰력을 얻을 수 있을 뿐만 아니라, 책에서 배운 내용을 실무에 유용하게 활용할 수 있습니다. 특히 요즘에는 분산형 MSA 아키텍처가 활발히 도입되고 있는 시기입니다. 이에 맞춰 '진화적 아키텍처'는 클라우드 네이티브를 도입하려는 모든 소프트웨어 개발자나 아키텍트에게 유용한 기술로, 실무에 큰 도움이 될 것입니다.

이맹렬, 베스핀글로벌 CNE Team AA

소프트웨어 업계에서 아키텍처는 코드를 작성하기 전에 개발하고 완성하는 것이라는 오랜 관념이 있었다. 개발하는 동안 변경할 필요가 없는 아키텍처가 성공적인 아키텍처라는 이러한 관념은 건설 업계의 인식으로부터 많은 영향을 받았다. 한편으로는 아키텍처 재구축이 유발하는 과도한 비용과 상당량의 폐기물에 대한 거부 반응이기도 했다.

아키텍처에 대한 고정관념은 애자일 소프트웨어 방법론의 등장으로 거센 도전에 직면했다. 선계획preplaned 아키텍처는 코딩을 시작하기 전에 요구 사항이 고정되어야 한다는 전제에서 출발한다. 고정된 요구 사항을 아키텍처가 뒤따르며, 이러한 아키텍처를 컨스트럭션construction(프로그래밍)이 뒤따른다. 그리하여 단계별 혹은 폭포수 개발이 시작된다. 그러나 애자일 세계는 고정된 요구 사항이라는 개념 자체에 반기를 든다. 애자일은 일상적으로 변경되는 요구 사항이야말로 현대 비즈니스의 필수 요건임을 강조하며, 이를 수용하기 위한 프로젝트 계획 기술을 마련한다.

애자일 세계의 많은 이가 아키텍처의 역할에 의문을 제기했다. 선계획 아키텍처의 개념은 현대의 역동성과 명백히 어울리지 않았다. 그러나 이러한 문제의식은 애자일만의 전유물은 아니었다. 현대의 아키텍처는 요구 사항의 변화와 프로그래밍의 피드백에 모두 대응해야 한다. 이러한 관점에서 아키텍처는 프로그래밍과 밀접한 상호관계를 유지하려는 항구적인 노력이라 표현할 수 있다. 변화를 예측할 수는 없지만 아키텍처를 안전한 방향으로 이끄는 것은 가능하기에, 우리는 이러한 노력을 진화적 아키텍처라 부르기로 했다.

쏘우트웍스Thoughtworks에서 우리는 진화적 아키텍처의 세계관에 몰두했다. 레베카Rebecca는 금세기 초 가장 중요했던 다수의 프로젝트를 이끌며 CTO로서 우리의 기술 리더십을 발전시켰다. 닐Neal은 우리의 경험을 집대성하고 도처로 전달하는 신중한 관찰자였다. 팻Pat은 자신의 프로젝트 경험을 바탕으로 우리를 기술적으로 선도했다. 아키텍처는 그저 잘 되기만을 바라며 방치하기에는 너무나도 중요한 존재다. 아키텍처가 경험하는 변화에는 저마다의 목적이 있다. 우리는 수없이 실수하고, 그로부터 배우며, 다양한 변화에 우아하게 대응할 수 있는 코드베이스를 구축했다.

진화적 아키텍처의 핵심은 피드백 순환 속에서 작은 변화를 일으키는 것이며, 피드백을 통해 모든 이가 시스템의 발전 과정을 파악하는 것이다. 지속적 전달 기술의 등장은 진화적 아키텍처가 실용성을 갖출 수 있었던 중요한 계기였다. 이 책의 저자들은 피트니스 함수의 개념을 활용해 아키텍처의 상태를 모니터링하는 방법을 보여준다. 또한 다양한 아키텍처 스타일의 진화성을 탐색하고 흔히 간과하기 쉬운 장기 데이터의 문제에 주목한다. 이 과정에서 콘웨이의 법칙Conway's law을 상당히 중요하게 논의한다.

진화적 스타일에 맞추어 소프트웨어 아키텍처를 다루는 기술은 아직 연구할 부분이 많다고 확신한다. 이 책은 진화적 아키텍처 기술의 현 상황을 이해하는 필수 로드맵으로 부족함이 없다. 21세기 사회에서는 소프트웨어 시스템의 중요성을 깨닫는 사람들이 점점 증가하고 있다. 이로 인해 변화에 빠르게 적응하고 대처하는 지식을 갖는 것은 모든 소프트웨어 리더의 필수 역량이 될 것이다.

마틴 파울러(martinfowler.com),
『리팩터링』 저자 / 쏘우트웍스 수석 과학자

지은이 · 옮긴이 소개

지은이 닐 포드 Neal Ford

엔드투엔드 소프트웨어 개발과 인도를 전문으로 하는 글로벌 IT 컨설팅 회사, 쏘우트웍스 ThoughtWorks의 이사이자 소프트웨어 아키텍트, 밈 랭글러 meme wrangler이다. 쏘우트웍스에 입사하기 전에는 미국에서 유명한 교육/훈련 개발 회사인 DSW Group에서 최고 기술 책임자(CTO)를 역임했다.

지은이 레베카 파슨스 Rebecca Parsons

쏘우트웍스의 최고 기술 책임자(CTO)이다. 브래들리 대학교에서 컴퓨터 과학과 경제학 학사, 라이스 대학교에서 컴퓨터 과학 석사와 컴퓨터 과학 박사 학위를 받았다. 유전자 알고리즘 등의 도구를 비롯해 진화적 컴퓨팅 분야에서 오랫동안 연구했다.

지은이 패트릭 쿠아 Patrick Kua

독일 네오 뱅크 N26의 전 최고 기술 책임자(CTO)이자 쏘우트웍스의 전 수석 기술 컨설턴트로 20년 이상 기술 업계에서 근무하고 있다. 그는 일대일 코칭, 온라인 및 대면 기술 리더십 워크숍, 기술 리더를 위한 인기 뉴스레터 Level UP을 통해 기술 리더의 성장을 돕고 있다.

지은이 프라모드 사달게이 Pramod Sadalage

쏘우트웍스의 데이터 및 데브옵스 책임자로 데이터베이스 전문가와 애플리케이션 개발자 사이의 격차를 해소하는 역할을 하고 있다. 2000년대 초반에 그는 버전 제어 스키마 마이그레이션을 기반으로 관계형 데이터베이스를 진화적인 방식으로 설계할 수 있는 기술을 개발했었다.

옮긴이 정병열

학창 시절 접한 BASIC 언어를 계기로 프로그래밍에 입문했다. 일찍부터 직업 개발자로 다양한 프로젝트를 수행하며 스타트업과 대기업에 몸을 담았다. 시니어 개발자로 경력을 이어가는 한편 양질의 개발 서적 출간에 일조하고자 틈틈이 노력하는 중이다. 옮긴 책으로는 『자바 개발자를 위한 데브옵스 툴』, 『자바 마이크로서비스를 활용한 SRE』(이상 한빛미디어) 등이 있다.

소프트웨어 아키텍트는 이상할 정도로 구인구직이 어려운 직군 중 하나다. 수요와 공급 면에서 모두 그렇다. 아키텍트라는 정규 직무 또는 부서가 편성된 회사가 의외로 많지 않다는 점은 배제하더라도, 그 수많은·회사가 아키텍트 없이 소프트웨어를 개발하고 있다고 생각하기는 어렵다. 다른 쪽에서는 아키텍트를 자처하는 이가 드물다. 옆자리 혹은 옆 팀 동료가 소프트웨어 개발에 관련된 결정을 내리고 있지만, 아키텍트가 누구냐고 묻는다면 선뜻 그를 가리키지 못한다. 심지어 지목당한 본인조차도 자신이 아키텍트가 맞는지 궁금해하곤 한다.

소프트웨어 아키텍트는 소프트웨어에 관련된 각종 계획, 조직, 리딩, 개발에 두루 능통해야 한다. 더 나아가 제품에 관여하고, 실험적 시도를 주관하고, 문제를 해결하고, 이해관계자들을 조율해야 한다. 이토록 다양한 역할을 해내야 하는 만큼 폭넓은 지식과 다방면의 경험이 필요하며, 그에 걸맞은 책임감까지 갖추어야 한다. 기업과 개인 모두 이를 잘 알고 있기에 소프트웨어 아키텍트는 발굴하거나 양성하기 힘들고, 자처하기도 쉽지 않다.

그럼에도 불구하고 아키텍트는 어디에나 있다. 지금 이 순간에도 누군가는 기술 스택을 결정하고 확장 규모를 가늠하며 인력을 구성하고 일정을 수립한다. 아키텍트에게 필요한 지식과 경험은 소프트웨어 개발에 필수 불가결한 전제 조건이기에, 대다수의 개발자들이 자신도 모르는 사이에 이러한 조건을 충족시키고 있을 확률이 높다. 이들에게 부족한 것은 특출난 지식이나 거창한 직책이 아니다. 자신들의 경험을 체계화하고 아키텍처 차원으로 정립할 이론적인 토대가 필요할 뿐이다.

아키텍처 기술의 주된 흐름이 SOA에서 MSA로 전환된 이래, 진화적 아키텍처는 가장 주목받는 아키텍처 기술 중 하나로 떠올랐다. 또한 일시적인 테크 트렌드에 머물지 않고 그간의 기술 발전 경향을 통해 실효성을 입증하고 있다. 본문에서 누누이 강조하듯 진화적 아키텍처는 현대적인 배포 자동화 기술 없이는 실현할 수 없는 설계다. 2017년 초판이 출간된 이후 해당 분야에서 이루어진 급격한 발전을 돌이켜보면 저자들의 탁월한 혜안과 통찰력에 탄복할 수밖에 없다.

진화적 아키텍처를 설계하는 것은 변화를 고려해 아무것도 결정하지 않거나 모든 선택을 열어놓는 것과는 다르다. 오히려 처음부터 변화를 적극적으로 감지하려는 시도에서 출발한다. 따라서 개발과 배포 과정에서 내리는 모든 결정은 아키텍처의 진화에 직간접적으로 영향을 미친다. 노련한 개발자가 배포 스테이지 한 켠에 추가한 자그마한 스크립트 조각은 이미 피트니스 함수가 될 자격을 충분히 갖추고 있다. 이를 적절히 다듬어 올바른 방향으로 유도하는 것이 바로 진화적 아키텍처의 시작이다.

현대의 소프트웨어 개발에서 아키텍처 설계가 차지하는 비중과 중요도는 끝없이 높아져만 간다. 이 책의 표현 그대로, 소프트웨어의 설계는 우리가 '소프트웨어 개발'이라 여기는 거의 모든 것에 코딩을 더하는 작업이나 다름없다. 그렇기에 아키텍처를 이해하는 능력은 아키텍트와 개발자 모두에게 필요한 핵심 역량이다. 아직까지 스스로를 아키텍트라 부르기 망설이는 개발자들은 이 책을 통해 자신의 경험을 진화적 아키텍처 기술로 체계화하고 미진한 부분을 보강할 기회를 마련할 수 있다. 또한 현업 아키텍트는 이 분야의 검증된 최신 기술과 이론을 기존 지식에 접목하고 한층 고도화시켜 자신만의 비전을 확립하는 발판으로 삼을 수 있다. 비단 진화적 아키텍처뿐만 아니라, 이 책은 아키텍처 기술 전반에 대한 개념을 정리하는 지침서로도 손색이 없다. 이 분야에서 세계적으로 전문성을 인정받은 저자들의 넓고 깊은 경험과 지식이 빼곡하게 정리되어 있기 때문이다. 소프트웨어 개발에 몸담은 사람 치고 이들의 숱한 저서나 강연을 한 번도 접하지 않은 이는 아마 없을 것이다.

애자일 개발에서 가장 주의할 점은 애자일이라는 단어를 입 밖에 내지 않는 것이라는 우스개소리가 있다. 개인적으로, 진화적 아키텍처도 이와 비슷한 태도로 접근할 여지가 있다고 본다. 진화적 아키텍처는 구체적인 형상을 띤 정교한 목표라기보다, 변화를 인지하고 스스로 발전하게끔 설계된 아키텍처가 시간이 흐르며 자연스럽게 획득하는 가치 내지는 지위이기도 하다. 그러기 위해 필요한 수단과 방법들은 모두 이 책에 있다. 번역 과정에서 세밀한 의미와 어조를 잘 전달하고픈 욕심이 유독 많이 들었던 책이었다. 이번에도 변함없이 많은 도움을 주신 한빛미디어 김지은 님께 감사드린다. 작업 기간 내내, 아이의 성장과 기술의 발전은 이토록 빠르구나 감탄하는 하루하루가 이어졌다. 언제나 그렇듯이 사랑하는 아내와 딸에게 감사한다.

초판을 쓰던 2017년만 해도 진화적 소프트웨어 아키텍처는 다소 급진적인 개념이었다. 이 주제로 강연을 이어가던 레베카는, 아키텍처의 진화라는 개념이 결국 전문성을 가장한 무책임에 지나지 않는다는 비난을 듣기도 했다. 아키텍처가 불변의 존재라는 인식은 그 정도로 견고했다.

그러나 현실은 과거의 인식으로부터 우리를 일깨운다. 사용자의 새로운 요구는 지속적으로 등장하며 소프트웨어 개발 생태계는 끊임없이 발전한다. 시스템은 이러한 모든 변화를 받아들이며 진화해야 한다.

초판이 발행되던 시점에 우리가 묘사한 기술을 실현한 도구는 거의 없었다. 다행히 소프트웨어 개발 세계는 진화적 아키텍처를 더 쉽게 구축할 수 있는 도구를 많이 탄생시켰으며, 계속해서 발전하고 있다.

책의 구성

개정판은 초판의 구조를 일부 변경했다. 진화적 소프트웨어 시스템의 엔지니어링 관행, 구축 편의성을 높이는 구조적 접근이라는 두 가지 주제를 이전보다 명확하게 설명하기 위해서다.

1부는 진화적 아키텍처의 목표를 구현하는 데 활용할 다양한 메커니즘과 엔지니어링 사례를 정의한다. 또한 이 주제를 이해하는 데 필요한 각종 기술, 도구, 범주, 그 외 다양한 정보를 제공한다.

구조 설계는 소프트웨어 아키텍처의 주요 분야이며, 설계에 따른 몇몇 결정은 진화와 거버넌스의 효과를 한층 높인다. 이러한 주제들은 2부에서 다룬다. 또한 커플링, 재사용, 기타 구조적 고려 사항과 설계 원칙에 더해 아키텍처 스타일까지 포괄적으로 아우른다.

소프트웨어 아키텍처를 이루는 모든 요소는 사실상 그 어느 것도 홀로 존재하지 않는다. 진화적 아키텍처의 많은 원칙과 관행은 소프트웨어 개발 프로세스 대부분을 하나로 엮어서 다루어야만 제대로 실천할 수 있다. 이는 3부에서 다루는 주제다.

사례 연구 및 PenultimateWidgets

이 책은 다양한 사례 연구를 제시한다. 네 명의 저자 모두 집필 기간 동안 컨설턴트로 일했으며, 몇몇은 아직도 현역이다. 이 책에 등장하는 사례는 대부분 실제 경험을 바탕으로 작성됐다. 고객의 세부 정보를 공개할 수는 없지만 추상적인 접근은 가급적 피하려 했다. 따라서 우리는 모든 사례 연구의 '주인공'으로 가상 기업인 PenultimateWidgets를 내세웠다.

개정판은 동료들의 도움을 받아 우리의 논의와 기술의 효과가 더욱 여실히 드러나는 적용 사례를 추가할 수 있었다. 이 책에 등장하는 모든 PenultimateWidgets의 사례는 실제 프로젝트 사례를 바탕으로 각색되었다.

공식 웹사이트

이 책의 공식 웹사이트인(https://evolutionaryarchitecture.com)에 방문하면 저자들이 직접 제공하는 다양한 참고 자료와 강연을 직접 확인할 수 있다. 기술적인 궁금증이 있거나 코드 예제에서 문제가 발생한 경우 cloudshadow@gmail.com으로 문의하기 바란다.

CONTENTS

PART 1 역학

CHAPTER 1 진화적 소프트웨어 아키텍처

CHAPTER 2 피트니스 함수

CHAPTER **3** **점진적 변화 엔지니어링**

CHAPTER **4** **아키텍처 거버넌스 자동화**

CONTENTS

PART 2 구조

CHAPTER 5 **진화하는 아키텍처 토폴로지**

CHAPTER 6 **진화적 데이터**

CONTENTS

PART 3 영향력

CHAPTER 7 진화 가능한 아키텍처 구축

CHAPTER **8** **진화적 아키텍처의 함정과 안티패턴**

CONTENTS

CHAPTER 9 **아키텍처 실천**

역학

진화적 아키텍처는 역학과 구조라는 광범위한 두 연구 영역으로 구성된다.

진화적 아키텍처 역학에서 중요하게 여기는 요소는 아키텍처를 진화시키는 엔지니어링 관행과 검증이다. 이들은 아키텍처 거버넌스 분야와 중첩된 영역에 있으며 엔지니어링 관행, 테스트 메트릭 등 소프트웨어를 진화시키는 다양한 기술을 포함한다. 1부는 이러한 진화적 아키텍처 역학을 정의하고 다양한 예시를 보여준다.

진화적 아키텍처를 구축하려면 소프트웨어 시스템의 구조나 토폴로지도 중요하게 고려해야 한다. 진화하기 용이한 시스템을 구축하는 아키텍처 스타일은 무엇인가? 진화를 촉진하기 위해 지양해야 할 구조적 선택이 존재하는가? 2부는 이러한 질문에 답하며 진화적 아키텍처 구조를 고찰한다.

진화적 아키텍처 구축의 여러 측면은 대부분 역학적, 구조적 요소가 함께 얽혀 있다. 3부에서는 진화적 아키텍처의 다양한 사례를 연구하고 적절한 조언을 제시한다. 또한 패턴과 안티패턴을 함께 설명하고, 진화를 가능케 하는 아키텍트와 팀의 역할 및 과제를 고민해본다.

CHAPTER 1

진화적 소프트웨어 아키텍처

우아하고 효율적으로 노화하도록 시스템을 구축하는 것은 일반적으로 소프트웨어 개발, 특히 소프트웨어 아키텍처 분야의 오랜 과제였다. 이 책은 진화 가능한 소프트웨어를 구축하는 두 가지 근본 원리를 설명한다. 하나는 애자일 소프트웨어 운동에서 확립된 효과적인 엔지니어링 관행이며 다른 하나는 변화와 거버넌스를 촉진하는 아키텍처 구조다.

아키텍처의 특성을 보호하기 위한 기존의 조치와 이를 유지하며 아키텍처를 변경할 수 있는 실행 기법, 두 종류의 지식을 통합함으로써 독자들은 아키텍처 변화를 관리하는 최신 기술을 결정론적 방식으로 이해하게 될 것이다.

1.1 진화적 소프트웨어의 과제

비트 부패bit rot, **소프트웨어 부패**software rot, **코드 부패**code rot, **소프트웨어 부식**software erosion, **소프트웨어 붕괴**software decay, **소프트웨어 엔트로피**software entropy 등 여러 이름으로 불리는 이 현상은, 시간이 지남에 따라 소프트웨어 품질이 서서히 저하되거나 응답성이 감소해 결국 소프트웨어 결함을 일으키는 변화를 말한다.

시간이 지나도 높은 품질을 유지하는 소프트웨어를 구축하기 위해 많은 개발팀이 오랫동안 노력을 아끼지 않았다. 이러한 목표의 어려움은 다양한 용어나 격언으로 표현됐으며, 방금 나열한 비트 부패^{bit rot}의 여러 정의는 그중 일부에 해당한다. 소프트웨어의 품질을 유지하기 어려운 이유는 두 가지다. 복잡한 소프트웨어의 다양한 작동부를 전체적으로 관리하기 쉽지 않고, 개발 생태계는 항상 역동적으로 변화하기 때문이다.

현대의 소프트웨어는 수천 또는 수백만 개의 독자적인 부품으로 구성되며 각각은 규모의 변화에 따라 교체되곤 한다. 이러한 변경 사항의 파급효과는 가끔 예상할 수 있는 범위를 크게 벗어난다. 거버넌스를 수작업에 의존하는 팀은 엄청나게 많은 부품과 각각의 조합이 유발하는 부수적인 효과에 압도당할 수밖에 없다.

소프트웨어 내부에서 벌어지는 무수한 상호작용은 정적인 환경이라 해도 관리하기 어렵다. 그러나 실제로 정적인 환경은 존재하지 않는다. 소프트웨어 개발 생태계는 수많은 도구, 프레임워크, 라이브러리, 모범 사례로 구성되며 특정 시점의 모든 최신 기술이 축적된 상태다. 마치 생물학적 생태계와 비슷하게, 소프트웨어 생태계는 개발자가 이해하고 만들 수 있는 것들로 이뤄진 일종의 균형을 형성한다. 그러나 이러한 균형은 동적^{dynamic}이다. 끊임없이 새로운 요소가 등장해 기존의 균형을 무너뜨리고 새로운 균형을 이룬다. 외발자전거를 타고 상자를 나르는 모습을 떠올려보자. 자전거가 직립을 유지하기 위한 조정은 동적인 움직임이며, 상자를 들고 수평을 유지하는 상태는 균형^{equilibrium}을 나타낸다. 소프트웨어 개발 생태계는 새로운 혁신이나 관행이 등장해 현재 상태를 뒤흔들고 새로운 균형을 잡도록 종용한다. 비유하자면, 외발자전거 선수에게 계속해서 상자를 건네며 균형을 유지하도록 강요하고 있는 셈이다.

소프트웨어 아키텍트는 불행한 외발자전거 선수와 여러 면에서 비슷하다. 둘은 모두 끊임없이 변하는 환경에 적응하며 균형을 유지해야 한다. 지속적 전달^{continuous delivery}이라는 엔지니어링 기법은 아키텍트 세계의 균형을 뒤흔든 지각 변동과 같다. 이제껏 고립되어 있던 운영 등의 분야를 소프트웨어 개발 라이프사이클에 통합시킴으로써 변화의 의미에 대한 새로운 관점을 열었다. 엔터프라이즈 아키텍트는 더 이상 5년 단위의 정적인 계획에 의존할 수 없다. 목표한 기간 동안 소프트웨어 개발 세계가 전체적으로 진화하므로 장기적인 모든 결정이 잠재적으로 무의미해질 우려가 있기 때문이다.

파괴적 변화의 조짐은 정통한 실무자도 예견하기 어렵다. 도커^{Docker}[1]로 대변되는 컨테이너 기술의 급부상은 업계에 발생하는 예측할 수 없는 변화의 실례다. 그러나 컨테이너화가 부상하는 과정은 일련의 소소하고 점진적인 사건을 통해 추적해볼 수 있다. 과거에는 운영체제, 애플리

---

1 https://www.docker.com

케이션 서버, 인프라 등이 상용 제품이었기에 라이선스 취득에 막대한 비용이 들었다. 당시 설계된 아키텍처는 대부분 리소스를 효율적으로 공유하는 데 중점을 두었다. 시간이 흘러, 많은 기업에서도 사용하기 충분할 정도로 리눅스Linux가 발전하면서 운영체제에 드는 금전적monetary 비용은 0으로 줄었다. 이윽고 퍼펫Puppet[2]과 셰프Chef[3] 등의 데브옵스DevOps 도구가 머신 프로비저닝을 자동화하며 리눅스의 운영적operationally 비용도 완전히 사라졌다. 생태계가 무료화되고 저변을 넓히기 시작하자 공용으로 쓰일 포터블 포맷을 통합하기 위한 움직임이 필연적으로 대두되었으며, 그 결과 도커가 탄생했다. 이렇듯 컨테이너화 기술은 앞선 모든 진화의 단계 없이는 존재하지 못했을 것이다.

소프트웨어 개발 생태계는 끊임없이 진화하며 아키텍처를 대하는 새로운 접근 방식들을 낳고 있다. 고위 아키텍트 집단이 비밀리의 상아탑에 은둔하며 차세대 혁신Next Big Thing을 결의하는 광경을 떠올리는 개발자도 있지만, 사실 혁신이 이루어지는 과정은 이보다 훨씬 더 유기적이다. 새로운 기술은 끊임없이 생태계 안에서 등장하며 다른 신기능과 기존 기능을 결합하는 통로를 연다. 비교적 최근에 확산된 마이크로서비스 아키텍처를 생각해보자. 오픈 소스 운영체제가 대중화되고 지속적 전달 주도 엔지니어링 관행과 결합하면서, 일부 선구자적 아키텍트들은 더욱 높은 확장성을 지닌 시스템 구축 기법을 발견해냈다. 마이크로서비스란 결국 이러한 방법론을 가리키기 위해 붙여진 이름이다.

2000년에 마이크로서비스가 없었던 이유

타임머신을 타고 2000년으로 거슬러 올라가보자. 여기 새로운 아이디어를 들고 운영 책임자를 찾아온 한 아키텍트가 있다.

아키텍트: 각각의 기능을 환상적인 수준으로 격리하는 새로운 아키텍처가 있어요. 마이크로서비스라 부르는 개념입니다. 이 원리에 맞게 비즈니스 기능을 중심으로 각 서비스를 설계하고 고도로 분리된 상태를 유지하려고 하는데요.

운영 책임자: 훌륭하군요. 어떻게 도와드리면 될까요?

아키텍트: 글쎄요, 컴퓨터 50대 정도, 거기에 들어갈 운영체제 라이선스 50개, 격리된 데이터베이스를 담당할 컴퓨터 20대, 그리고 그만큼의 라이선스가 필요합니다. 언제쯤 준비가 될까요?

운영 책임자: 됐습니다. 그만 나가 보세요.

마이크로서비스는 당시에도 좋은 아이디어였을지 모르지만 이를 뒷받침할 만한 생태계는 존재하지 않았다.

---

2 https://puppet.com
3 https://www.chef.io

특정 문제를 해결하기 위한 구조 설계structural design는 아키텍트의 주요 업무 중 하나다. 해결할 문제가 있고, 소프트웨어를 통해 이를 해결하기로 결정한 경우에 해당한다. 구조 설계를 시작할 때는 [그림 1-1]에 나열된 여러 요소를 도메인domain(또는 요구 사항requirement)과 아키텍처 특성architecture characteristic이라는 두 영역으로 나누어 생각해야 한다.

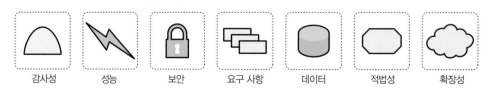

| 감사성 | 성능 | 보안 | 요구 사항 | 데이터 | 적법성 | 확장성 |

그림 1-1 요구 사항과 아키텍처 특성(소프트웨어의 '~성')이 망라된 소프트웨어 아키텍처의 전체 범위

[그림 1-1]의 '요구 사항'은 해당 소프트웨어가 해결해야 할 모든 문제 도메인을 의미한다. 나머지 부분은 한 데 묶어 다양한 이름으로 부른다. 아키텍처 특성(이 책에서 사용할), 비기능적 요구 사항nonfunctional requirement, 시스템 품질 속성system quality attribute, 공통 요구 사항cross-cutting requirement 등이다. 이들은 명칭을 불문하고 하나같이 프로젝트의 성공을 결정짓는 중요한 특성들이며 최초 릴리스부터 장기 유지 관리 단계까지 두루 영향을 미친다. 가령 확장성이나 성능 등의 아키텍처 특성은 시장에서의 성공을 가늠하는 특성인 반면, 모듈성modularity 등은 소프트웨어의 유지 관리 및 진화성에 기여하는 특성이다.

> 📑 **아키텍처 특성의 다양한 동의어**
>
> 이 책에서는 아키텍처 특성이라는 용어를 비도메인nondomain 설계 요소를 지칭하는 용도로 사용한다. 같은 대상을 두고 비기능적 요구 사항, 공통 요구 사항, 시스템 품질 속성 등으로 부르는 조직도 많다. 이 책은 특별히 하나의 용어를 강권하지 않는다. 개념은 모두 같으니 각자 편하게 여기는 용어를 사용해도 무방하다.

정적인 소프트웨어는 거의 없다. 개발팀이 신기능이나 통합 지점을 추가하고 통상적인 여러 변경 사항을 적용할 때마다 소프트웨어는 꾸준히 진화한다. 따라서 아키텍트는 아키텍처 특성을 보호할 메커니즘을 마련해야 한다. 이는 단위 테스트unit test와 유사한 면이 있지만 아키텍처 특성에 초점이 맞추어져 있으므로 별개의 변화 주기를 따르며 때로는 도메인 외부 존재에 종속되기도 한다. 가령 전사적인 기술 정책에 의해 기존의 도메인 솔루션과 무관하게 데이터베이스가 변경되는 상황이 여기에 해당한다.

이 책이 설명하는 메커니즘과 설계 기법은 아키텍처 거버넌스 분야에 통용된다. 이를 도입하면 유능한 개발팀의 소프트웨어 개발 프로세스와 비슷한 수준의 지속적 확신을 아키텍처 거버넌스 활동으로부터 얻을 수 있다.

아키텍처에 관한 의사 결정은 각 선택에 따른 장단점의 차이가 크다. 이 책에서 아키텍트^{architect}의 역할을 언급할 때는 조직 내 직책과 관계없이 아키텍처 관련 결정을 내리는 모든 이가 그 대상이다. 덧붙이자면, 아키텍처에 관련된 중대한 결정을 내리기 위해서는 사실상 늘 여러 분야가 협력해야 한다.

애자일 프로젝트에 아키텍처가 필요한가?

애자일 엔지니어링을 잠시 경험한 이들이 주로 갖는 의문이다. 애자일의 목표는 쓸모없는 오버헤드를 제거하는 것이지 설계처럼 꼭 필요한 단계를 생략하는 것이 아니다. 아키텍처의 수준은 여타 구성 요소와 마찬가지로 아키텍처의 규모에 의해 결정된다. 건축으로 비유하자면 개집과 빌딩의 차이를 생각하면 쉽다. 개집을 만들 때는 정교한 아키텍처가 아닌 간단한 자재만 있으면 충분하다. 반면 50층짜리 오피스 빌딩을 지으려면 반드시 사전 설계가 필요하다. 마찬가지로, 간단한 데이터베이스를 취급할 웹사이트를 만들 때는 아키텍처가 필요치 않다. 그저 적당한 재료를 찾아서 조합하면 된다. 그러나 대형 콘서트 예매 사이트처럼 확장성과 가용성이 높아야 할 결과물을 구축할 때는 설계 요소 각각의 여러 장단점을 신중하게 고려해야 한다

애자일 프로젝트에 아키텍처가 필요한가?라는 질문보다, 불필요한 설계를 얼마나 줄일 수 있는지에 대한 질문이 아키텍트에게 더 어울린다. 또한 이 질문은 더 적합한 설계를 찾아가는 과정에서 이전 설계를 반복적으로 구현할 수 있는가에 대한 고민을 함께 담고 있다.

1.2 진화적 아키텍처

아키텍처의 진화 메커니즘과 아키텍트가 내리는 모든 결정은 다음 정의로부터 파생된다.

> 진화적 소프트웨어 아키텍처는 **여러 차원**에 걸쳐 **유도된 변화**^{guided change}와 **점진적 변화**^{incremental change}를 지원한다.

이 정의는 세 부분으로 구성되며 지금부터 각각을 자세히 설명한다.

1.2.1 유도된 변화

아키텍처의 핵심 특성을 선정하고 나면 해당 특성을 보호하는 방향으로 아키텍처가 변화하도록 유도해야 한다. 이를 위해 피트니스 함수 fitness function라는 진화적 컴퓨팅 개념을 차용할 것이다. 피트니스 함수란 예상 설계 솔루션의 설정 목표 달성도를 간단하게 확인할 수 있는 목적 함수다. 진화적 컴퓨팅에서 피트니스 함수는 대상 알고리즘이 시간이 지남에 따라 얼마나 개선되었는지를 나타낸다. 다시 말해, 피트니스 함수는 변형 알고리즘이 생성될 때마다 알고리즘 설계자가 정의한 '적합성'에 근거해 각 변형이 얼마나 '적합한가'를 판단한다

진화적 아키텍처의 목표도 이와 비슷하다. 아키텍처의 진화에 따른 변화가 아키텍처의 핵심 특성에 어떤 영향을 미치는지 평가하고, 시간이 지남에 따라 이러한 특성이 저하되지 않도록 방지할 메커니즘이 필요하다. 아키텍처 진화에 피트니스 함수 원리를 대입하려면 변화의 경로 이탈을 막는 메커니즘을 함께 고려해야 한다. 메트릭, 테스트, 기타 다양한 검증 도구가 여기에 포함된다. 진화를 보호할 아키텍처 특성을 아키텍트가 정의하면, 그에 따라 각 기능을 보호할 피트니스 함수가 하나 이상 정의된다.

역사적으로, 아키텍처 설계의 일부는 곧 거버넌스 활동으로 간주되는 경우가 많았다. 아키텍처를 통해 변화를 도모한다는 개념은 최근에 들어서야 아키텍트들에게 받아들여지기 시작했다. 아키텍처 피트니스 함수를 통해 조직의 요구와 비즈니스 기능의 맥락을 함께 고려해 의사 결정을 내릴 수 있으며, 결정의 근거를 명시적이고 테스트 가능한 방식으로 마련할 수 있다. 진화적 아키텍처는 소프트웨어 개발을 대하는 도를 넘는, 무분별한 접근 방식이 아니다. 그보다는, 빠른 변화의 필요성과 시스템 아키텍처 특성의 엄밀함 사이에 균형을 가져오는 개념에 가깝다. 피트니스 함수는 아키텍처 의사 결정을 주도하며, 변화하는 비즈니스 및 기술 환경에 대응할 수 있도록 아키텍처의 변화를 유도한다.

피트니스 함수를 사용해 아키텍처의 진화 지침을 수립하는 방법은 2장에서 자세히 다룬다.

1.2.2 점진적 변화

점진적 변화 incremental change는 소프트웨어 아키텍처의 두 측면, 소프트웨어의 점진적 빌드와 배포 방법을 나타낸다.

개발 기간의 변경 사항은 비교적 작은 범위를 벗어나지 않는다. 따라서 이때는 소규모의 점진

적 변화를 허용하는 아키텍처가 진화에 유리하다. 배포 관점에서 보는 점진적 변화는 비즈니스 기능의 모듈화 및 분리 수준과 아키텍처 매핑 방식에 관련된 사안이다. 예를 들면 다음과 같다.

PenultimateWidgets라는 대형 위젯몰이 있다고 가정해보자. 이 업체는 마이크로서비스 아키텍처와 최신 엔지니어링 기법으로 제작된 카탈로그 페이지를 운영하며, 사용자가 별점으로 위젯을 평가할 수 있는 기능을 제공한다. 별점 기능은 PenultimateWidgets의 여러 서비스에서 공유하며 고객 담당자, 배송 업체 등의 평가에 활용된다. 어느 날 별점 개발팀은 별점을 반 개 단위로 부여할 수 있는 신규 버전을 제작하고 기존 버전에 더해 추가로 릴리스했다. 작지만 매우 핵심적인 업그레이드다. 카탈로그 이외 모든 서비스가 당장 신버전으로 전환하도록 강요할 필요는 없다. 나머지 서비스들은 각각의 편의에 따라 점진적으로 별점 기능을 마이그레이션할 것이다. PenultimateWidgets는 데브옵스 관행에 따라 서비스뿐만 아니라 서비스 간 경로를 관찰하는 아키텍처 모니터링 시스템도 갖추고 있다. 운영 부서는 일정 시간 동안 라우팅 내역이 없는 서비스를 식별할 수 있으며, 이러한 서비스를 전체 생태계에서 자동으로 들어낼 것이다.

이러한 예시는 아키텍처 수준에서 발생하는 점진적 변화를 나타낸다. 기존 서비스는 자신을 필요로 하는 다른 서비스가 존재하는 한 신규 서비스와 함께 실행된다. 각 서비스를 담당하는 팀은 시간적 여유나 개선의 필요성이 생겼을 때 새로운 버전으로 마이그레이션할 수 있다. 더 이상 사용되지 않는 기존 버전은 자동으로 폐기된다.

점진적 변화를 성공적으로 이끌기 위해서는 지속적 배포 관행들을 다양하게 조율해야 한다. 모든 관행을 항상 동시에 적용해야 하는 것은 아니지만, 현업에서는 그런 상황이 자주 발생한다. 점진적 변화를 달성하는 방법은 3장에서 논의한다.

1.2.3 다중 아키텍처 차원

> 분리된 시스템은 없다. 세상은 연속체다. 시스템의 경계를 어떻게 그릴 것인지는 논의의 목적에 달려 있다.
>
> — 도넬라 H. 메도즈Donella H. Meadows

고정점을 기준으로 우주를 분석하던 고대 그리스 물리학자들의 연구는 고전 역학이라는 형태로 결실을 맺었다.[4] 그러나 20세기에 들어서면서 더 정밀한 도구가 등장하고 더 복잡한 현상이 관찰되기 시작했고 이러한 지식은 점차 상대성 이론으로 구체화되었다. 과학자들은 이전까지 서로 고립된 것처럼 보였던 현상들이 실제로는 상대적인 상호작용이라는 사실을 깨달았다. 1990년대에 이르러 깨달음을 얻은 아키텍트들은 소프트웨어 아키텍처를 다차원적인 관점으로 바라보기 시작했다. **지속적 전달**continuous delivery은 이러한 시각을 운영의 영역까지 미치도록 확장시킨 기술이다. 소프트웨어 아키텍트는 종종 아키텍처의 **기술적인 면**에 초점을 맞추며 소프트웨어 컴포넌트가 서로 결합하는 방식에 주목한다. 그러나 이는 소프트웨어 프로젝트를 이루는 차원 중 하나에 불과하다. 진화 가능한 아키텍처를 설계하려는 아키텍트는 변화의 영향이 미치는 시스템 요소의 **모든** 상호 연결 관계를 고려해야 한다. 모든 존재가 서로 상대적이라는 것이 물리학을 배운 사람에게 당연한 이치이듯, 모든 아키텍트는 소프트웨어 프로젝트에 여러 차원이 존재한다는 것을 알고 있다.

진화 가능한 소프트웨어 시스템을 구축하기 위해, 아키텍트의 사고는 아키텍처의 기술적인 영역 너머의 지점에 닿을 수 있어야 한다. 가령 프로젝트에 관계형 데이터베이스가 포함되어 있다면 데이터베이스 엔티티의 구조와 관계도 시간이 지남에 따라 진화할 것이다. 또한 시스템이 진화하는 과정에서 보안 취약점을 노출해서도 안 된다. 이러한 사안들은 모두 아키텍처를 이루는 **차원**의 일종이다. 차원이란 아키텍처 일부이며 서로 직교 형태로 맞물린다. 성능, 보안, 확장성 등의 차원은 **아키텍처의 관심사**([그림 1-1]의 '~성')에 속하지만, **차원**의 범주는 이보다 넓고 아키텍처 기술 이외의 영역까지 포괄한다. 모든 프로젝트에는 차원이 존재하며 아키텍트 담당자는 진화의 관점에서 이를 반드시 고려해야 한다. 다음은 현대 소프트웨어 아키텍처에서 일반적으로 진화성에 영향을 미친다고 여기는 차원들이다.

기술

아키텍처의 구현부. 프레임워크, 의존 라이브러리, 구현 언어 등

데이터

데이터베이스 스키마, 테이블 레이아웃, 최적화 등. 일반적으로 데이터베이스 관리자가 담당하는 유형의 아키텍처

---

4 https://oreil.ly/jHoLH

보안

보안 정책과 지침 정의, 결함 조사 도구 선정

운영/시스템

기존의 물리/가상 인프라(서버, 머신 클러스터, 스위치, 클라우드 리소스 등)와 아키텍처를 매핑하는 방식 결정

이러한 관점들이 각각 아키텍처의 차원을 형성한다. 각 관점에 맞추어 아키텍처를 부분적으로 나누면 각각 아키텍처 차원이 형성된다. 아키텍처 차원이라는 개념은 전통적인 아키텍처 특성 (~성)뿐만 아니라 소프트웨어 구축에 기여하는 다른 모든 역할을 포괄한다. 이러한 요소들 하나하나가, 진화하는 문젯거리와 변화하는 세계에 대항해 우리가 보존하고자 하는 아키텍처를 바라보는 관점을 형성한다.

아키텍처의 차원에 입각해 사고하면 아키텍처 분석 메커니즘이 드러난다. 차원이 변화에 대응하는 방식을 관찰하면 다양한 아키텍처의 진화성을 분석할 수 있다. 시스템의 확장성, 보안, 분산, 트랜잭션 등 경쟁 관계에 있는 다양한 관심사가 서로 얽히기 시작하면 아키텍트는 프로젝트에 담긴 차원을 확장해야 한다. 아키텍트는 모든 차원에 걸쳐 시스템이 전체적으로 진화할 수 있는 방법을 최우선으로 고려해야 한다.

프로젝트 아키텍처의 전체 범위는 소프트웨어 요구 사항과 나머지 차원으로 나뉜다. 아키텍처와 생태계는 시간의 흐름에 따라 [그림 1-2]처럼 함께 진화한다. 이 과정에서 아키텍처 특성을 보호하기 위해 피트니스 함수를 활용한다.

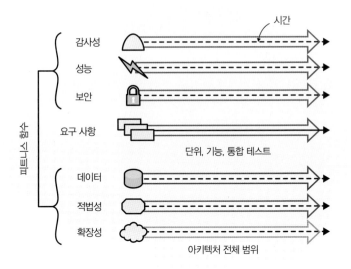

그림 1-2 아키텍처는 요구 사항과 기타 차원으로 구성되며 피트니스 함수로 보호한다

[그림 1-2]를 설계한 아키텍트는 감사성, 성능, 보안, 데이터, 적법성, 확장성을 애플리케이션의 주요 아키텍처 특성으로 정의했다. 비즈니스 요구 사항이 진화하면 각각의 아키텍처 특성이 자신의 무결성을 보호하기 위해 피트니스 함수를 가동한다.

이 책은 아키텍처를 바라보는 전체론적 관점의 중요성을 강조하지만, 진화적 아키텍처의 상당 부분이 기술적 아키텍처 패턴을 바탕으로 만들어지며 커플링, 응집력 등의 주제와 관련이 깊다는 것을 강조하기도 한다. 기술적 아키텍처 커플링이 진화성에 미치는 영향은 5장에서, 데이터 커플링의 영향은 6장에서 논의한다.

커플링이 작용하는 지점은 소프트웨어 프로젝트의 구조적 요소에서 그치지 않는다. 최근 들어, 팀 구조의 결합이 아키텍처에 미치는 놀라운 영향력을 체감한 소프트웨어 회사가 증가하고 있다. 이 책은 커플링이 소프트웨어에 미치는 영향을 거의 모든 방면에서 논의하지만, 팀에 미치는 파급 효과는 너무 일찍부터, 매우 잦은 빈도로 발견되므로 이 시점에서 짚고 넘어갈 필요가 있다.

진화적 아키텍처는 아키텍트의 고민거리를 덜어준다. 현대의 소프트웨어 개발 생태계에 몸담고 있는 대부분 아키텍트는 두 가지 궁금증을 갖기 마련이다. 매 순간 모든 것이 변하는 세계에

1.3 상시 변화하는 환경의 장기 계획 수립 가능성

우리가 사용하는 프로그래밍 플랫폼은 끊임없이 진화하고 있다. 프로그래밍 언어는 새로운 문제에 대처하는 유연성과 적용력을 높이기 위해 버전을 갱신하고 개선된 API를 제공한다. 완전히 새로운 프로그래밍 언어가 등장해 전혀 다른 패러다임과 집합 구조를 선보이기도 한다. 일례로 자바는 C++의 네트워킹 코드 작성 난이도를 완화하고 메모리 관리 기능을 개선한 대체재로 제작됐다. 지난 20년을 돌이켜보면 많은 기성 언어가 여전히 API를 발전시키는 한편, 완전히 새로운 언어가 꾸준히 등장하며 새로운 문제에 맞서는 모습을 관찰할 수 있다. [그림 1-3]은 이러한 프로그래밍 언어의 진화를 보여준다.

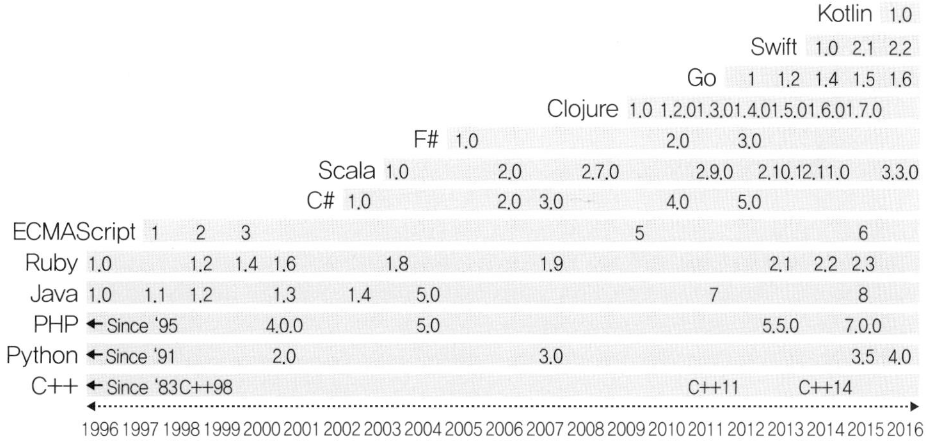

```
                                                      Kotlin  1.0
                                            Swift  1.0  2.1  2.2
                                      Go     1   1.2  1.4  1.5  1.6
                            Clojure  1.0  1.2,01.3,01.4,01.5,01.6,01.7,0
                  F#   1.0              2.0      3.0
           Scala  1.0      2.0      2.7,0    2.9,0  2.10,12,11.0    3.3,0
              C#  1.0      2.0  3.0        4.0    5.0
ECMAScript  1    2    3                5              6
   Ruby  1.0      1.2 1.4 1.6      1.8        1.9          2.1  2.2  2.3
   Java  1.0   1.1  1.2     1.3   1.4  5.0           7          8
    PHP ← Since '95     4.0.0      5.0                 5.5.0    7.0.0
Python ← Since '91      2.0           3.0                   3.5  4.0
   C++ ← Since '83 C++98              C++11      C++14
        ────────────────────────────────────────────────────────────▶
        1996 1997 1998 1999 2000 2001 2002 2003 2004 2005 2006 2007 2008 2009 2010 2011 2012 2013 2014 2015 2016
```

그림 1-3 프로그래밍 언어의 진화

프로그래밍 플랫폼, 언어, 운영 환경, 퍼시스턴스 기술, 클라우드 서비스 등, 소프트웨어 개발의 여러 측면은 분야를 가리지 않고 지속적으로 변화할 것으로 예상된다. 기술 또는 도메인 환경의 변화가 언제 발생할 것인지, 어떤 변화가 살아남을 것인지 예측할 수는 없지만 변화의 불가피함만큼은 확실히 알 수 있다. 결론적으로 우리는 기술 환경의 변화를 기정사실화하고 시스템을 설계해야 한다.

생태계가 예상치 못한 방식으로 끊임없이 변화한다면 또는 예측이 불가능하다면, 기존에 수립하던 확정적 계획의 대안은 무엇일까? 이제 엔터프라이즈 아키텍트와 개발자는 새로운 환경에 적응해야 한다. 전통적인 개발 환경에서 장기 계획을 수립했던 관행의 이면에는 소프트웨어 변경 비용이 매우 높다고 여겼던 재정적인 동기가 있다. 그러나 현대의 엔지니어링 관행은 프로세스 자동화와 데브옵스 기술의 발전을 통해 소프트웨어 변경 비용을 낮춤으로써 기존의 전제를 무효로 만든다.

그동안 현명한 개발자들은 시스템 일부가 다른 부분보다 유독 수정하기 어렵다는 사실을 인지하고 있었다. 소프트웨어 아키텍처가 '나중에 변경하기 어려운 부분'으로 정의된 이유가 바로 여기에 있다. 이러한 정의는 손쉽게 수정할 수 있는 것들과 실제로 변경하기 어려운 부분을 구분하는 편리한 수단이었다. 그러나 안타깝게도 이 정의는 아키텍처를 설계할 때 맹점으로 작용한다. 변경이 어렵다는 가정 자체가 개발자의 자기실현적 예언이 되고 마는 것이다.

몇 년 전부터 일부 혁신적인 소프트웨어 아키텍트들은 '나중에 변경하기 어려운' 문제를 재고하기 시작했다. 아키텍처에 변경 가능성을 탑재할 수 있을까? 손쉬운 변경이 아키텍처의 기본 원칙이 된다면 변경은 더 이상 어려운 문제가 아니다. 아키텍처에 진화성이 더해지는 순간, 완전히 새로운 행동 양식이 등장하며 동적 균형을 다시금 무너뜨리게 된다.

생태계의 변화는 차치하고, 아키텍처 특성의 점진적 저하는 어떻게 대처할 것인가? 최초 설계한 아키텍처는 이윽고 복잡한 실제 세계에 노출되며 다양한 구현을 덧붙이게 된다. 이러한 상황에서 아키텍트가 정의했던 핵심부를 보호하는 방법은 무엇일까?

1.4 시간에 따른 아키텍처의 성능 저하 방지

흔히 비트 부패라 불리는 현상은 많은 조직에서 발생한다. 아키텍트는 비즈니스 요구 사항과 '~성'에 맞추어 아키텍처 패턴을 선택하지만 시간이 지남에 따라 이러한 특성은 의도치 않게 저하되는 경우가 많다. 가령 프레젠테이션과 퍼시스턴스 계층을 각각 상, 하단에 두고 그 사이에 다양한 계층이 구현된 아키텍처가 있다고 하자. 간혹 이러한 구조를 무시하고 중간 계층 없이 프레젠테이션에서 퍼시스턴스 계층으로 직접 접근할 권한을 요청하는 개발자가 종종 등장한다. 대부분은 성능이라는 명분을 내세운다. 그러나 아키텍트가 계층을 분리한 이유는 변경 사항을 격리하기 위해서다. 개발자의 요청은 이러한 계층을 우회하며 커플링을 늘리고 계층의 존재 의의를 무위로 돌리려는 시도나 다름없다.

한 번 정의한 아키텍처의 핵심 특성이 추후 저하되지 않도록 보호하려면 아키텍트는 어떠한 조치를 취해야 할까? 진화성을 아키텍처 특성으로 추가한다는 것은 시스템이 진화하며 나머지 특성을 보호한다는 의미다. 만일 아키텍트가 확장성에 중점을 두고 아키텍처를 설계했다면 시스템이 진화하더라도 확장성이 저하되는 것을 원치 않을 것이다. 이렇듯 진화성은 다른 모든 아키텍처 특성을 보호하는 메타적 성격을 띤 아키텍처 래퍼^{wrapper}다.

진화적 아키텍처의 메커니즘은 아키텍처 거버넌스의 목표 및 관심사와 많은 부분에서 중첩된다. 아키텍처 거버넌스는 설계, 품질, 보안 등의 요소로 정의한다. 이 책은 진화적 아키텍처의 관점에서 아키텍처 거버넌스를 자동화하는 다양한 기법을 설명한다.

1.5 왜 진화인가?

진화적 아키텍처라는 명칭 자체에 궁금증을 갖는 이가 많다. 다른 이름도 아니고 꼭 진화적 아키텍처^{evolutionary architecture}라고 부르는 이유는 무엇인가? 점진적^{incremental}, 지속적^{continual}, 애자일^{agile}, 반응형^{reactive}, 창발적^{emergent} 등의 여러 후보가 있지만 이들은 모두 핵심에서 비켜나 있다. 이 책이 설명하는 진화적 아키텍처의 정의는 점진적 아키텍처, 유도된^{guided} 아키텍처라는 두 가지 핵심 특성을 동시에 포함한다.

지속적, 애자일, 창발적 등의 용어는 모두 시간에 따른 변화의 개념을 내포한다. 이들은 모두 진화적 아키텍처의 중요한 특성이다. 그러나 이들 중 어느 것도 아키텍처가 어떻게 변하는지, 바람직한 최종 상태가 무엇인지에 대한 명시적인 의미를 담고 있지 않다. 변화하는 환경을 암시하고는 있지만 그 속에서 아키텍처가 어떤 모습이어야 하는지는 설명하지 않는다. 유도된 아키텍처는 우리가 달성해야 할 아키텍처, 즉 최종 목표를 나타내는 정의다.

적응보다 진화라는 단어를 선호하는 이유는, 점층적인 불가해함과 우발적인 복잡성을 덧대고 받아들인 아키텍처가 아닌, 근본적 진화가 유발하는 변화에 순응하는 아키텍처에 관심을 두기 때문이다. 적응이란 솔루션의 우아함이나 수명과 관계없이 그저 무언가를 작동시키는 방법을 찾아냈음을 의미한다. 진정으로 진화하는 아키텍처를 구축하기 위해 아키텍트는 임기응변이 아닌 진실된 변화를 추구해야 한다. 생물학적 비유로 돌아가, 진화는 목적에 부합하고 끊임없이 변화하는 환경에서 살아남을 수 있는 시스템을 갖추는 과정에 주목한다. 시스템 내부에서 벌어지는 개별적인 적응 과정과 별개로, 아키텍트로서 우리는 진화 가능한 시스템 전반에 관심을 두어야 한다.

진화적 아키텍처와 창발적 설계의 차이, '창발적 아키텍처'가 존재하지 않는 이유도 아키텍트에게 중요한 주제다. 애자일 소프트웨어 개발에 대한 대표적인 오해 중 하나는 아키텍처의 부재라는 특징이다. '일단 코딩을 시작하면 아키텍처는 자연히 생겨난다'라고 말하는 이가 많다. 그러나 이러한 주장의 설득력은 해결하고자 하는 문제가 얼마나 단순한지에 달려 있다. 앞서 '애자일 프로젝트에 아키텍처가 필요한가?'에서 언급했듯, 개집을 짓기 위해 설계도를 그리는 사람은 별로 없다. 철물점에서 목재를 구해 몇 번 두드리기만 해도 완성되기 때문이다. 반면 50층짜리 빌딩을 지어야 한다면 건축 설계가 반드시 필요하다. 마찬가지로 소수의 인원이 사용할 간단한 카탈로그 시스템은 거창한 계획이 없어도 구축할 수 있다. 그러나 많은 대중에게 엄밀한 성능을 보장하는 대규모 시스템을 설계할 때는 반드시 사전 계획이 있어야 한다. 애자일 아키텍처의 목표는 아키텍처의 부재 자체가 아니라 소프트웨어 개발 과정에 존재하는 무가치한 관료적 행태를 배제하는 것이다.

소프트웨어 아키텍처가 복잡해지는 이유는 아키텍트가 반드시 설계해야 할 복잡성의 유형이 다양하기 때문이다. 시스템 설계 원칙의 트레이드오프 trade-off를 저울질할 때는, 단순함과 복잡함을 가르기보다 복잡한 시스템을 다양한 방식으로 구분하는 경우가 많다. 즉 성공적인 시스템을 판가름하는 기준은 시스템마다 고유하게 존재한다. 마이크로서비스처럼 하나의 아키텍처 스타일을 논의한다 해도 이는 복잡한 시스템이 시작되는 하나의 출발점에 불과하다. 시스템은 각기 다른 모습으로 발전한다.

매우 단순한 시스템을 구축할 때는 아키텍처의 고려 사안들에 크게 신경을 쓸 필요가 없다. 그러나 정교한 시스템은 목적에 부합하는 설계와 함께 정확한 출발점이 필요하다. 창발성[5]은 무(無)로부터의 시작을 의미하지만, 아키텍처는 시스템의 여타 모든 부분이 의지할 만한 발판과 기본 구조를 제공한다. 일을 시작하려면 최소한의 준비는 있어야 하는 법이다.

창발성의 개념은 이상적인 아키텍처 솔루션을 향해 점차 설계를 발전시킨다는 의미도 담고 있

5　옮긴이_ https://ko.wikipedia.org/wiki/창발

다. 그러나 건축과 마찬가지로 완벽한 아키텍처란 존재하지 않는다. 아키텍처마다 설계자의 트레이드오프 취급 방식이 다를 뿐이다. 아키텍트는 다양한 아키텍처 스타일을 통해 대부분 문제를 구현하고 해결할 수 있다. 그러나 그중에서도 특정 문제에 더 잘 어울리며 부작용이 없고 손이 덜 가는 해결책이 존재하기 마련이다.

장기적인 목표를 뒷받침할 만한 구조와 거버넌스를 확보하는 것, 또한 이들이 불필요한 형식과 저항을 낳지 않을 정도로 제한하는 것, 이 두 조건 사이에 균형을 유지하는 것이 바로 진화적 아키텍처의 핵심이다.

요약

유용한 소프트웨어 시스템은 정적이지 않다. 문제 도메인이 변화하고 생태계가 진화함에 따라 시스템은 성장과 변화를 거듭하며 더 나은 기능성과 복잡성을 제공해야 한다. 아키텍트와 개발자는 함께 소프트웨어 시스템을 우아하게 발전시켜야 하며, 이를 실현하는 데 필요한 엔지니어링 관행을 이해해야 한다. 다른 한편으로는 변화를 촉진하는 최적의 아키텍처 구축 방법을 고민해야 한다.

또한 아키텍트는 자신이 설계한 소프트웨어와 이를 구축하는 데 쓰인 다양한 개발 관행을 관리할 책임이 있다. 다행스럽게도, 진화를 장려하는 메커니즘은 핵심적인 소프트웨어 거버넌스 활동을 자동화하는 방법을 함께 제공한다. 이를 현실화시키는 방법을 다음 장에서 상세히 살펴본다.

CHAPTER 2

피트니스 함수

개발자와 아키텍트가 진화적 시스템을 구축하는 기법과 도구는 진화적 아키텍처 역학에서 다루는 주제다. 피트니스 함수fitness function는 그중에서도 특히 중요한 보호 메커니즘이다. 아키텍처에서 피트니스 함수의 역할은 애플리케이션 도메인에서 단위 테스트가 담당하는 역할과 동등하다. 이번 장은 피트니스 함수를 정의하고 이러한 빌딩 블록의 범주와 사용법을 설명한다.

> 진화적 아키텍처는 여러 차원에 걸쳐 유도된 변화와 점진적 변화를 지원한다.

위 정의에 언급된 유도라는 단어는, 아키텍처가 지향하거나 표명해야 할 일정한 목표가 존재함을 나타낸다. 이 책에서 차용한 피트니스 함수의 개념은 진화적 컴퓨팅에서 비롯되었다. 본래 유전자 알고리즘 설계에서 성공을 정의하는 데 사용되는 개념이다.

진화적 컴퓨팅은 돌연변이를 통해 자연스럽게 솔루션이 발현되도록 촉진하는 여러 메커니즘을 포함한다. 여기서 돌연변이란 소프트웨어의 발전 과정에서 세대마다 발생하는 작은 변화를 일컫는다. 진화적 컴퓨팅의 세계는 여러 유형의 돌연변이를 정의한다. 룰렛 돌연변이roulette mutation를 예로 들어보자. 이 돌연변이가 발생하면 알고리즘에 사용되는 상수constant가 마치 카지노의 룰렛 휠이 돌아가듯 새로운 수로 결정된다. 여러 도시를 경유하는 영업사원의 최단 경로[1]는 유명한 알고리즘 난제다. 가령 개발자가 이러한 알고리즘을 설계하며 룰렛 돌연변이의 수치가 작을수록 결과가 좋다는 사실을 발견한다면, 돌연변이 과정에 '결정decision'을 유도하는 피트니스 함수를 도입할 수 있을 것이다. 이러한 방식으로 피트니스 함수는 솔루션이 얼마나 이상적인 목표에 접근했는지 평가할 수 있다.

---

1 https://oreil.ly/jtqHZ

2.1 정의

아키텍처 관점에서 피트니스 함수를 정의하기 위해 진화적 컴퓨팅 분야에서 해당 개념을 차용해보자.

> 아키텍처 피트니스 함수는 아키텍처 특성에 대해 객관적인 무결성 평가를 내릴 수 있는 모든 메커니즘을 일컫는다.

아키텍처 피트니스 함수architectural fitness function는 진화적 아키텍처를 구현하는 기본 메커니즘을 형성한다.

솔루션의 **도메인** 특성이 진화함에 따라 팀은 기존 기능을 해치지 않으면서 신기능을 통합하는 다양한 도구와 기법을 개발해왔다. 대표적으로 단위, 기능, 사용자 승인 테스트 등이 있다. 실제로 일정 규모 이상의 기업들은 대부분 **품질 보증**quality assurance 전담 조직을 두어 도메인 진화 관리를 일임한다. 이들의 역할은 변화가 기존 기능에 미치는 부정적인 영향을 책임지고 방지하는 것이다.

비슷한 원리로, 우수한 팀은 신기능 추가, 행동 변경처럼 문제 도메인의 진화적 변화를 관리하는 메커니즘을 보유한다. 하나의 도메인은 일반적으로 **자바, 닷넷**.NET 등의 플랫폼 호스트를 중심으로 매우 일관적인 기술 스택을 통해 작성된다. 따라서 팀은 자신들의 기술 스택 조합에 어울리는 테스트 라이브러리를 다운로드하고 사용할 수 있다.

단위 테스트의 대상이 도메인이라면 피트니스 함수의 대상은 아키텍처 특성이다. 이러한 아키텍처 특성을 한번에 다양한 방식으로 검증할 수 있는 단일 도구는 없다. 대신, 피트니스 함수는 [그림 2-1]처럼 자신의 생태계 여러 부분에 다양한 도구를 접목한다. 이러한 도구의 종류는 팀이 관리하는 아키텍처의 특성에 따라 다르다.

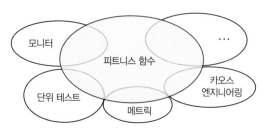

그림 2-1 다양한 도구와 기술이 접목된 피트니스 함수

아키텍트는 [그림 2-1]에서 보이듯 다양한 도구를 사용해 피트니스 함수를 정의할 수 있다.

모니터

모니터링은 데브옵스 DevOps 및 운영 도구이며 성능, 확장성 등을 확인하는 수단이다.

코드 메트릭

아키텍트는 단위 테스트에 메트릭을 비롯한 여러 검증 절차를 추가할 수 있다. 이를 통해 아키텍처의 다양한 고려 사항과 설계 요소의 유효성을 검사할 수 있다. 4장에서 다양한 예시를 보여준다.

카오스 엔지니어링

비교적 최근 개발된 엔지니어링 기법으로, 원격 환경에 인위적으로 결함을 주입하고 스트레스를 가한다. 팀은 이 결과를 바탕으로 시스템의 복원력 resiliency을 구축한다.

아키텍처 테스트 프레임워크

근래에는 아키텍처 구조 테스트 전용 프레임워크가 등장하였으며, 다양한 검증 절차를 자동화된 테스트 형태로 아키텍트가 직접 가공할 수 있다.

보안 스캐닝

관할 부서가 따로 있다 해도 보안은 아키텍트의 설계와 선택에 영향을 미친다. 따라서 보안은 언제나 아키텍트의 관심사일 수밖에 없다.

피트니스 함수와 관련 요소의 범주를 정의하기에 앞서, 조금 덜 추상적인 방식으로 개념을 나타낸 예시를 살펴보자. 컴포넌트 순환 component cycle은 컴포넌트가 존재하는 모든 플랫폼에서 공통적으로 나타나는 패턴이다. [그림 2-2]처럼 세 컴포넌트가 있다고 가정하자.

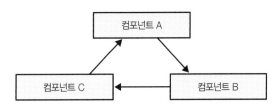

그림 2-2 컴포넌트의 의존성 순환

아키텍트는 [그림 2-2]에 나타난 순환 의존성을 안티패턴으로 간주한다. 이러한 컴포넌트 중 하나를 개발자가 재사용하면 나머지 컴포넌트까지 얽혀서 난감한 상황이 발생하기 때문이다. 따라서 일반적으로 아키텍트는 순환 의존성이 늘어나지 않기를 바란다. 그러나 세상은 각종 편리한 도구를 앞세워 아키텍트의 이러한 바람에 적극적으로 대항한다. 개발자가 코드를 작성할 때, 아직 참조 선언을 하지 않은 네임스페이스/패키지의 클래스를 참조하면 최신 IDE는 어떻게 대응하는가? 대부분은 패키지 임포트 대화 상자를 자동으로 띄워줄 것이다.

개발자는 이러한 어포던스[affordance2]에 너무나 익숙해진 나머지 아무런 주의를 기울이지 않고 반사적으로 응해버린다. 자동 임포트는 문제를 일으키는 일이 거의 없는 매우 편리한 기능이지만 가끔씩 컴포넌트 순환을 생성하곤 한다. 아키텍트가 이를 방지할 수 있을까?

[그림 2-3]에 나타난 패키지 구조를 살펴보자.

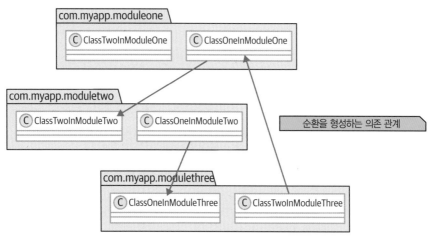

그림 2-3 컴포넌트 순환이 존재하는 자바 패키지

ArchUnit[3]은 JUnit에서 영감을 받아 제작되었으며 실제로 JUnit 기능 일부를 재사용하는 테스트 도구다. ArchUnit은 [그림 2-3]처럼 일정 범위 안의 순환 의존성을 비롯해 다양한 아키텍처 기능을 테스트할 수 있다.

[코드 2-1]은 ArchUnit으로 순환 의존성을 테스트하는 예시다.

---

2   옮긴이_ 행동지원성(https://ko.wikipedia.org/wiki/어포던스)

3   https://www.archunit.org

```
public class CycleTest {
    @Test
    public void test_for_cycles() {
        slices().
          matching("com.myapp.(*)..").
          should().beFreeOfCycles()
}
```

이러한 테스트 도구는 순환의 의미를 '이해'한다. 코드베이스에서 서서히 증가하는 순환 의존성을 차단하려는 아키텍트는 이 코드를 주의 깊게 보면 좋다. 지속적 빌드 프로세스에 이 테스트를 추가한다면 아키텍트가 순환 의존성을 걱정할 일은 더 이상 없을 것이다. 4장은 ArchUnit과 비슷한 종류의 도구들로 다양한 예시를 보여준다.

이제 피트니스 함수를 조금 더 엄격하게 정의한 다음, 피트니스 함수가 어떻게 아키텍처의 진화를 유도하는지 개념적으로 검증해보자.

우선 함수라는 단어의 의미를 오해하지 않기 바란다. 모든 피트니스 함수를 아키텍트가 코드로 표현해야 한다는 뜻이 아니다. 수학적으로 말하면 함수는 허용된 입력값 집합에서 입력받아 허용된 출력값 집합에서 출력을 생성하는 기능이다. 또한 일반적으로 소프트웨어의 함수는 코드로 구현 가능한 무언가를 가리키는 용어인 것도 맞다. 그러나 애자일 소프트웨어 개발의 인수 기준acceptance criteria과 마찬가지로 진화적 아키텍처의 피트니스 함수 역시 소프트웨어로 구현할 수 없는 경우가 있다(예: 규제로 인한 불가피한 수작업). 아키텍처 피트니스 함수는 객관적인 척도지만 아키텍트는 다양한 방식으로 이 척도를 구현할 수 있다.

1장에서 설명했듯 현실의 아키텍처는 요구 사항을 나타내는 각종 차원으로 구성된다. 성능, 안정성, 보안, 운영성, 코딩 표준, 통합 등 차원의 종류는 매우 다양하다. 아키텍처의 요구 사항마다 피트니스 함수가 필요하므로 각각의 관리 요소를 측정하는 방법을 찾아내야 하며 때로는 직접 고안해야 한다. 앞으로 몇 가지 예시를 살펴본 다음 다양한 종류의 함수를 폭넓게 고려해볼 것이다.

성능 요구 사항은 피트니스 함수를 적용하기 좋은 영역이다. 모든 서비스 호출에 100ms 이내로 응답해야 한다는 요구 사항이 있다고 하자. 서비스 요청과 응답을 측정한 다음 결과가 100ms를 초과하면 실패하는 테스트(피트니스 함수)를 구현할 수 있다. 모든 신규 서비스의 테스트 스위트는 이러한 테스트를 포함해야 한다. (피트니스 함수 트리거는 3장에서 자세히 설명한다.) 성능은 아키텍트가 일반적인 측정값을 활용하는 수많은 방식을 상징하는 예시이기도 하다. 가령 성능은 멘토링 도구에서 측정한 요청/응답 타이밍을 통해 나타낼 수 있으며, 라이트 하우스[4]가 제공하는 모바일 디바이스 성능 지표인 최초 콘텐츠풀 페인트 first contentful paint[5] 등으로 나타낼 수도 있다. 성능 피트니스 함수의 목표는 모든 유형의 성능을 측정하는 것이 아니라 아키텍트가 중요하다고 판단한 거버넌스 요소의 성능을 측정하는 것이다.

피트니스 함수는 코딩 표준을 준수하는 용도로 사용할 수 있다. 이때 사용하는 보편적 코드 메트릭은 순환 복잡도[6]다. 순환 복잡도는 구조화된 모든 프로그래밍 언어에서 사용되는 함수 또는 메서드의 복잡성을 나타내는 척도다. 아키텍트는 이 메트릭을 평가하는 여러 도구 중 하나를 골라 단위 테스트에 적용한다. 측정값의 상한선에 임계 구간을 설정하고 지속적 통합 과정에 실행하는 방식으로 코드를 보호할 수 있다.

피트니스 함수의 필요성에도 불구하고 개발자는 모든 피트니스 함수를 항상 완벽하게 구현할 수 없다. 복잡성 등의 여러 제약이 따르기 때문이다. 데이터베이스의 심각한 장애에 대응하는 조치를 떠올려보자. 복구 자체는 완전히 자동화할 수 있지만(응당 그래야 하지만), 테스트 자체의 트리거는 수동으로 발동시키는 것이 가장 좋다. 또한 개발자는 항상 스크립트와 자동화를 추구해야 하지만 테스트의 성공 여부는 수동으로 확인하는 것이 훨씬 더 효과적이다.

이러한 사례들은 피트니스 함수의 다양한 형태와 즉각적인 장애 대응력을 시사하며, 더 나아가 피트니스 함수를 실행하는 올바른 방법과 시기를 드러낸다. 하나의 스크립트를 실행한 결과만으로 '아키텍처의 현재 종합 적합도 점수는 42점'이라고 말할 수는 없다. 그러나 이러한 정보를 바탕으로 아키텍처의 상태에 대해 정확하고 명쾌하게 대화를 나누는 것은 가능하다. 또한 아키텍처 적합성에 발생하는 변화에 대한 건설적 토론의 계기가 마련된다.

마지막으로, 진화적 아키텍처가 피트니스 함수에 의해 유도된다함은, 아키텍처의 선택 사항 각각을 단일 또는 시스템 전체의 피트니스 함수를 통해 평가한다는 뜻이다. 결국 이러한 평가는 변화의 영향력을 반영한다. 피트니스 함수는 해당 아키텍처에서 중요한 것이 무엇인가에 대한 총체적 정의이며, 소프트웨어 시스템 개발 과정에서 발생하는 중대하면서도 까다로운 트레이

---

4   https://oreil.ly/7EHeZ

5   옮긴이_ https://web.dev/i18n/ko/fcp/

6   https://oreil.ly/rYeYV

드오프를 판가름하는 기준이다.

'잠깐! 나는 이미 몇 년 전부터 지속적 통합^{continuous integration}에서 코드 메트릭을 검사하고 있었어. 새로운 내용이 아니야!'라고 생각하는 이가 있을 것이다. 자동화 프로세스 중 소프트웨어 일부를 검증한다는 생각은 자동화의 개념만큼이나 오래된 발상이다. 그러나 이전에는 코드 품질, 데브옵스 메트릭, 보안 등의 다양한 아키텍처 검증 메커니즘을 모두 별개로 취급했다. 피트니스 함수는 기존의 다양한 개념을 단일 메커니즘으로 통합한다. 아키텍트는 피트니스 함수를 통해 기존의 다양하고 즉흥적인 '비기능적 요구 사항' 테스트를 일관된 방식으로 고려할 수 있다. 중요한 아키텍처 임곗값과 요구 사항을 피트니스 함수로 한데 모으면 이전에는 모호하고 주관적이었던 평가 기준을 더욱 구체적으로 표현할 수 있다. 피트니스 함수를 구축하려면 기존의 수많은 메커니즘을 활용해야 한다. 전통적인 테스트 모니터링 도구도 예외는 아니다. 모든 테스트가 피트니스 함수로 쓰이지는 않지만 아키텍처의 무결성을 검증하는 데 도움이 되는 테스트는 피트니스 함수로 간주할 수 있다.

2.2 범주

피트니스 함수는 스코프^{scope}, 케이던스^{cadence}, 결과^{result}, 호출^{invocation}, 능동성^{proactivity}, 커버리지^{coverage} 등의 다양한 범주^{category}에 걸쳐 존재한다.

2.2.1 스코프: 원자 vs 전체

원자 피트니스 함수^{atomic fitness function}는 단일 콘텍스트로 실행되며 아키텍처의 특정 측면을 검사한다. 모듈러 커플링처럼 하나의 아키텍처 특성을 검증하는 단위 테스트는 원자 피트니스 함수의 좋은 예다(자세한 예시는 4장에서 확인할 수 있다). 이렇듯 애플리케이션 수준에서 실행되는 테스트 중 일부는 피트니스 함수의 범주에 속한다. 아키텍처 특성을 검증하는 단위 테스트도 피트니스 함수 역할을 할 수 있다. 컴포넌트의 순환 의존성을 나타내는 [그림 2-3]은 원자 피트니스 함수가 적용되는 예시다.

일부 아키텍처는 피트니스 함수를 검사할 때 아키텍처 차원 각각을 개별적으로 테스트해야 한다. 전체 피트니스 함수^{holistic fitness function}는 공유 콘텍스트에서 실행되며 여러 아키텍처 측면을 조합해 검사하도록 설계된다. 원자 단위로 작동하는 결합 기능을 검사하는 동안 전체 피트니스 함수는 실제로 이들의 결합을 깨뜨리지 않는다. 보안과 확장성 모두에 피트니스 함수를 보유한 아키텍처를 가정해보자. 데이터의 부패도staleness는 보안 피트니스 함수의 주요 검사 항목이다. 확장성을 검사할 때는 특정 레이턴시latency 범위의 동시 사용자 수를 중요하게 본다. 개발자는 확장성을 확보하기 위해 캐싱을 구현하며 확장성의 원자 피트니스 함수를 통과시킨다. 캐싱 기능을 끄면 보안 피트니스 함수도 통과한다. 그러나 전체 실행 상황에서 캐싱이 활성화되면 데이터 부패도가 지나치게 높아져 보안 피트니스 함수를 통하지 못한다. 따라서 전체 테스트도 실패하게 된다.

아키텍처 요소들의 모든 조합을 일일이 테스트하는 것은 불가능하므로, 아키텍트는 중요한 상호작용을 선별하고 조합해 전체 피트니스 함수를 적용해야 한다. 이러한 선별력과 순위화를 통해 아키텍트와 개발자는 특정 테스트 시나리오 구현의 난이도를 가늠하고 각각의 특성과 가치를 평가할 수 있다. 아키텍처 문제들의 상호작용 자체가 아키텍처의 품질을 좌우하는 경우가 종종 있지만, 전체 피트니스 함수로 이러한 오류를 바로잡을 수 있다.

2.2.2 케이던스: 트리거 vs 지속 vs 시간

실행 케이던스execution cadence는 피트니스 함수를 구분하는 특성이다. 트리거 피트니스 함수triggered fitness function는 개발자나 배포 파이프라인이 실행한 단위 테스트, QA 담당자가 수행하는 탐색 테스트exploratory testing 등의 특정 이벤트를 기반으로 실행된다. 개발자에게 익숙한 단위 테스트, 기능 테스트, 행동 주도 개발behavior-driven development (BDD) 테스트 등이 모두 여기에 포함된다.

지속 테스트continual testing는 정해진 실행 일정이 없다. 그 대신 트랜잭션 속도 등의 아키텍처 요소를 지속적으로 검사한다. 아키텍트가 마이크로서비스 아키텍처를 설계하면서 트랜잭션 평균 소요 시간에 중점을 둔다고 가정해보자. 제아무리 트리거 테스트를 다양하게 구축해도 아키텍처의 실제 행동 정보는 거의 얻을 수 없다. 따라서 아키텍트는 실제 트랜잭션이 실행되는 동안 프로덕션 환경에서 또 다른 트랜잭션을 시뮬레이션하는 지속 피트니스 함수를 구축해야 한다. 이러한 기법을 흔히 합성 트랜잭션synthetic transaction이라 부른다. 합성 트랜잭션을 통해 개발자는 시스템의 실제 행동을 검증하고 '야생'의 데이터[7]를 수집할 수 있다.

----

7 옮긴이_프로덕션 이전의 환경은 통제된 '사육장'이다. 트랜잭션의 프로덕션 행동 데이터는 프로덕션 환경에서 실행해야만 가장 정확히 알 수 있다.

> ### 합성 트랜잭션
>
> 마이크로서비스 아키텍처에서 서비스 사이의 복잡한 실제 상호작용을 측정하려면 어떻게 해야 할까? 합성 트랜잭션은 이러한 목적으로 사용하는 일반적인 측정 기법이다. 이 기술은 시스템에 보내는 요청에 트랜잭션의 합성 여부를 나타내는 플래그를 담는다. 합성 트랜잭션 요청은 통상적인 상호작용 과정을 정확히 따르며, 포렌식 분석에 쓰이는 상관관계 ID로 추적하는 경우가 많다. 요청이 마지막 단계에 이르면 시스템은 플래그에 따라 트랜잭션을 평가하고 실제와 달리 커밋은 수행하지 않는다. 이 과정을 통해 아키텍트와 데브옵스는 복잡한 시스템의 성능을 정확히 파악할 수 있다.
>
> 합성 트랜잭션을 언급할 때면 빠지지 않고 등장하는 일화가 있다. 갑자기 나타난 수백 대의 기기가 알고 보니 '합성' 플래그를 되돌려 놓는 것을 잊어버린 누군가의 실수 때문이었다는 등의 경험담이다. 합성 플래그 또한 피트니스 함수의 관리 대상이다. 합성 트랜잭션으로 식별되는 모든 피트니스 함수는 이 플래그가 정확히 설정되어 있는지 (주석 등을 통해) 항상 확인해야 한다.

모니터링 도구를 사용한다는 것이 반드시 피트니스 함수가 객관적인 결과를 내야 한다는 뜻은 아니다. 아키텍트는 모니터링을 이용해 객관적인 측정 범위를 벗어나는 편차를 감지하고 경보를 설정할 수 있다. 이렇게 되면 모니터링 자체가 피트니스 함수로 전환되는 효과가 생긴다.

모니터링 주도 개발monitoring-driven development (MDD)[8]은 최근 많은 관심을 받는 테스트 기법이다. MDD는 시스템의 결과를 확인하기 위해 테스트에만 의존하는 대신, 프로덕션을 모니터링하고 기술적 상태와 비즈니스 현황을 동시에 평가한다. 이러한 지속적 피트니스 함수는 표준 트리거 테스트보다 당연히 더 유동적이다. 또한 피트니스 함수 주도 아키텍처fitness function-driven architecture라는 더 넓은 범주에 속한다. 이 부분은 7장에서 더 자세히 설명한다.

대부분의 피트니스 함수는 변경 상황이 발생했을 때 일시적으로, 또는 특별한 목적을 위해 지속적으로 발동된다. 그러나 간혹 아키텍트는 적합성 평가에 시간적 요소를 추가하는 경우가 있다. 시간 피트니스 함수temporal fitness function는 이런 상황에 쓰인다. 예를 들어, 프로젝트에서 암호화 라이브러리를 사용하는 경우 아키텍트는 일정 시간 이후 중요 업데이트가 수행되었는지 확인하는 용도로 시간 피트니스 함수를 활용할 수 있다. 업그레이드 중단break upon upgrade 테스트도 시간 피트니스 함수의 용도에 알맞다. 루비 온 레일즈Ruby on Rails 등의 플랫폼에서 일부 개발자는 다음 릴리스에 출시될 신기능을 고대하는 사용자를 위해 백포트를 통해 현재 버전에 해당 기능을 추가한다. 백포트back port란 미래 기능을 현재에 반영한 커스텀 구현을 일컫는다. 문제는

---

8 https://oreil.ly/2fPle

프로젝트가 마침내 새 버전으로 업그레이드될 때 발생한다. 그간 적용한 백포트가 '실제' 버전과 호환되지 않는 경우가 많기 때문이다. 개발자는 업그레이드 중단 테스트를 통해 백포트 기능을 래핑하고 업그레이드 시 강제로 재평가를 진행할 수 있다.

시간 피트니스 함수의 또 다른 일반적인 용도는 거의 모든 프로젝트에 발생하는, 중요하지만 긴급하지는 않은 요구 사항에서 비롯된다. 프로젝트가 의존하는 핵심 프레임워크나 라이브러리의 메이저 버전을 두 단계 이상 업그레이드하는 경우가 종종 있다. 대부분 개발자가 이러한 고통스러운 업그레이드를 한 번쯤 경험했을 것이다. 일반적으로 메이저 버전 사이에는 변경 사항이 매우 많기 때문에 한 번 건너뛰면 다음에 따라잡기 매우 어렵다. 더욱이 핵심 프레임워크 업그레이드는 시간이 많이 소요되는 작업이지만 긴급성이 낮다고 간주되어 우선순위에서 밀리곤 한다. 이런 상황을 방지하기 위해 아키텍트는 시간 피트니스 함수를 사용할 수 있다. Dependabot[9] 또는 snyk[10]처럼 소프트웨어의 릴리스, 버전, 보안 패치를 추적하는 도구를 함께 활용한다. 시간 피트니스 함수가 기업 기준(예: 첫 패치 공개)에 이르면 업그레이드 알림이 발생한다. 이러한 알림은 시간이 지날수록 더욱 끈질기게 지속된다.

2.2.3 [사례 연구] 트리거 vs 지속

지속 피트니스 함수 또는 트리거 피트니스 함수를 선택하는 기준은 퀀텀의 적용 결과에 따른 트레이드오프로 결정되곤 한다. 마이크로서비스 같은 분산 시스템의 개발자는 각자 동일한 의존성을 검사하는 경우가 많다. 그러나 서비스 사이에 직접적인 통신이 가능할 뿐 순환 통신은 허락되지 않는다. [그림 2-4]의 서비스 집합은 [그림 2-3]의 순환 의존성의 상위 버전에 해당하는 서비스 집합이다.

---

9 https://github.com/dependabot
10 https://snyk.io

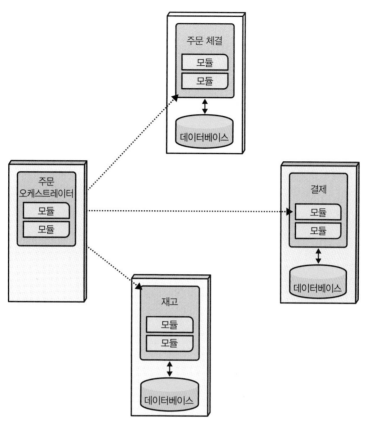

그림 2-4 오케스트레이션 외 서비스 간 통신을 허용하지 않는 마이크로서비스 집합

[그림 2-4]의 아키텍트는 오케스트레이터 서비스가 워크플로의 상태를 저장하도록 시스템을 설계했다. 오케스트레이터를 건너뛰고 서비스가 서로 직접 통신하면 워크플로의 정확한 상태 정보를 얻을 수 없다.

의존성 순환의 경우, 컴파일 시점에 이를 검사할 수 있는 메트릭 도구가 존재한다. 그러나 서비스는 단일한 플랫폼이나 기술 스택으로 제한할 수 없으므로 전체 아키텍처에 정확히 들어맞는 도구가 존재할 가능성은 거의 없다. 이전에 언급했다시피 아키텍트는 종종 서드파티에 기대지 않고 자신의 도구를 직접 만들어야 한다. [그림 2-4]는 이러한 설명의 실제 사례라 할 수 있다. 이 시스템에서 아키텍트는 지속 또는 트리거 피트니스 함수 중 하나를 구축해야 한다.

지속 피트니스를 선택했을 경우 모든 서비스는 모니터링 정보를 노출(일반적으로 특정 포트를 통해)하고 워크플로가 진행되는 동안 자신이 호출하는 서비스가 무엇인지 알려야 한다. 오케스트레이터 혹은 유틸리티 서비스는 이러한 메시지를 모니터링하며 규정을 위반한 통신이 발생하지 않도록 방지한다. 모니터링 대신 비동기 메시지 대기열을 사용하는 방법도 있다. 각 도메인 서비스는 협업 메시지를 대기열에 게시하고, 오케스트레이터가 해당 대기열을 수신하며 협업 대상 서비스의 유효성을 검사한다. 이러한 피트니스 함수를 지속적으로 실행하면 잘못된 통신이 발생하는 즉시 수신 서비스에서 대처할 수 있다. 일반적으로 보안 문제 또는 유해한 사이드 이펙트가 주범인 경우가 많다.

지속 피트니스 함수의 이점은 즉시성이다. 아키텍트와 이해관계자 모두는 거버넌스 위반 시점을 즉시 알 수 있다. 그러나 이러한 해결책은 런타임 오버헤드를 발생시킨다. 모니터링이나 메시지 대기열을 유지하려면 작업 리소스가 필요하기 때문이다. 또한 이 정도 수준의 관찰 가능성을 구현하면 성능과 확장성에 부정적인 영향을 미칠 위험이 있다.

피트니스 함수를 트리거 방식으로 구현하는 방법도 있다. 배포 파이프라인은 정규 케이던스에 맞추어 피트니스 함수를 호출하며 로그 파일을 수집하고 모든 통신이 이상 없는지 확인한다. 4.3.1절에서 이러한 피트니스 함수를 실제로 구현할 것이다. 트리거 피트니스 함수의 이점은 런타임에 영향을 미치지 않는다는 것이다. 발동할 때만 실행되고 로그 레코드를 확인한다. 그러나 보안 등의 중대한 거버넌스 문제는 대응 시간이 늦어질수록 부정적인 영향도 커진다. 이러한 분야에 트리거 피트니스를 적용하면 안 된다.

소프트웨어 아키텍처의 여느 주제와 마찬가지로, 트리거와 연속성 사이의 트레이드오프도 경우에 따라 다르다. 각기 다른 상황을 잘 고려해서 선택해야 한다.

2.2.4 결과: 정적 vs 동적

정적 피트니스 함수static fitness function는 단위 테스트의 통과/실패처럼 고정적인 결과를 낸다. 바이너리, 숫자 범위, 집합 구성 등, 기댓값이 이미 정의되어 있는 피트니스 함수는 모두 이 범주에 든다. 메트릭은 피트니스 함수가 자주 활용하는 소재다. 가령 아키텍트는 메트릭을 통해 코드베이스에서 메서드의 평균 순환 복잡도를 구하고, 허용 가능 범위를 피트니스 함수에 정의할 수 있다.

동적 피트니스 함수dynamic fitness function는 외부 콘텍스트, 실시간 콘텐츠처럼 변화하는 대상을 근거로 정의된다. 예를 들어, 다중 사용자의 요청과 응답 능력으로 확장성을 판단하는 피트니스 함수를 생각해보자. 동시 사용자 수가 증가하며 응답성^{responsiveness}이 다소 저하되는 것은 아키텍트에게 별로 문제가 되지 않는다. 그러나 장애가 발생하는 순간을 놓치는 것은 용납할 수 없다. 따라서 이러한 응답성을 평가하는 피트니스 함수는 동시 사용자 수의 변화를 고려해 평가를 조정해야 한다.

역동성과 객관성은 상충하는 특성이 아니다. 피트니스 함수는 객관적인 결과로 평가되어야 하지만 평가의 근거는 동적 정보를 바탕으로 세워질 수 있다.

2.2.5 호출: 자동 vs 수동

아키텍트는 자동화를 좋아하며, 자동화는 점진적 변화의 일부다. 자동화는 3장에서 자세히 살펴본다. 개발자가 피트니스 함수 대부분을 지속적 통합, 배포 파이프라인 등의 자동화 콘텍스트에서 실행하는 것은 놀라운 일이 아니다. 실제로 개발자와 데브옵스는 과거에 불가능하다고 여겼던 엄청난 양의 작업을 해내고 있다. 지속적 전달 기술의 발전에 힘입어 소프트웨어 개발 생태계의 다양한 영역에 자동화를 이룩한 덕분이다.

그러나 소프트웨어 개발의 모든 과정을 자동화하고 싶은 욕망만큼 소프트웨어 개발의 일부는 자동화에 저항한다. 법적 요건이나 탐색 테스트 등은 아키텍처에서 매우 중대한 차원이지만 때때로 자동화하기 매우 어려워 불가피하게 수동 피트니스 함수로 구현되곤 한다. 프로젝트 또한 진화에 대한 열망이 있지만 그에 걸맞은 엔지니어링 관행이 뒷받침되지 않는 경우가 있다. 일부 특수한 프로젝트는 여전히 QA를 수동으로 진행해야 하며 근시일 내에 자동화되지 못할 가능성이 크다. 이러한 사례 외에도, 사람이 직접 프로세스를 검증하는 수동 피트니스 함수^{manual fitness function}는 다양한 분야에서 필요하다.

효율성을 향한 길에 장애물처럼 놓인 수동 절차들은 최대한 제거해야 한다. 그러나 수동 절차는 여전히 많은 프로젝트에서 필요하다. 이러한 아키텍처 특성 역시 피트니스 함수로 정의할 수 있으며, 배포 파이프라인 중 수동 스테이지를 별도로 두고 실행한다. 이 내용은 3장에서 더 자세히 설명한다.

2.2.6 선제적: 의도 vs 긴급

아키텍트는 프로젝트 시작 단계에서 아키텍처의 특성을 파악하고 대부분의 피트니스 함수를 정의하지만, 일부 피트니스 함수는 시스템 개발 도중에 등장하기도 한다. 아키텍처의 모든 부분을 처음부터 완벽히 파악할 수는 없기에(알려지지 않은 미지의 문제, 7.6절 참고) 시스템의 발전을 따라 추가로 피트니스 함수를 식별해야 한다. 이에 대비해 아키텍트는 공식 거버넌스 프로세스의 일부로 프로젝트 시작 단계에서 의도 피트니스 함수intentional fitness function를 작성한다. 엔터프라이즈 아키텍트 등과 협업하는 과정에서 작성하는 경우도 있다.

피트니스 함수는 아키텍트가 프로젝트를 분석하며 세웠던 최초의 가정을 검증하는 동시에, 실시간 거버넌스 역할까지 수행한다. 거버넌스를 개선할 만한 행동을 발견했을 때 아키텍트는 통상적으로 긴급 피트니스 함수emergent fitness function를 만들어 대처한다. 아키텍트는 프로젝트에 잘못된 동작이 있는지 항상 주의 깊게 관찰하고, 이를 검증할 수 있는 피트니스 함수를 찾아 적극적으로 추가해야 한다.

두 피트니스는 서로 스펙트럼의 양단을 형성하기도 한다. 특정 부분을 보호하기 위해 만든 의도 피트니스 함수가 시간이 지남에 따라 미묘하게 역할을 전환하거나 심지어 다른 피트니스 함수로 발전하는 경우도 있다. 단위 테스트와 마찬가지로 피트니스 함수는 팀 코드베이스의 일부가 된다. 따라서 아키텍처 요구 사항이 변경되고 발전함에 따라 피트니스 함수도 적절히 변경되어야 한다.

2.2.7 커버리지: 도메인별 피트니스 함수

특정 문제 도메인이 특정 아키텍처 피트니스 함수를 선호하는 경향이 있는지 묻는 이들이 종종 있다. 소프트웨어 아키텍처에 불가능이란 없으며, 동일한 자동화 테스트 프레임워크로 여러 피트니스 함수를 구현하는 것도 가능하다. 그러나 일반적으로 피트니스 함수는 문제 도메인이 아닌 추상적인 아키텍처 원칙에 따라 작동한다. 따라서 테스트 자동화 도구가 동일하다 해도 실제 상황에서는 테스트가 두 집합으로 분리되는 결과를 보게 될 것이다. 한쪽은 도메인 로직(전통적인 단위 또는 엔드투엔드end-to-end 테스트)에 초점을 맞춘 테스트 집합이며, 다른 한쪽은 피트니스 함수(성능, 확장성 등)에 집중하는 테스트 집합이다.

이러한 분리는 중복 작업과 노력의 낭비를 피하는 실용적 선택이다. 피트니스 함수는 프로젝트의 검증 메커니즘 중 하나이며, 여타 (도메인) 검증과 함께 공존해야 한다는 점을 잊어서는 안된다. 같은 작업을 반복하지 않으려면 피트니스 함수는 순수한 아키텍처 문제로 한정하고 도메인의 문제는 다른 검증 절차에서 처리하도록 하는 것이 현명한 조치다. 가령 폭증하는 사용자에 대처하는 웹사이트의 능력인 탄력성elasticity을 생각해보자. 문제의 웹사이트는 게임, 카탈로그, 영상 스트리밍 등의 다양한 도메인 중 하나에 속하는 것에 비하면 탄력성은 순수하게 아키텍처 분야의 용어임을 알 수 있다. 결국 탄력성은 피트니스 함수로 관리해야 한다. 반면, 주소 변경처럼 도메인 지식이 필요한 기능을 담당하는 팀은 전통적인 검증 메커니즘을 활용한다. 아키텍트는 이러한 분리를 리트머스 시험지로 삼아 각각의 검증 책임이 어느 곳에 있는지 판단할 수 있다.

피트니스 함수의 표준 집합은 보편적인 도메인(금융 등)도 예측하기 어렵다. 아키텍처의 어떤 요소가 궁극적으로 중요한 가치를 지니고 있는지는 팀과 프로젝트마다 다르게 볼 수밖에 없다.

2.3 피트니스 함수는 누가 작성하는가

피트니스 함수는 단위 테스트에 대한 아키텍처의 아날로그적 해석이다. 개발 및 엔지니어링 관행에서도 둘은 유사하게 취급되어야 한다. 일반적으로 아키텍트는 중요한 아키텍처 특성의 객관적인 척도를 세우기 위해 피트니스 함수를 작성한다. 아키텍트와 개발자는 모두 피트니스 함수를 관리하며 항상 유효한 상태를 유지해야 한다. 다시 말해, 피트니스 함수 통과는 아키텍처 피트니스에 부여된 객관적인 목표다.

아키텍트는 개발자와 협업하며 피트니스 함수의 목적과 활용 방안을 정의하고 함께 이해해야 한다. 이로 인해, 시스템의 전반적인 품질을 검증하는 계층이 추가된다. 프로젝트의 변경 사항이 거버넌스 규정을 위반하면 검증 계층에서 차단될 것이다. 이는 긍정적인 실패다. 그러나 개발자가 오류를 고치고 빌드 프로세스를 진행하려면 피트니스 함수의 목적을 이해해야 한다. 그러지 않으면 개발자는 거버넌스가 중요한 기능을 보호하는 실용적 제약이 아닌, 그저 자신들에게 지워진 부담이라 여기고 말 것이다. 이러한 오해를 방지하려면 두 역할 사이에 긴밀한 협업 관계가 형성되어야 한다.

> TIP 피트니스 함수의 핵심 요소와 연관 관계를 지속적으로 파악하려면 피트니스 함수 실행 결과를 눈에 잘 띄는 곳이나 공용 공간에 게시하는 것이 좋다. 개발자가 일상적인 코딩에서 피트니스 함수를 고려하는 습관을 들이는 데 도움이 될 것이다.

2.4 피트니스 함수 테스트 프레임워크 선택

문제 도메인을 테스트할 때 개발자는 플랫폼별platform-specific 도구를 활용한다. 도메인은 의도적으로 특정 플랫폼과 기술 스택에 맞추어 개발되기 때문이다. 만일 도메인의 기본 언어가 자바라면 개발자는 단위, 기능, 사용자 응답성 등을 테스트하는 다양한 도구와 프레임워크를 마음껏 고를 수 있다. 아키텍트 또한 플랫폼과 비슷한 수준에서 아키텍처 피트니스 함수를 지원하는 '턴키turnkey' 도구를 찾고자 하지만, 일반적으로 이러한 도구는 존재하지 않는다. 손쉽게 다운로드하고 실행하는 피트니스 함수 도구를 4장에서 몇 가지 선보이지만 도메인 테스트 라이브러리에 비하면 매우 드문 편이다. [그림 2-1]에 보이듯 피트니스 함수의 특성이 매우 다양하기 때문이다. 운영 피트니스 함수는 모니터링 도구가, 보안 피트니스 함수는 스캔 도구가, 품질 검사는 코드 기반 메트릭이 필요하다. 이토록 다양한 아키텍처 조합에 정확히 대응하는 도구는 대부분 존재하지 않는다. 그러나 아키텍트가 프로그래밍의 '접착제'를 약간만 활용하면, 제법 쓸 만한 피트니스 함수를 구성할 수 있다. 사전 빌드된 프레임워크를 다운로드하는 것만큼은 아니지만 많은 노력을 절약할 수 있다. 이러한 예시는 3장에서 더 자세히 다룬다.

2.5 결과 vs 구현

아키텍트에게 결과outcome는 상세 구현보다 더 중요하다. 결과는 아키텍처 특성을 객관적으로 나타내는 척도다. 아키텍트는 종종 도메인의 주력 플랫폼이 아닌 다른 기술 스택으로 피트니스 함수를 작성하며, 관심 요소를 객관적으로 측정할 수 있는 데브옵스 도구나 프로세스를 편의에 맞게 활용한다. 피트니스 함수라는 용어에서 '함수'가 지닌 중요한 함의는, 무언가를 입력받아 부작용 없이 출력을 생성한다는 것이다. 비슷하게, 피트니스 함수는 아키텍처 특성에 대한 객관적인 평가를 도출한다. 그것이 피트니스 함수의 결과다.

이 책 전반에 걸쳐 피트니스 함수 구현 예시를 소개하겠지만, 독자들은 아키텍트의 측정 기법 자체보다 측정의 이유와 결과에 더 집중하는 것이 좋다.

비록 소프트웨어 아키텍트가 진화적 아키텍처를 연구한다 해도 생물학적 진화까지 모델링하지는 않는다. 이론적으로, 자신을 한 조각씩 무작위로 변경하고(돌연변이) 스스로 재배치하는 아키텍처를 구축할 수는 있다. 수백만 년쯤 지나면 매우 흥미로운 아키텍처로 진화해 있을 것이다. 그러나 우리에게 그 정도의 시간 여유는 없다.

원하는 방향으로 아키텍처가 진화하도록 유도하기 위해 우리는 아키텍처의 여러 측면에 제약을 두고 잘못된 방향의 진화를 억제한다. 강아지 육종을 생각하면 이해하기 쉽다. 원하는 특성을 고르기만 하면 비교적 짧은 기간 안에 다양한 외형을 지닌 견종을 대량으로 길러낼 수 있다.

또한 피트니스 함수들을 한데 모아 시스템 피트니스 함수system-side fitness function라는 개념을 부여할 수 있다. 피트니스 함수는 각각 하나 이상의 아키텍처 차원에 할당된다. 이들이 서로 충돌하는 상황이 발생하면 시스템 피트니스 함수를 통해 문제 해결에 필요한 트레이드오프를 파악할 수 있다. 다기능 최적화multifunction optimization 문제가 흔히 그렇듯 피트니스 함수 역시 모든 값을 동시에 최적화하는 것이 불가능한 경우가 있다. 결국 아키텍트는 선택을 강요당한다. 가령 아키텍처 피트니스 함수에서 성능과 보안은 암호화 비용을 두고 서로 충돌하기 쉽다. 이는 모든 아키텍트를 괴롭히는 전형적인 문제, 다시 말해 트레이드오프다. 트레이드오프는 확장성과 성능처럼 상반된 방향으로 작용하는 두 힘을 조율하는 과정에서 아키텍트가 가장 골머리를 앓는 요소다. 그러나 아키텍처의 특성들은 마치 사과와 오렌지처럼 서로 근본적으로 다르며, 특성 각각의 이해관계자들은 저마다 자신의 관심사가 가장 중요하다고 믿는다. 아키텍트의 끊임없는 고민도 이 지점에 있다. 시스템 피트니스 함수를 통해 아키텍트는 중요한 아키텍처 특성을 포착하고 보존하는 한편, 피트니스 함수와 동일한 통합 메커니즘으로 다양한 관심사를 살필 수 있다. [그림 2-5]는 시스템 피트니스 함수와 내부를 구성하는 피트니스 함수의 관계를 나타낸다.

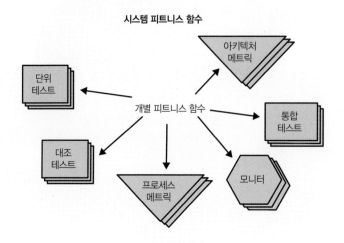

그림 2-5 시스템 피트니스 함수 vs 개별 피트니스 함수

시스템 피트니스 함수는 아키텍처의 진화에서 결정적인 역할을 한다. 아키텍처의 특성을 서로 비교하고 평가하려면 적합한 근거가 필요하기 때문이다. 지시 대상의 성격이 강한 피트니스 함수와 달리, 시스템 피트니스 함수는 아키텍트가 '평가'의 용도로 활용하지 않는 경우가 많다. 대게는 아키텍처에 관한 의사 결정의 우선순위를 정하기 위한 지침으로 활용한다. 개별 피트니스 함수는 아키텍처의 트레이드오프 해소에 직접적으로 도움을 주지 않는다. 그러나 아키텍트는 피트니스 함수가 제공하는 객관적인 지표를 통해 각각의 힘이 작용하는 방식을 보다 명확하게 이해하고 시스템 전반의 트레이드오프를 추론하는 근거로 삼는다.

> 시스템은 결코 부분의 합이 아니다. 각 부분이 이루는 상호작용의 산물이다.
>
> —러셀 애코프 박사Dr. Russel Ackoff

올바른 지침이 없다면 진화적 아키텍처는 단순히 기존 아키텍처에 반동하는 세력이 될 뿐이다. 따라서 아키텍트에게 있어 가장 중요한 것은 확장성, 성능, 보안, 데이터 스키마 등의 핵심 차원을 아키텍처 설계 초기에 정의하는 것이다. 이를 통해 아키텍트는 시스템 전반의 주요 행동을 파악하고 그 결과를 바탕으로 피트니스 함수의 중요도를 가늠할 수 있다.

요약

소프트웨어 아키텍처에 피트니스 함수를 적용한다는 발상은 다른 분야의 경험을 소프트웨어에 적용하려는 시도에서 비롯됐다. 진화적 컴퓨팅 기술을 소프트웨어에 적용할 수 있다는 사실을 깨닫는 순간 아키텍처 피트니스 함수가 탄생했다. 오랫동안 아키텍트는 여러 방면으로 아키텍처를 검증해왔지만 다양한 검증 기법을 하나의 중요한 개념으로 통합하지는 못했다. 각종 거버넌스 도구와 기법을 모두 피트니스 함수로 다루기 시작하면, 팀은 실행 중심 조직으로 통합을 이룰 수 있다.

다음 장에서 피트니스 함수의 운영 측면을 더 자세히 다룬다.

점진적 변화 엔지니어링

2010년, 제즈 험블Jez Humble과 데이브 팔리Dave Farley는 소프트웨어 프로젝트의 엔지니어링 효율성 향상 사례를 모아 『Continuous Delivery』(에이콘출판사, 2013)를 출간했다. 이 책은 자동화 도구를 이용한 소프트웨어 빌드와 릴리스 메커니즘을 충실히 전달했지만 진화형 소프트웨어의 설계 구조까지 알려주지는 않았다. 지속적 전달의 엔지니어링 관행은 진화적 아키텍처의 사전 요구 사항이며, 이를 발전시켜 진화적 소프트웨어 설계에 활용할 수 있다.

진화적 아키텍처는 다양한 차원에 걸쳐 점진적 변화를 유도하는 아키텍처다. 점진적 변화란 일련의 사소한 변화를 통해 아키텍처 전체의 변화를 달성한다는 의미다. 이번 장은 점진적 변화를 따르는 진화적 아키텍처와, 이러한 목표를 달성하기 위해 활용되는 엔지니어링 사례를 소개한다. 점진적 변화는 두 가지 측면에서 논의한다. 한쪽은 소프트웨어를 구축하는 개발자의 관점, 다른 한쪽은 소프트웨어를 배포하는 운영자의 관점이다.

또한 이번 장은 점진적 변화를 지원하는 아키텍처의 특성, 엔지니어링 사례, 팀 원칙 등을 다룬다.

3.1 점진적 변화

먼저 점진적 변화의 운영적 측면부터 살펴보자. 이를 위해 1장부터 예시로 들었던 PenultimateWidgets의 사례를 가져와 아키텍처와 배포 환경 등의 세부 사항을 덧붙일 것이다. PenultimateWidgets의 카탈로그 페이지는 [그림 3-1]처럼 마이크로서비스 아키텍처와 관련 엔지니어링 기법을 배경에 두고 있다.

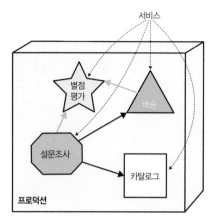

그림 3-1 PenultimateWidgets 컴포넌트 배포의 초기 구성

PenultimateWidgets의 아키텍트는 개별 서비스들을 분리 운영할 수 있도록 마이크로서비스 아키텍처를 구현했다. 마이크로서비스는 기술적 커플링을 없애고 각 서비스를 운영적으로 분리하는 무공유^{share nothing} 아키텍처를 지향한다. 따라서 아키텍처의 변화는 세분화된^{granular} 수준에서 촉진된다. PenultimateWidgets는 모든 서비스를 서로 다른 컨테이너에 배포해 운영적 변화에 대응하기 쉽다.

PenultimateWidgets 웹사이트 사용자는 다양한 위젯을 별점으로 평가할 수 있다. 고객 서비스 담당자, 배송 업체 등, 평가 기능이 필요한 다른 서비스 또한 모두 별점 서비스를 공유한다. 어느 날 개발팀은 별점을 반 개 단위로 매길 수 있는 중대 업그레이드를 단행했다. 신기능이 담긴 버전은 [그림 3-2]에 보이듯 기존 버전을 두고 추가로 공개된다.

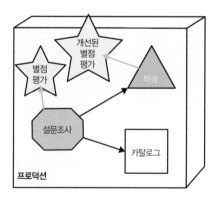

그림 3-2 반 등급 평가 기능이 추가된 별점 서비스와 기존 서비스

등급 기능을 사용하는 모든 서비스가 반드시 신규 서비스로 마이그레이션할 필요는 없다. 각 서비스는 원하는 시점에 점진적으로 더 나은 서비스로 전환할 수 있다. 신버전을 사용하는 서비스는 시간이 흐를수록 생태계 안에서 점점 늘어난다. PenultimateWidgets는 아키텍처 모니터링 방면에 데브옵스 기법을 도입해, 서비스뿐만 아니라 서비스가 주고받는 통신 경로도 추적한다. 운영 그룹은 일정 시간 동안 서비스를 관찰하다가 라우팅 내역이 없는 서비스를 발견하면 [그림 3-3]처럼 해당 서비스를 생태계에서 자동으로 분리한다.

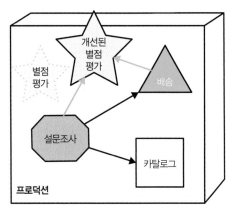

그림 3-3 모든 서비스에서 향상된 별점 서비스를 사용하는 상태

진화의 역학적 능력은 진화적 아키텍처의 핵심 요소 중 하나다. 위 예시의 추상적 구조를 한 단계 더 깊이 분석해보자.

PenultimateWidgets의 아키텍처는 고르게 세분화된$^{fine-grained}$ 마이크로서비스다. 각 서비스는 도커[1] 컨테이너로 배포하고 서비스 템플릿을 통해 인프라 연동을 처리한다. PenultimateWidgets의 애플리케이션은 실행 서비스 인스턴스 사이를 연결하는 여러 경로로 구성되며, 각 서비스는 상황에 따라 복수의 인스턴스를 실행하는 방식으로 온디맨드 확장성 등의 운영 문제에 대응한다. 이러한 구조 덕분에 아키텍트는 프로덕션 환경에서 다양한 서비스 버전을 호스팅하고 라우팅 기능을 통해 서비스 접근을 제어할 수 있다. 배포 파이프라인이 서비스를 배포하면 서비스는 자신의 정보(위치, 계약^{contract} 등)를 서비스 검색$^{service\ discovery}$ 도구에 등록한다. 서비스는 검색 도구를 통해 다른 서비스를 발견하고 계약을 분석해 서비스의 위

---

1 https://www.docker.com

치와 버전 적합성 등을 파악한다.

새로운 별점 서비스가 배포되면 이 서비스는 자신을 서비스 커버리지 도구에 등록하고 새로운 계약을 게시한다. 신규 서비스는 0.5점 단위 평점을 지원하므로 허용 값의 범위가 더 넓다. 다시 말해 서비스 개발자는 기존 값의 제한 여부를 고민할 필요가 없다. 신버전이 기존과 다른 계약을 해야 하는 경우도 있다. 이러한 판단은 일반적으로 호출받는 서비스 내부에서 이루어지며 호출 당사자에게 부담을 지우지 않는다. 계약 전략은 7.6.8절에서 더 자세히 설명한다.

개발팀이 신규 서비스를 배포할 때, 기존 서비스를 호출하는 다른 서비스까지 강제로 업그레이드할 필요는 없어야 한다. 따라서 아키텍트는 별점 서비스 엔드포인트를 잠시 프록시로 변경하고 서비스 요청 버전을 확인한 뒤 각각에 맞게 라우팅한다. 기존 서비스는 기존 별점 서비스를 그대로 사용하며 새로 추가되는 서비스는 곧바로 신버전에 연결된다. 기존 별점 기능을 호출하는 서비스는 강제로 업그레이드할 필요가 없으며 필요에 따라 기존 버전을 계속 호출할 수 있다. 추후 새로운 기능을 사용하기로 결정했을 때 엔드포인트의 요청 버전을 변경하면 별점 서비스를 교체할 수 있다. 시간이 흐르면 기존 버전을 호출하는 서비스는 점점 줄어들고, 더 이상 필요치 않게 되는 순간 아키텍트는 엔드포인트에서 이전 버전을 제거할 수 있다. 운영팀은 더 이상 호출되지 않는 서비스를 검색하고 (합리적인 임곗값 내에서) 가비지로 수집해 처리하는 역할을 맡는다. 지금까지 설명한 진화 과정이 [그림 3-3]에 추상적으로 묘사되어 있다. Swabbie[2]는 이러한 스타일의 진화적 아키텍처를 클라우드 기반으로 구현하는 도구다.

아키텍처의 모든 변경 사항은 배포 파이프라인의 관리 하에 반영된다. 데이터베이스 같은 외부 컴포넌트의 프로비저닝도 마찬가지다. 배포 과정에서 각기 이동하는 이질적인 요소들을 데브옵스가 직접 조정할 필요는 없다.

일단 피트니스 함수를 정의하면 반드시 적시에 실행하고 평가할 수 있어야 한다. 자동화는 지속적 평가의 핵심 요소이며, 이러한 평가는 **배포 파이프라인**deployment pipeline에서 진행되는 경우가 많다. 아키텍트는 배포 파이프라인을 통해 어떤 피트니스 함수를 언제, 얼마나 자주 실행할지 정의할 수 있다.

---

2   https://oreil.ly/WvKxj

3.1.1 배포 파이프라인

배포 파이프라인 메커니즘은 지속적 전달continuous delivery 기술에 속한다. 지속적 통합 서버와 마찬가지로 배포 파이프라인은 변경 사항을 '수신listen'하고 일련의 검증 단계를 실행한다. 단계가 거듭될수록 검증 과정도 정교해진다. 지속적 배포 관행은 배포 파이프라인 자동화를 권장한다. 테스트 머신 프로비저닝, 배포 등의 통상적인 프로젝트 업무는 모두 배포 파이프라인 메커니즘을 통해 자동화시키는 것이 좋다. 배포 파이프라인을 구축할 때 사용하는 오픈 소스 도구로는 GoGD[3] 등이 있다.

> **지속적 통합 vs 배포 파이프라인**
>
> 지속적 통합은 애자일 프로젝트의 엔지니어링 관행으로 널리 알려져 있다. 애자일은 최대한 신속하고 빈번한 통합을 장려한다. 지속적 통합을 구현하는 여러 상용 솔루션 오픈 소스 소프트웨어가 있다. 지속적 통합은 '공식official' 빌드가 자리할 공간을 마련해준다. 개발자는 자신의 작업 코드를 보장하는 단일 메커니즘의 개념을 이해하고 다양한 혜택을 누릴 수 있다. 게다가 지속적 통합 서버는 일반적인 프로젝트 작업을 수행할 완벽한 시간과 장소까지 제공한다. 이러한 작업에는 단위 테스트, 코드 커버리지, 메트릭, 기능 테스트, 결정적으로 피트니스 함수가 포함된다. 대부분의 프로젝트에서 지속적 통합 서버는 빌드를 검사하기 위한 작업 목록을 담고 있다. 모든 작업이 대단원에 이르면 빌드도 성공적인 결말을 맞는다. 이러한 작업 목록은 프로젝트의 규모가 커질수록 강한 개성을 드러낸다.
>
> 배포 파이프라인은 개별 작업에 맞추어 단계stage를 나누도록 권장한다. 이러한 멀티스테이지 빌드 개념을 통해 개발자는 체크인 이후 작업들을 단계별로 모델링할 수 있다. 이렇듯 작업을 일일이 분리하는 능력 덕분에 배포 파이프라인은 프로덕션 준비 상태를 검증하는 광범위한 명령을 수행할 수 있다. 통합을 최우선 과제로 보는 지속적 통합 서버와 배포 파이프라인의 차이점은 여기에 있다. 따라서 일반적으로 배포 파이프라인은 애플리케이션 다중 계층 테스트, 환경 프로비저닝 자동화를 비롯해 다양한 측면의 검증 책임을 담당한다.
>
> 지속적 통합 서버로 '적당히' 버티려고 했던 개발자는 이내 작업 분리 수준과 피드백 수준을 높이지 않을 수 없는 상황에 부딪히게 될 것이다.

---

3   https://www.go.cd

일반적인 배포 파이프라인은 [그림 3-4]와 비슷한 배포 환경을 자동으로 구성한다. 이때 도커[4] 처럼 컨테이너를 활용하거나 퍼펫[Puppet 5] 또는 셰프[Chef 6] 등의 맞춤형 도구로 환경을 생성한다.

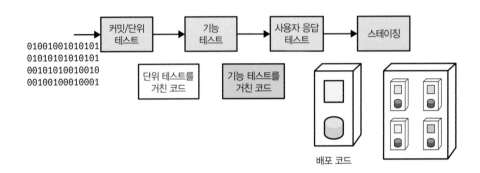

그림 3-4 배포 파이프라인 단계

파이프라인에서 쓰일 배포 이미지를 구축함으로써 개발팀과 운영팀은 일종의 확신을 얻게 된다. 이러한 확신은 호스트 컴퓨터나 가상 머신을 명시적으로 정의하고 일반적인 관행에 따라 바닥부터 환경을 구성하는 상황에 필적한다.

배포 파이프라인은 아키텍처에 정의된 피트니스 함수를 실행할 이상적인 장소를 제공한다. 또한 다양한 수준의 추상화와 정교한 테스트를 통합해 여러 단계를 구성하며, 시스템이 조금이라도 변경될 때마다 피트니스 함수를 실행한다. [그림 3-5]는 피트니스 함수가 추가된 배포 파이프라인을 나타낸다.

---

4   https://www.docker.com

5   https://puppet.com

6   https://www.chef.io/chef

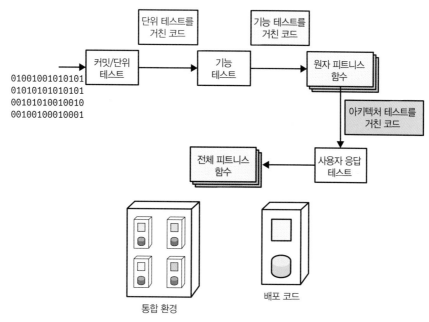

그림 3-5 피트니스 함수 단계가 추가된 배포 파이프라인

[그림 3-5]는 원자 피트니스 함수와 전체 피트니스 함수가 함께 담긴 복잡한 통합 환경을 묘사한다. 아키텍처 차원을 보호하기 위한 규칙을 수립하고 배포 파이프라인에 추가하면 시스템이 변경될 때마다 실행되도록 보장할 수 있다.

2장에서 PenultimateWidgets는 요구 사항 스프레드시트를 만들었다. 이후 지속적 배포 엔지니어링 관행을 몇 가지 추가로 도입한 개발팀은, 이윽고 자동화된 배포 파이프라인에서 플랫폼의 아키텍처 특성이 더욱 잘 작동한다는 사실을 깨달았다. 이에 부응하기 위해 서비스 개발자는 엔터프라이즈 아키텍트와 서비스팀이 제작한 피트니스 함수를 모두 검증하는 배포 파이프라인을 만들었다. 이제 각 팀이 서비스를 변경할 때마다 수많은 테스트가 실행되며 코드의 정확성과 아키텍처 전반의 피트니스를 검증한다.

진화적 아키텍처 프로젝트는 지속적 배포를 지향한다. 파이프라인이 세운 테스트와 검증의 장벽을 무사히 통과한 변경 사항만 지속적으로 프로덕션에 반영해야 한다. 지속적 배포는 이상적인 목표인 만큼 정교하게 조율해야 한다. 프로덕션에 지속적으로 배포되는 변경 사항이 조금이라도 문제를 일으키지 않도록 개발자는 만반의 준비를 갖춰야 한다.

[그림 3-6]처럼 여러 작업을 병렬로 실행하는 **팬아웃**fan-out은 배포 파이프라인을 조율할 때 일반적으로 적용되는 개념이다.

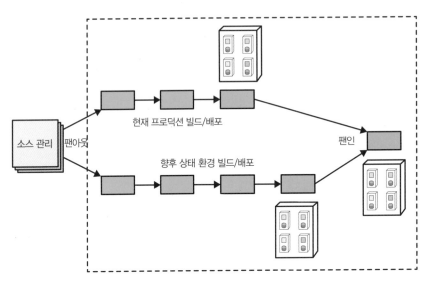

그림 3-6 여러 시나리오를 테스트하기 위한 배포 파이프라인 팬아웃

[그림 3-6]에 보이듯 변경 사항을 반영할 때는 두 가지를 확인해야 한다. 첫째, 변경 사항이 현재 프로덕션에 부정적인 영향을 미치지 않도록 해야 한다. 배포 파이프라인이 성공적으로 실행되면 프로덕션으로 코드가 배포되기 때문이다. 둘째, 변경 사항이 잘 반영되어 미래 상태 환경에 문제가 없는지 확인해야 한다. 이렇게 두 검증 작업으로 배포 파이프라인을 팬아웃하면 테스트, 배포 등의 작업을 병렬로 실행할 수 있어서 시간을 절약할 수 있다. [그림 3-6]에 나열된 동시 작업들이 완료되면 파이프라인은 실행 결과를 평가한다. 평가 결과가 모두 성공적일 경우 다시 **팬인**fan-in을 수행한다. 팬인은 모든 작업이 통합된 하나의 배포 스레드다. 변경 사항은 여러 콘텍스트에 걸쳐 다양하게 발생한다. 그때마다 배포 파이프라인에서 이러한 **팬아웃**과 **팬인**이 일어난다는 점을 염두에 두기 바란다.

지속적 배포가 비즈니스에 미치는 영향도 간과하면 안 된다. 정기적으로 추가되는 신기능은 사용자에게 깊은 인상을 남기지 못한다. 오히려 사용자는 전통적인 '빅뱅' 방식의 배포를 더 선호하는 경향이 있다. 기능 토글feature toggle[7]은 지속적 배포와 단계적 릴리스를 동시에 수용하기 위

---

7 https://oreil.ly/0sMvU

해 자주 쓰이는 기법이다. 코드에 일정한 조건을 추가한 다음, 두 구현(신규 및 기존)을 전환할 때 특정 기능을 활성화 또는 비활성하는 기능이다. 기능 토글을 구현하는 가장 간단한 수단은 조건문 코드다. If 문으로 환경 변수나 설정을 검사하고 해당 값에 따라 특정 기능을 표시하거나 숨길 수 있다. 조금 더 복잡하지만, 런타임 시점에 설정값을 읽고 특정 기능을 활성화 또는 는 비활성화하는 방식도 있다. 기능 토글 방식으로 코드를 구현하면 개발자는 변경 사항을 사용자에게 미리 노출할 걱정 없이 프로덕션에 신기능을 안전하게 배포할 수 있다. 실제로 지속적 배포를 수행하는 많은 팀은 기능 토글을 활용해 신기능 운영 시점과 소비자 릴리스 시점을 분리하고 있다.

> **프로덕션 QA**
>
> 기능 토글로 신기능을 빌드하는 관행은 프로덕션에서 QA 작업을 수행한다는 유익한 부작용을 낳는다. 탐색 테스트를 프로덕션 환경에서 실행한다는 발상을 떠올리지 못하는 회사가 많다. 대부분의 기능 토글 프레임워크는 IP 주소, 액세스 제어 목록access control list(ACL) 등의 다양한 기준에 따라 사용자를 라우팅할 수 있다. 따라서 팀이 기능 토글 개발에 익숙해지면 신기능을 프로덕션에 배포하고 QA 부서만 접근하도록 제어할 수 있다. 이러한 방식으로 프로덕션 테스트가 가능해진다.

아키텍트가 엔지니어링 실무에서 배포 파이프라인을 활용하면 프로젝트 피트니스 함수를 손쉽게 적용할 수 있다. 일반적으로 개발자는 배포 파이프라인을 설계하며 각 단계의 필요성을 판단하는 데 어려움을 겪는다. 그러나 배포 파이프라인 내부에 피트니스 함수가 추가되면 아키텍트와 개발자는 변경 사항으로 인한 진화가 프로젝트 가이드 라인을 위반하지 않을 것이라는 높은 수준의 확신을 갖게 된다. 아키텍처의 문제는 불확실하고 주관적인 방식으로 드물게 평가되는 경우가 많다. 이러한 평가를 피트니스 함수로 구현하면 평가의 엄밀성을 높이고 엔지니어링 관행에 대한 신뢰도를 높일 수 있다.

3.1.2 사례 연구 1 PenultimateWidgets의 피트니스 함수

PenultimateWidgets의 아키텍처에는 청구서 처리 서비스가 있다. 청구서팀은 자신들이 보유한 구형 라이브러리와 사용 방식을 바꾸고 싶어 한다. 그러나 한편으로 이러한 변경 사항이 다른 팀과의 통합에 영향을 주지 않기를 원한다.

청구서팀은 다음과 같이 요구 사항을 정리했다.

확장성

PenultimateWidgets는 성능을 최우선 순위에 놓는 회사는 아니다. 그러나 여러 리셀러에게 청구 정보를 제공해야 하므로 청구서 서비스는 가용성 서비스 수준 계약을 준수할 수 있어야 한다.

서비스 통합

PenultimateWidgets의 여러 서비스는 청구서 서비스를 활용한다. 청구서팀의 내부 변경 작업으로 인해 서비스 간 통합이 중단되지 않아야 한다.

보안

청구서는 금전과 직결된 문제이므로 지속적인 보안 관리 대상이다.

감사성

지역에 따라 과세에 관련된 변경 사항은 독립 회계 법인의 감사를 받아야 한다는 규정이 있다.

청구서팀은 얼마전 지속적 통합 서버를 업그레이드하고 코드 실행 환경을 온디맨드 프로비저닝 on-demand provisioning할 수 있도록 개선했다. 이제 팀은 진화적 아키텍처 피트니스 함수를 구현하기 위해 [그림 3-7]처럼 배포 파이프라인을 구성해 통합 서버를 대체하고 평가 단계를 추가했다.

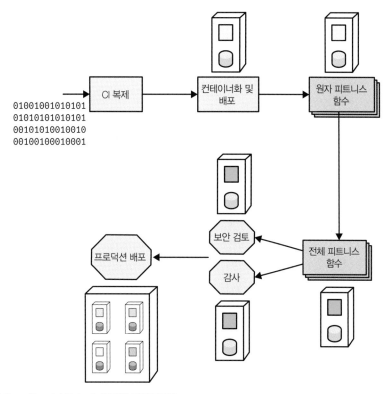

01001001010101
01010101010101
00101010010010
00100100010001

그림 3-7 PenultimateWidgets의 배포 파이프라인

PenultimateWidgets의 배포 파이프라인은 6단계로 구성된다.

1단계: CI 복제

첫 번째 단계는 기존 CI 서버의 동작을 복제하며 단위 및 기능 테스트를 실행한다.

2단계: 컨테이너화 및 배포

두 번째 단계에서 개발자는 서비스 컨테이너를 빌드한다. 이 단계에서 개발자는 동적 테스트 환경에 컨테이너를 배포하는 방식으로 더 깊은 수준의 테스트를 수행할 수 있다.

3단계: 원자 피트니스 함수 실행

세 번째 단계는 원자 피트니스 함수를 실행한다. 자동화된 확장성 테스트 및 보안 침투 테스트가 이 단계에서 실행된다. 또한 이 단계는 감사성과 관련이 있다. 개발자가 변경한 특정 패키지 내의 모든 코드를 확인하는 메트릭 도구를 실행할 수 있기 때문이다. 이 도구는 현재 어떠한 결정도 내리지 않지만, 추후 단계에서 코드를 식별하는 범위를 좁히는 역할을 한다.

4단계: 전체 피트니스 함수 실행

네 번째 단계는 전체 피트니스 함수에 집중한다. 통합 지점^{integration point}을 보호하기 위한 계약 테스트와 몇 가지 확장성 테스트가 포함된다.

5a단계: 보안 검토(수동)

보안 담당 조직은 이 단계에서 코드의 모든 보안 취약점을 수동으로 검토, 감사, 평가한다. 배포 파이프라인을 활용하면 수동 단계를 정의하고 보안 전문가가 요청할 때마다 가동할 수 있다.

5b단계: 감사(수동)

PenultimateWidgets가 위치한 지역은 감사 의무화 제도를 시행한다. 청구서팀은 감사를 진행할 수동 단계를 배포 파이프라인에 구축하고 몇 가지 긍정적 효과를 본다. 첫째, 감사를 피트니스 함수로 취급하면 개발자, 아키텍트, 감사자 등이 시스템의 올바른 기능을 확인하고 일관적인 기준으로 평가할 수 있다. 둘째, 감사 평가 단계가 배포 파이프라인에 포함되므로 개발자는 이러한 평가가 엔지니어링에 미치는 영향을 배포 파이프라인의 다른 자동화 평가와 비교해볼 수 있다.

예를 들어, 매주 발생하는 보안 검토와 매월 발생하는 감사를 비교했을 때 배포 주기에 병목을 일으키는 요소는 분명 감사 단계다. 보안과 감사를 배포 파이프라인의 각 단계로 두면 두 사안에 관련된 결정을 더욱 합리적으로 조정할 수 있다. '릴리스 주기를 단축하기 위해 컨설턴트의 감사 시행 횟수를 늘리는 것이 회사에 유익할 것인가?'와 같은 질문에 답하기 위한 근거를 배포 파이프라인에서 찾을 수 있을 것이다.

6단계: 배포

마지막 단계는 프로덕션 환경 배포다. PenultimateWidgets는 이 단계를 자동화했으며 수동으로 실행되는 두 업스트림 단계(보안 검토 및 감사)가 성공할 때만 가동된다.

PenultimateWidgets의 아키텍트는 매주 자동으로 생성된 보고서를 통해 피트니스 함수의 성공률 및 실패율을 확인한다. 또한 이를 통해 프로젝트와 배포 파이프라인의 상태, 케이던스 등을 가늠한다.

3.1.3 사례 연구 2 자동화 빌드의 API 일관성 검증

PenultimateWidgets 아키텍트는 복잡한 회계 시스템 내부를 깔끔한 인터페이스로 캡슐화한 API를 설계했다. 이 API는 회사 내부에서, 혹은 협력사에서 사용한다. 그리고 많은 통합 사용자를 보유하고 있으므로 변경 사항을 배포할 때는 이전 버전과 충돌하거나 장애가 발생하지 않도록 주의해야 한다.

이러한 원칙에 따라 아키텍트는 [그림 3-8]과 같이 배포 파이프라인을 설계했다.

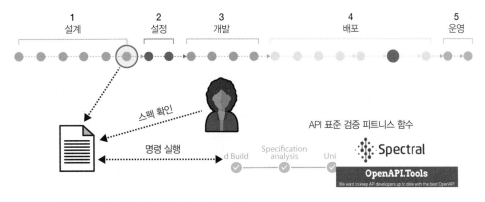

그림 3-8 일관성 피트니스 함수가 포함된 배포 파이프라인

[그림 3-8]의 배포 파이프라인은 5단계로 구성된다.

1단계: 설계

통합 API의 신규, 변경 사항이 포함된 아티팩트를 설계한다.

2단계: 설정

컨테이너화, 데이터베이스 마이그레이션 등 배포 파이프라인에서 테스트와 검증을 수행하기 위해 필요한 운영 작업들을 설정한다.

3단계: 개발

단위, 기능, 사용자 승인, 아키텍처 피트니스 함수 등을 테스트할 환경을 개발한다.

4단계: 배포

모든 업스트림 작업이 성공했을 경우 프로덕션 배포를 진행한다. 프로덕션은 사용자에게 노출할 신기능을 토글 방식으로 추가한다.

5단계: 운영

피트니스 함수와 기타 상태를 지속적으로 모니터링 한다.

API 변경에 대비해 아키텍트는 피트니스 함수 실행 단계를 나누었다. 검증 체인 1단계는 openapi.yaml에 게시된 신규 API의 설계 및 정의에서 시작된다. 팀은 Spectral[8] 또는 OpenAPI.Tools[9]를 사용해 신규 스펙 구조와 기타 요소를 검증한다.

다음 단계는 [그림 3-9]에 보이듯 개발이 시작될 때 등장한다.

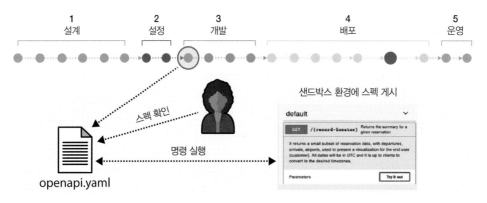

그림 3-9 일관성 검증의 2단계

[그림 3-9]에 나타난 검증 체인 2단계는 신규 스펙을 채택하고 샌드박스 환경에 게시해 테스트한다. 샌드박스 환경이 활성화되면 배포 파이프라인은 일련의 단위 및 기능 테스트를 실행해 변경 사항을 검증한다. 2단계의 목표는 해당 API를 사용하는 애플리케이션이 이전과 동일하게

---

8 https://oreil.ly/SHsZo

9 https://openapi.tools

작동하는지 검증하는 것이다.

[그림 3-10] 표시된 3단계에서는 Pact[10]를 사용해 통합 아키텍처 영역을 테스트한다. Pact는 소비자 주도 계약consumer-driven contract이라는 개념을 실제로 구현한 도구로, 서비스 간 통합 테스트를 수행하며 통합 지점을 보존한다.

소비자 주도 계약[11]은 통합 아키텍처 원자 피트니스 함수 역할을 하며 마이크로서비스 아키텍처에서 보편화된 관행이다. [그림 3-11]을 통해 소비자 주도 계약을 더 자세히 알아보자.

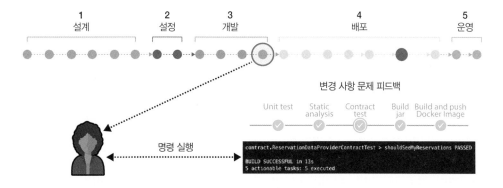

그림 3-10 통합 아키텍처 일관성 검증의 3단계

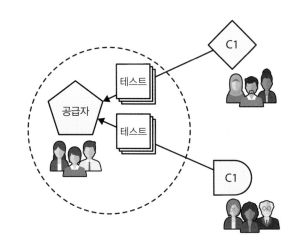

그림 3-11 공급자와 소비자 사이에서 테스트를 수립하는 소비자 주도 계약

---

10 https://docs.pact.io
11 https://oreil.ly/syKlD

[그림 3-11]에서 공급자팀은 C1과 C2에게 정보를 제공한다. 제공 형식은 일반적으로 JSON처럼 경량 데이터를 선택하는 경우가 많다. 소비자 주도 계약에서 정보 소비자는 공급자로부터 받을 정보를 캡슐화하고 테스트 형태로 취합해 공급자에게 제공한다. 공급자는 이러한 테스트가 항상 통과되도록 시스템을 유지할 것을 약속한다. 테스트는 소비자가 필요로 하는 정보를 다루기 때문에 공급자는 이러한 피트니스 함수를 해치지 않는 선에서 시스템을 발전시켜야 한다. [그림 3-11]에 보이는 시나리오에서 공급자는 자신들의 테스트 모음까지 총 세 소비자의 테스트를 실행한다. 이러한 피트니스 함수 사용 기법을 비공식적으로 엔지니어링 안전망이라 부르곤 한다. 이렇듯 통합 규칙의 일관성을 피트니스 함수를 통해 손쉽게 유지할 수 있는 상황이 되면 더 이상 수작업에 의지하지 말아야 한다.

진화적 아키텍처의 점진적 변화에 내포된 암묵적인 전제 중 하나는 개발팀의 엔지니어링 성숙도다. 소비자 주도 계약 기법을 사용한다 해도 빌드 중단 기간이 며칠이나 지속된다면 더 이상 통합 지점의 유효성을 보장할 수 없다. 피트니스 함수가 엔지니어링 관행으로 정착되면 많은 개발자의 고단한 수작업이 줄어든다. 그러나 이러한 혜택을 누리려면 개발자의 능력이 일정한 성숙도에 도달해야 한다.

변경 사항은 배포 파이프라인의 마지막 단계에서 프로덕션에 배포된다. 프로덕션을 공식적으로 가동하기 직전에 A/B 테스트 등의 추가 검증을 실행한다.

요약

개발자 중 일부는 소프트웨어가 아닌 전통적인 엔지니어링 분야에서 학업을 마치거나 경력을 쌓기 시작한다. 이들은 컴퓨터 과학 분야로 전향하기 이전부터 이미 구조 엔지니어가 활용하는 고등 수학을 학습한 상태다.

전통적으로 많은 이가 소프트웨어 개발과 여타 엔지니어링 기술을 동일선상에 두고 분석하려 노력했다. 이러한 분석은 다양한 성과를 낳았다. 일례로, 전체적인 설계를 완료하고 기계적인 조립 과정이 뒤를 잇는 폭포수waterfall 프로세스는 소프트웨어 개발에 적합하지 않음이 입증되었다. 비슷한 맥락에서 자주 등장하는 질문이 있다. 구조 엔지니어링에서 고등 수학을 활용하듯 소프트웨어 분야에서 수학적 이론을 활용할 수 있을까?

소프트웨어 엔지니어링은 여느 공학 이론보다 수학에 기댈 필요가 없다고 여기는 이가 많았다. 설계design와 제조manufacturing의 차이점이 분명했기 때문이다. 구조 엔지니어링에서 제조는 막대한 비용이 드는 과정이며 결함을 용납하지 않기에 설계 단계부터 방대한 예측 분석 카탈로그가 필요하다. 따라서 전체적으로 드는 노력은 설계와 제조에 각각 나뉘어 투입된다. 그러나 소프트웨어에서 둘 사이의 균형은 이와 완전히 다르다. 소프트웨어의 제조는 취합compilation과 배포 활동을 의미하며 이들은 점점 더 많은 부분이 자동화되고 있다. 사실상 소프트웨어에 드는 모든 노력은 제조가 아니라 설계에 쏟아진다. 소프트웨어의 설계는 우리가 '소프트웨어 개발'이라 여기는 거의 모든 것에 코딩을 더한 것이나 다름없다.

제조 공정의 끝에서 만나는 생산물도 크게 다르다. 최신 소프트웨어는 수천 또는 수백만 개의 유동적인 부품으로 구성되며 사실상 모든 부품을 임의로 교체할 수 있다. 다행히 소프트웨어는 설계를 변경한다 해도 거의 즉각적으로 시스템을 재배포(사실상 재구축)할 수 있다.

소프트웨어 엔지니어링 연구의 진정한 핵심은 자동화된 검증을 통한 점진적인 변화에 있다. 소프트웨어에서 제조는 본질적으로 무료인 대신 매우 가변적이다. 점진적 변화의 이면에는 자동화된 검증 절차를 등에 업은 개발자의 자신감이 있으며, 이러한 자신감이야말로 온전한 소프트웨어 개발의 결정적인 비결이다.

아키텍처 거버넌스 자동화

아키텍트의 임무는 소프트웨어 시스템의 구조를 설계하고 수많은 개발 원칙과 엔지니어링 관행을 정의하는 것이다. 그러나 아키텍트가 소홀히 하면 안 될 또 다른 중요한 책임은 거버넌스다. 아키텍트는 소프트웨어 구축 과정을 관리하며 설계 원칙과 모범 사례를 따르고 알려진 시행착오를 방지해야 한다.

전통적으로 아키텍트는 수동 코드 리뷰, 아키텍처 검토 위원회^{Architecture Review Board} 등의 비효율적인 수단 외에는 거버넌스 정책을 집행할 만한 도구가 거의 없었다. 그러나 자동화된 피트니스 함수의 등장으로 아키텍트는 새로운 능력을 얻었다. 이번 장은 아키텍트가 피트니스 함수를 이용해 소프트웨어를 발전시키고 자동화된 거버넌스 정책을 수립하는 방법까지 설명한다.

4.1 피트니스 함수와 아키텍처 거버넌스

이 책의 바탕이 된 아이디어는 2장에서 설명한 유전자 알고리즘 개발 원리와 소프트웨어 아키텍처를 뒤섞은 은유적 재창조^{metaphorical mash-up}다. 또한 이 책은 시간이 지나도 저하되지 않고 성공적으로 진화하는 소프트웨어 프로젝트를 만드는 핵심 아이디어에 초점을 맞춘다. 이러한 아이디어들은 앞으로 설명할 다양한 피트니스 함수와 적용 방식이라는 형태로 발전했다.

처음부터 개념적으로 고려했던 것은 아니지만, 진화적 아키텍처의 메커니즘은 아키텍처 거버넌스^{architectural governance}, 특히 소프트웨어 엔지니어링 관행의 진화를 상징하는 거버넌스 자동화^{automating governance}와 겹치는 부분이 많다는 사실이 밝혀졌다.

1990년대 초 켄트 벡^{Kent Beck}을 중심으로 모인 선도적 개발자 집단은 지난 30년간 소프트웨어 엔지니어링을 발전시킨 원동력 중 한 가지를 발명했다. 당시 이들에게 주어진 임무는 C3[1] 프로젝트였다. (뭐하는 프로젝트였는지는 크게 중요치 않다.) 이들은 소프트웨어 개발 프로세스의 트렌드에 정통했지만 그에 대해 큰 감흥은 없었다. 당시 인기있던 프로세스 중 어느 것도 일관된 성공을 보장하지 못한다고 느꼈다. 이에 켄트는 익스트림 프로그래밍eXtreme Programming) (XP)[2]을 창안하고 실행에 옮기기 시작한다. XP는 과거 경험을 바탕으로 검증된 원칙을 가장 극단적인 방식으로 수행하는 것이다. 가령, 테스트 커버리지가 높은 프로젝트일수록 코드의 품질이 높다는 공동의 경험은 테스트 주도 개발test-driven development로 이어졌다. 코드보다 먼저 테스트가 만들어지므로 자연히 모든 코드가 테스트를 거치게 된다.

이들의 주요 관찰 대상 중 하나는 통합이었다. 그 당시 대부분의 소프트웨어 프로젝트는 **통합 단계**를 별도로 두고 처리하는 것이 일반적인 관행이었다. 개발자는 몇 주에서 몇 달 동안 고립된 상태로 코딩한 다음 통합 단계에서 변경 사항을 병합하곤 했다. 사실 당시 유행했던 대부분의 버전 관리 도구는 그러한 개발자 수준의 고립을 강요했다. 통합 단계라는 관행은 제조 분야의 절차를 그대로 이식한 잘못된 비유에 가깝다. XP 개발자들은 그간의 프로젝트 경험을 통해 더 자주 통합할수록 문제도 줄어든다는 상관관계에 주목했으며, 이러한 인식을 지속적 통합이라는 개념으로 발전시켰다. 지속적 통합 프로세스에서 모든 개발자는 적어도 하루에 한 번, 기본 코드베이스에 자신의 작업을 커밋한다.

지속적 통합을 비롯한 여러 XP 관행은 점진적 변화와 자동화의 위력을 표상한다. 지속적 통합을 도입한 팀은 정기 병합 작업에 드는 시간뿐만 아니라 전체적인 작업 소요 시간까지 절약한다. 그리고 병합 충돌이 발생하더라도 빠른 시간 안에 해결할 수 있으며, 최소 하루에 한 번 이상 충돌 상황을 해소할 기회가 있다. 최종 통합 단계만 두는 프로젝트는 여러 병합 충돌이 부딪히고 뭉쳐 커다란 진흙 공Big Ball of Mud으로 성장하며 프로젝트 말미에 가면 이를 반드시 정리해야 한다.

자동화는 통합의 핵심 조건일 뿐만 아니라 엔지니어링을 최적화하는 동력이기도 하다. 지속적 통합이 있기 전에는 개발자가 수작업으로 통합과 병합을 반복하며 시간을 낭비해야 했다. 지속적 통합을 도입하고 자동화를 통해 케이던스를 조정하면 이러한 고통으로부터 벗어날 수 있다.

---

1 옮긴이_Chrysler Comprehensive Compensation 프로젝트. 급여 애플리케이션을 단일 시스템으로 개편했던 크라이슬러 사의 프로젝트.

2 http://www.extremeprogramming.org

2000년대 초에 일어난 데브옵스 혁명은 자동화의 이점을 다시 한번 절감하는 계기를 마련했다. 과거에는 각지의 운영 센터를 전전하며 OS를 설치하고 패치를 적용하여 각종 시스템 업무를 수작업으로 처리했다. 언제 어느 순간 중요한 문제를 놓칠지 알 수 없는 일이었다. 퍼펫^{Puppet 3}과 셰프^{Chef 4} 등의 도구가 등장하고 머신 프로비저닝 자동화 기술이 보급되기 시작하면서 팀은 인프라를 자동화하고 일관성을 강화할 수 있게 되었다.

비효율적이고 반복적인 수작업은 아키텍처에도 존재한다. 많은 조직이 이 분야에서 비슷한 시행 착오를 겪는다. 아키텍트는 코드 리뷰, 아키텍처 검토 위원회 등의 수동적, 관료적인 프로세스로 거버넌스를 확립하려 시도하지만, 정작 중요한 사항은 부지불식간에 누락되고 만다. 피트니스 함수를 지속적 통합과 결부시킴으로써 아키텍트는 메트릭과 거버넌스 검사를 정기적인 무결성 검증 절차로 전환할 수 있다.

지속적 통합은 점진적 변화를 이끌어낸다. 이러한 점진적 변화가 피트니스 함수와 결합하면 다양한 방면에서 엔지니어링 관행의 진화가 일어난다. 통합과 데브옵스에 점진적 변화의 개념을 활용하듯, 아키텍처 거버넌스에도 동일한 개념을 적용하는 사례가 점점 늘어나고 있다.

피트니스 함수는 저수준 코드 기반 분석에서 엔터프라이즈 아키텍처에 이르기까지 모든 아키텍처 측면에 존재한다. 비슷한 흐름을 따라, 이 책은 다양한 아키텍처 거버넌스 자동화의 예시를 구성했다. 이러한 예시들은 코드 수준에서 시작해 소프트웨어 개발 스택을 따라 확장될 것이다. [그림 4-1]은 이번 장에서 다룰 다양한 피트니스 함수를 나열한 로드맵이다.

---

3 https://puppet.com
4 https://oreil.ly/jGABa

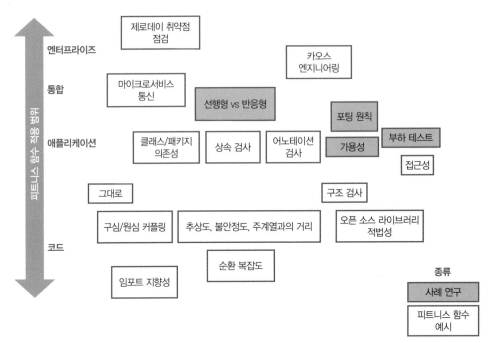

그림 4-1 피트니스 함수 로드맵

먼저 [그림 4-1]의 로드맵 하단에 있는 코드 기반 피트니스 함수를 시작으로, 위쪽을 향해 차근차근 설명해 나갈 것이다.

4.2 코드 기반 피트니스 함수

소프트웨어 아키텍트는 다른 엔지니어링 분야를 보며 상당한 부러움을 느낀다. 대부분의 분야는 설계에 따른 실제 작동 결과를 예측할 수 있는 수많은 분석 기법이 확립되어 있기 때문이다. 특히 건축 분석에 활용되는 공학 수학의 깊이와 정교함에 비하면 소프트웨어 아키텍처는 아직 한참 미치지 못하는 수준이다.

그러나 아키텍트가 코드 수준 메트릭을 기반으로 무난하게 활용할 수 있는 도구가 몇 가지 있다. 다음 절은 아키텍처의 흥미로운 특성을 드러내는 몇몇 메트릭을 중점적으로 설명한다.

4.2.1 구심 및 원심 커플링

에드워드 유든Edward Yourdon과 래리 콘스탄틴Larry Constantine의 저서 『Structured Design』 (Prentice-Hall, 1979)에서는 구심, 원심 커플링 메트릭을 비롯한 많은 핵심 개념을 정의한다. 구심 커플링afferent coupling은 코드 아티팩트(컴포넌트, 클래스, 함수 등)로 들어오는 수신incoming 연결 수를 측정하며 원심 커플링efferent coupling은 다른 코드 아티팩트로 나가는 발신outgoing 연결 수를 측정한다.

아키텍처의 커플링은 많은 아키텍처 특성에 영향을 미치고 제약을 걸기 때문에 아키텍트에게 매우 중요한 관심사다. 거버넌스의 통제 없이 모든 컴포넌트가 다른 컴포넌트와 연결되도록 허용하면, 코드베이스는 이내 인간의 이해를 거부하는 조밀한 연결망으로 뒤덮이고 만다. [그림 4-2]는 실제 소프트웨어 시스템의 커플링 메트릭을 조사해 출력한 결과다. 무슨 소프트웨어인지는 당연히 공개할 수 없다.

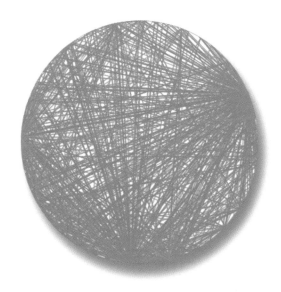

그림 4-2 아키텍처의 컴포넌트 수준 커플링이 만들어낸 커다란 진흙 공

[그림 4-2]에서 원 둘레의 점들은 컴포넌트를 나타내며 컴포넌트 간 연결은 선으로 나타낸다. 선이 굵을수록 연결 강도는 세다. 이 그림은 코드베이스에 기능 결손dysfunctional 문제가 있음을 단적으로 보여주는 예시다. 컴포넌트 각각의 변경 사항이 다른 수많은 컴포넌트로 파급된다.

거의 모든 플랫폼에는 코드베이스를 재구성하거나 마이그레이션하는 도구가 있다. 아키텍트는 이러한 도구를 이용해 코드의 커플링 특성을 분석하거나 코드베이스에 대한 이해도를 높일 수 있다. [그림 4-3]처럼 클래스나 컴포넌트의 관계를 분석하고 매트릭스 형식으로 조회하는 도구도 많다.

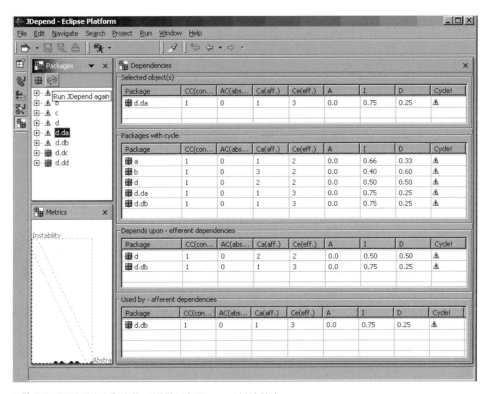

그림 4-3 커플링 관계를 출력하는 이클립스의 JDepend 분석 화면

[그림 4-3]의 이클립스 플러그인은 패키지별 커플링 분석이 포함된 JDepend 결과 화면을 표 형식으로 보여준다. 이 화면에 보이는 일부 집계 메트릭은 다음 절에서 집중적으로 조명할 것이다.

커플링 메트릭뿐만 아니라 다양한 메트릭 정보를 제공하는 도구가 많다. 자바 진영에는 인텔리제이[JIntelliJ][5], 소나큐브[Sonar Qube][6], JArchitect[7] 등이 대표적이며 이외에도 선호하는 플랫폼이나 기술 스택에 따라 다양한 도구를 활용할 수 있다. 예를 들어 인텔리제이는 [그림 4-4]와 같이 다양한 결합 특성이 담긴 의존성 구조 매트릭스를 보여준다.

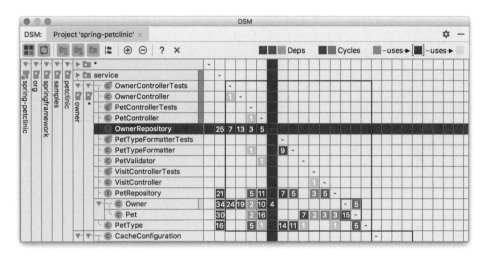

그림 4-4 인텔리제이의 의존성 구조 매트릭스

4.2.2 추상도, 불안정도, 메인 시퀀스와의 거리

1990년대 후반, 소프트웨어 아키텍처 권위자 로버트 마틴[Robert Martin]은 모든 객체 지향 언어에 적용할 수 있는 유도 메트릭[derived metric]을 몇 가지 제안했다. 그중 추상도[abstractness]와 불안정도[instability]이라는 메트릭은 코드베이스의 내부 특성들이 이루는 균형을 측정한다.

추상도는 구상 아티팩트[concrete artifact](구현 클래스)에 대한 추상 아티팩트(추상 클래스, 인터페이스 등)의 비율이다. 다시 말해 '**추상**[abstract] vs **구현**[implement]'의 척도를 나타낸다. 추상 요소는 개발자가 코드베이스의 전체 구조를 더 잘 이해하도록 돕는 특성이다. 10,000줄짜리 `main()` 메서드 하나로 구성된 코드베이스는 이 메트릭 수치가 거의 0에 가깝다. 물론 코드를 이해하기도 매우 어렵다.

---

5   https://www.jetbrains.com/idea

6   https://www.sonarqube.org

7   https://www.jarchitect.com

[수식 4-1]은 추상도를 구하는 공식이다.

수식 4-1 추상도

$$A = \frac{\sum m_a}{\sum m_c + \sum m_a}$$

이 방정식에서 m_a는 코드베이스의 **추상** 요소(인터페이스 또는 추상 클래스)를 나타내고 m_c는 **구상** 요소를 나타낸다. 아키텍트는 추상 아티팩트 구상 아티팩트의 합을 분모로 비율을 계산해 추상도를 구한다.

또 다른 유도 메트릭인 **불안정도**는 [수식 4-2]처럼 원심과 구심 커플링의 합에 대한 원심 커플링의 비율로 계산한다.

수식 4-2 불안정도

$$I = \frac{C_e}{C_e + C_a}$$

이 방정식에서 C_e는 **원심**(또는 발신) 커플링을, C_a는 **구심**(또는 수신) 커플링을 나타낸다.

불안정도 메트릭은 코드베이스의 변동성을 결정한다. 높은 불안정도를 보이는 코드베이스는 커플링을 이루는 정도가 높으므로 변경 사항이 전체 구조를 깨뜨리기 쉽다.

C_a가 2인 두 시나리오를 가정해보자. 첫 번째 시나리오에서 $C_e = 0$이며 불안정도 점수는 0이다. 두 번째 시나리오에서 $C_e = 3$이며 불안정도 점수는 $\frac{3}{5}$이다. 따라서 컴포넌트의 불안정도 수치는 컴포넌트 변경 사항이 얼마나 많은 잠재적 변화를 유발하는지를 반영한다. 불안정도 값이 1에 가까울수록 컴포넌트는 매우 불안정하며 0에 가깝다면 안정적^{stable}이거나 경직적^{rigid}인 상태다. 내부가 대부분 추상 요소로 이루어진 모듈이나 컴포넌트는 안정적이며, 대부분 구상 요소로 이루어졌을 경우는 경직적일 것이다. 높은 안정성에 뒤따르는 트레이드오프는 낮은 재사용이다. 반대로 모든 컴포넌트가 자립적^{self-contained}이라면 중복도가 높아질 것이다.

I 값이 1에 가까운 컴포넌트가 매우 불안정하다는 점은 기정사실이다. 그러나 I 값이 0에 가까운 컴포넌트는 안정적일 수도, 경직적일 수도 있다. 컴포넌트 내부가 대부분 구상 요소라면 경직적일 가능성이 높다.

따라서 일반적으로 I와 A의 값은 별개로 취급하지 말고 함께 고려하는 것이 좋다. 이들은 다음으로 살펴볼 메트릭인 **주계열과의 거리** distance from the main sequence에서 조합된다.

주계열과의 정규화된 거리는 [수식 4-3]으로 구한다. 이 값은 아키텍트가 아키텍처 구조에서 도출할 수 있는, 몇 안 되는 총체적 메트릭 중 하나다. 이 메트릭은 불안정도와 추상도를 기반으로 유도한다.

수식 4-3 주계열과의 정규화된 거리

$$D = |A + I - 1|$$

이 방정식에서 A = 추상도 , I = 불안정도를 나타낸다.

주계열과의 정규화된 거리 메트릭은 추상도와 불안정도 사이의 이상적 관계를 상정한다. 이 관계를 선으로 나타냈을 때, 선 근처에 있는 컴포넌트의 위치는 두 특성에서 상충하는 관심사가 건전하게 혼합되어 있음을 나타낸다. 가령 특정 컴포넌트를 [그림 4-5]와 같이 그래프로 표시할 수 있다면 개발자는 주계열과 컴포넌트의 거리를 계산할 수 있다.

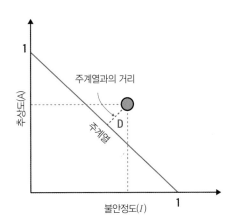

그림 4-5 특정 컴포넌트에 대한 기본 시퀀스에서 정규화된 거리

[그림 4-5]에서 개발자는 대상 컴포넌트를 그래프로 표시한 다음 이상적인 선으로부터의 거리를 측정한다. 컴포넌트의 위치가 선에 가까울수록 균형이 잘 잡혔다고 판단할 수 있다. [그림 4-6]은 선을 벗어난 컴포넌트의 위치를 나타낸다. 오른쪽 상단 구석까지 멀리 떨어진 컴포넌트는 지나치게 추상적이며 사용하기도 어렵다. 아키텍트는 이 부근을 **무용의 영역** zone of useless이

라 부른다. 반대로, 왼쪽 아래 구석에 몰린 코드는 **고통의 영역**zone of pain으로 들어가고 있다. 구현이 너무 상세하고 추상화 정도가 불충분한 코드는 깨지기 쉽고 유지 관리하기 어렵다.

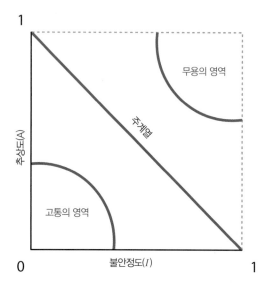

그림 4-6 무용과 고통의 영역

주계열 거리 분석은 아키텍트의 피트니스 함수 설정과 평가에 모두 유용하다. 특히 아키텍처 스타일을 마이그레이션할 때는 피트니스 함수 평가 결과가 필요하다. [그림 4-7]은 NDepend[8]로 오픈 소스 테스트 도구인 NUnit[9]을 분석한 결과 화면이다.

---

8 https://www.ndepend.com

9 https://nunit.org

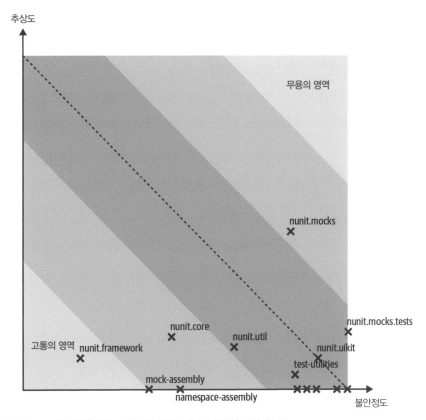

그림 4-7 NDepend로 분석한 NUnit 테스트 라이브러리의 주계열 거리 메트릭

[그림 4-7]은 분석 대상 코드가 대부분 주계열선 근처에 있음을 보여준다. 목^{mock} 컴포넌트는 추상도와 불안정도가 매우 높아 **무용의 영역**으로 향하는 경향이 있다. 목 컴포넌트는 특정 결과를 얻기 위해 간접적으로 사용되는 경우가 많기 때문에 당연한 결과다. 좀 더 우려되는 점은 framework 코드의 추상도와 불안정도가 너무 낮아 **고통의 영역**으로 빠져들고 있다는 것이다. 이 코드 내부는 어떤 모습을 하고 있을까? 아마도 재사용성이 낮은 비대한 메서드가 대부분을 차지하고 있을 것이다.

이렇듯 문제의 소지가 있는 코드를 주계열선으로 되돌려 놓으려면 아키텍트는 어떠한 조치를 취해야 할까? IDE의 리팩터링 도구를 우선적으로 고려할 수 있다. 분석 결과를 구석으로 향하게 만든 덩치 큰 메서드를 찾아 부분적으로 추출하기 시작해 점진적으로 추상도를 높인다. 연습을 통해 이 작업이 익숙해지면, 추출된 코드 사이에서 능숙하게 중복 지점을 발견 및 제거하고 불안정도를 개선할 수 있을 것이다.

이러한 메트릭은 리팩터링에도 쓰인다. 아키텍트는 리팩터링 작업을 수행하기에 앞서 메트릭으로 코드베이스를 분석하고 개선해야 한다. 건축과 마찬가지로, 기반이 불안정한 구조물은 견고한 구조물보다 이동시키기 더 어려운 법이다.

또한 아키텍트는 이러한 메트릭을 피트니스 함수로 활용해 코드베이스가 이 정도로 저하되지 않도록 처음부터 대비할 수 있다.

4.2.3 임포트 방향성

[그림 2-3]의 컴포넌트 순환을 방지하려면 임포트 방향성^{directionality of import}을 관리해야 한다. JDepend[10]는 자바 생태계에서 패키지의 커플링 특성을 분석하는 메트릭 도구다. JDepend 또한 자바로 작성되었기에, 개발자는 jDepend API를 통해 단위 테스트에 분석 과정을 통합할 수 있다.

JUnit 테스트[11]로 표현된 [코드 4-1]의 피트니스 함수를 살펴보자.

코드 4-1 패키지 임포트 방향성을 확인하기 위한 JDepend 테스트

```java
public void testMatch() {
    DependencyConstraint constraint = new DependencyConstraint();

    JavaPackage persistence = constraint.addPackage("com.xyz.persistence");
    JavaPackage web = constraint.addPackage("com.xyz.web");
    JavaPackage util = constraint.addPackage("com.xyz.util");

    persistence.dependsUpon(util);
    web.dependsUpon(util);

    jdepend.analyze();

    assertEquals("Dependency mismatch",
        true, jdepend.dependencyMatch(constraint));
}
```

---

10 https://oreil.ly/6fYd2
11 http://junit.org

[코드 4-1]은 먼저 애플리케이션 패키지를 정의한 다음 임포트 규칙을 정의한다. 만일 개발자가 persistence에서 util 패키지를 임포트하는 실수를 범하면 이 단위 테스트가 실패하므로 코드가 커밋되기 전에 발견할 수 있다. 이러한 테스트를 제작하는 목적은 관료적 질책을 낳는 엄격한 개발 지침을 세우기 위해서가 아닌, 아키텍처 위반을 포착하기 위해서임을 명심하기 바란다. 아키텍처 위반 사항을 자동으로 검사하면 개발자는 구조적인 문제보다 도메인의 문제에 더 집중할 수 있다. 더 나아가 아키텍트는 자신이 수립한 규칙을 실행 가능한 아티팩트로 통합할 수 있다.

4.2.4 순환 복잡도와 '군집' 거버넌스

순환 복잡도는 공통적인 코드 메트릭이며 함수 또는 메서드 복잡도를 측정하는 수단이다. 지난 수십 년간 존재했던 모든 구조화된 프로그래밍 언어에 적용할 수 있다.

코드의 복잡도는 명확하게 측정할 수 있는 특성이며 순환 복잡도 메트릭으로 정의할 수 있다.

1976년 토마스 매케이브가 개발한 순환 복잡도cyclomatic complexity (CC)[12]는 코드 복잡도를 측정하기 위해 개체 척도 수단으로 설계된 코드 수준 메트릭이다. 함수, 메서드, 클래스, 애플리케이션 계층의 코드 복잡도를 검사할 수 있다.

이 메트릭은 그래프 이론을 코드에 적용하며, 특히 실행 경로가 나뉘는 결정점에 적용해 메트릭을 계산한다. 예를 들어 함수에 if 문 등의 결정문이 없을 경우 CC = 1이다. 함수에 단일 조건이 있는 경우 실행 가능한 경로가 두 가지 존재하므로 CC = 2다.

단일 함수 또는 메서드의 순환 복잡도를 계산하는 공식은 $CC = E - N + 2$다. 여기서 N은 노드node를 뜻하며 결정이 발생한 코드 라인 수를 대입하고, E는 에지edge를 뜻하며 가능한 결정의 가짓수를 대입한다. C 언어 형식으로 작성된 [코드 4-2]의 코드를 살펴보자.

코드 4-2 순환 복잡도 평가 예시 코드

```
public void decision(int c1, int c2) {
    if (c1 < 100)
        return 0;
    else if (c1 + C2 > 500)
```

----

12 https://oreil.ly/mAHFZ

```
        return 1;
    else
        return -1;
}
```

[코드 4-2]의 순환 복잡도는 3(3 − 2 + 2)이다. [그림 4-8]은 이를 그림으로 표현했다.

순환 복잡도 수식의 상수 2는 단일 함수/메서드 조건에서 단순화된 항이며, 이를 일반화하면 $CC = E - N + 2P$가 된다. 이 수식은 그래프 이론에서 연결된 컴포넌트^{connected component}라 불리는 팬아웃 호출 복잡도 산출 공식이다. 여기서 P는 연결된 컴포넌트의 수를 나타낸다.

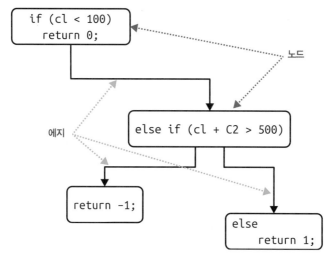

그림 4-8 결정 함수의 순환 복잡도

아키텍트와 개발자는 지나치게 복잡한 코드 자체가 곧 코드 스멜^{code smell}이라는 점에 절대적으로 동의한다. 코드 스멜은 모듈성, 테스트성, 배포 가능성 등의 바람직한 코드베이스 특성을 모조리 저해한다. 점진적으로 증가하는 복잡도를 꾸준히 주시하지 않는다면 언젠가 그 복잡성이 코드베이스를 지배하게 될 것이다.

CC는 아키텍트가 우선적으로 관리해야 할 메트릭이다. 지나치게 복잡한 코드베이스로 이득을 보는 사람은 아무도 없다. 만일 이 값을 오랫동안 아무도 신경 쓰지 않는다면 프로젝트에 무슨 일이 벌어질까?

하나의 피트니스 함수에 엄격한 임곗값을 설정하는 방법도 있지만, 점점 더 나은 값을 향해 팀의 역량을 집중하는 방법도 있다. 조직 차원에서 CC 상한을 10으로 결정했지만 대부분의 프로젝트가 이 기준에 미치지 못한다고 가정해보자. 다 틀렸다고 포기해버리면 그것으로 끝이다. 그러나 피트니스 함수를 연쇄적으로 구성하고 단계마다 상한선을 정해 경고를 발생시키는 방법도 있다. 마지막 단계에 가면 결국 에러가 발생하겠지만, 그 전까지 개발팀은 통제되고 점진

---

13 http://www.crap4j.org

적인 방식으로 기술적 부채를 해결할 시간을 얻는다.

이러한 기법을 메트릭 기반 피트니스 함수 전반에 적용해 원하는 값에 근접하며 점진적으로 범위를 좁힐 수 있다. 팀은 기술 부채를 해결한 이후에도 피트니스 함수를 그대로 유지할 것이며 향후 발생할 성능 저하까지 방지할 수 있다. 이것이 바로 거버넌스를 통해 비트 부패를 방지하는 핵심이다.

4.3 턴키 도구

모든 아키텍처는 서로 다르기에, 아키텍트가 마주하는 복잡한 문제에 대응하는 기성 도구를 찾기란 쉽지 않다. 그러나 아키텍처가 놓인 생태계의 보편성이 높을수록 아키텍처와 잘 맞는 일반화된 도구를 찾을 가능성도 높아진다. 몇 가지 사례를 살펴보자.

4.3.1 오픈 소스 라이브러리의 적법성

PenultimateWidgets에서 진행하는 프로젝트는 오픈 소스 라이브러리 및 프레임워크, 특허권을 갖춘 독점 알고리즘을 함께 사용한다. 변호사들은 개발팀이 사용하는 라이브러리의 라이선스가 늘 걱정이었다. 일부 자유주의 라이선스는 해당 소스를 사용한 프로젝트도 같은 라이선스를 채택하도록 요구하기 때문이다. 이러한 라이브러리는 실수라 해도 절대 코드에 들어가서는 안 된다.

따라서 아키텍트는 모든 의존 라이브러리의 라이선스를 수집하고 각각을 변호사가 승인하도록 하는 절차를 마련했다. 그러자 변호사 중 한 명이 곤란한 질문을 던졌다. 일부 의존성이 라이선스를 변경하고 일상적인 소프트웨어 업데이트에 반영되어 버리면 어쩌죠? 물론 그는 우수한 변호사답게 실제 사례를 예시로 드는 것을 잊지 않았다. 과거에 일부 사용자 인터페이스 라이브러리에 실제로 발생했던 일이었다. 이렇듯 라이브러리가 모르는 사이에 라이선스를 업데이트하지 못하게 하려면 어떻게 해야 할까?

먼저 아키텍트는 해당 기능을 갖춘 도구가 존재하는지 확인해야 한다. 정확히 이러한 작업을 수행하는 Black Duck[14]이라는 도구가 있다. 그러나 이 책의 집필 시점과는 달리, Penultimate

---

14 https://oreil.ly/C7bol

Widgets의 아키텍트는 적합한 도구를 찾지 못했다.

따라서 아키텍트는 다음과 같은 단계를 걸쳐 피트니스 함수를 구축했다.

1. 오픈 소스 다운로드 패키지 내부에서 각 라이선스 파일 위치를 확인하고 데이터베이스에 기록한다.
2. 라이선스 파일의 전체 내용 또는 해시^{hash}를 라이브러리 버전과 함께 저장한다.
3. 새로운 버전 번호가 감지되면 다운로드 패키지에서 라이선스 파일을 검색하고 현재 저장된 버전과 비교한다.
4. 버전 또는 해시가 일치하지 않으면 빌드를 중단하고 변호사에게 알린다.

이번 사례의 아키텍트는 라이브러리 버전 차이를 시스템을 통해 굳이 이해하거나 분석하려 하지 않았다. 또한 거창한 인공지능을 구축하려 시도하지도 않았다. 대부분의 피트니스 함수처럼 이번 피트니스 함수도 예상치 못한 변경 사항을 알려주었을 뿐이다. 이번 사례는 자동과 수동을 조합한 피트니스 함수의 예시다. 변경 감지 과정은 자동화되었지만 변경에 대한 대처(변호사 승인)는 여전히 수동 개입 절차로 남아 있다.

4.3.2 접근성 및 기타 아키텍처 특성

때로는 무엇을 검색해야 할지 아는 것만으로 올바른 도구를 찾을 수 있는 경우가 있다. 'A11y'는 접근성^{accessibility}(a, 11글자, y)을 가리키는 개발자식 약칭으로, 인간의 다양한 신체적 조건을 지원하는 역량을 뜻한다.

많은 기업과 정부 기관이 접근성을 요구 조건으로 내세우기 시작하면서 접근성 검증 도구도 부흥기를 맞고 있다. 정적 웹 요소를 명령줄로 스캔하는 Pa11y[15]는 이 분야의 대표 주자다.

4.3.3 ArchUnit

ArchUnit은 JUnit용으로 제작된 몇몇 헬퍼에서 영감을 받은 테스트 도구다. 그러나 일반적인 코드 구조가 아닌 아키텍처 기능을 테스트하도록 설계되었다. ArchUnit 피트니스 함수의 예시는 [그림 2-3]에서 이미 확인한 바 있다. ArchUnit를 거버넌스에 활용하는 사례를 몇 가지 더 살펴보자.

---

[15] https://pa11y.org

패키지 종속성

패키지는 자바 생태계에서 컴포넌트를 상세하게 기술하는 역할을 한다. 패키지를 어떻게 '엮어야^{wired}' 할지 정의하는 것은 아키텍트의 역할이다. [그림 4–9]의 컴포넌트 예시를 살펴보자.

그림 4-9 자바의 선언적 패키지 의존성

[그림 4–9]가 묘사하는 의존성 흐름은 [코드 4–3]의 ArchUnit 코드로 검증할 수 있다.

코드 4-3 패키지 의존성 거버넌스

```
noClasses().that().resideInAPackage("..source..")
    .should().dependOnClassesThat().resideInAPackage("..foo..")
```

Junit에서 사용하는 Hamcrest Matchers[16]는 ArchUnit와 호환된다. 아키텍트는 이를 이용해 실제 언어에 가까운 **assertion**을 작성할 수 있다. [코드 4–3]의 ArchUnit 코드는 컴포넌트 사이의 접근 허용 여부를 정의한다.

컴포넌트 의존성 또한 아키텍트의 일반적인 관리 대상이다. [그림 4–10]은 컴포넌트 의존성을 나타낸다.

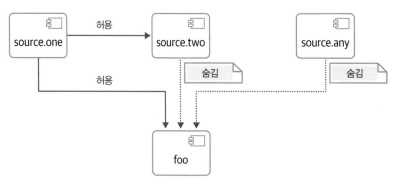

그림 4-10 패키지 의존성 거버넌스

---

16 https://oreil.ly/fuVil

[그림 4-10]에서 foo 라이브러리는 source.one 외에 다른 컴포넌트가 접근하지 못해야 한다. 아키텍트는 [코드 4-4]와 같이 ArchUnit를 통해 거버넌스 규칙을 지정할 수 있다.

코드 4-4 패키지 액세스 허용 및 제한

```
classes().that().resideInAPackage("..foo..")
    .should().onlyHaveDependentClassesThat()
        .resideInAnyPackage("..source.one..", "..foo..")
```

[코드 4-4]는 프로젝트 간 의존성을 아키텍트가 컴파일 시점에 제어하는 방법을 보여준다.

클래스 의존성 검사

패키지 관련 규칙과 비슷하게 아키텍트는 클래스 설계 또한 아키텍처에 맞게 제어한다. 가령 아키텍트는 배포 복잡도를 낮추기 위해 컴포넌트 간 의존성을 제어할 수 있다. [그림 4-11]에 보이는 클래스 관계를 살펴보자.

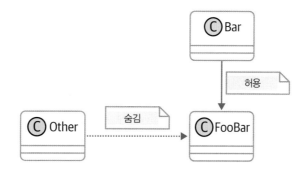

그림 4-11 의존성 액세스 허용 및 거부

아키텍트는 [그림 4-11]에 표시된 규칙을 ArchUnit를 통해 [코드 4-5]처럼 코드화할 수 있다.

코드 4-5 ArchUnit의 클래스 의존성 규칙

```
classes().that().haveNameMatching(".*Bar")
    .should().onlyHaveDependentClassesThat().haveSimpleName("Bar")
```

아키텍트가 ArchUnit을 사용하면 이처럼 애플리케이션 컴포넌트의 '엮임'을 세밀하게 제어할 수 있다.

상속 검사

객체 지향 프로그래밍 언어는 상속이라는 형태로 의존성을 생성한다. 상속은 아키텍처 관점에서 보면 특수한 형태의 커플링이다. '상황에 따라 다르다'라는 영원한 진리가 적용되는 전형적인 사례로, 상속이 아키텍처의 골칫거리가 될 것인지는 컴포넌트를 배포하는 방식에 달려 있다. 단일 컴포넌트 내부에 상속이 갇혀 있다면 아키텍처에 미치는 부작용은 없다. 그러나 상속이 컴포넌트나 배포 경계를 넘어 영향력을 뻗치기 시작하면 아키텍트는 이러한 커플링이 손상되지 않도록 특수한 조치를 취해야 한다.

상속이 아키텍처의 관심사에 속하는 경우가 종종 있다. [그림 4-12]은 거버넌스가 필요한 상속 구조의 예시다.

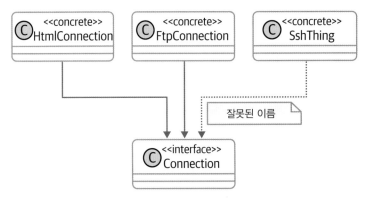

그림 4-12 상속 의존성 관리

아키텍트는 [그림 4-12]가 나타내는 규칙을 [코드 4-6]처럼 코드로 표현할 수 있다.

코드 4-6 ArchUnit으로 표현된 상속 거버넌스 규칙

```
classes().that().implement(Connection.class)
    .should().haveSimpleNameEndingWith("Connection")
```

어노테이션 검사

일반적으로 아키텍트는 어노테이션(일부 플랫폼은 속성^{attribute})을 통해 자신의 의도를 플랫폼에 반영한다. 일례로, 아키텍트는 특정 클래스가 다른 서비스를 상대로 오케스트레이터 역할만 하도록 지시하는 경우가 있다. 해당 클래스가 오케스트레이터 이외의 동작을 수행하지 않게 하기 위해서다. 어노테이션은 이러한 의도를 표현하고 사용 방식을 검증할 수 있게 한다.

예를 들어 ArchUnit은 [그림 4-13]에 표현된 클래스 사용 방식을 검증할 수 있다.

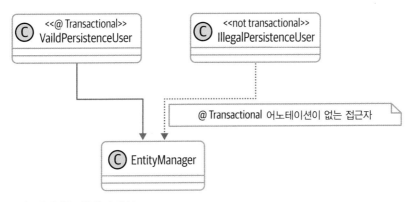

그림 4-13 어노테이션을 이용한 거버넌스

아키텍트는 [그림 4-13]이 내포한 거버넌스 규칙을 [코드 4-7]처럼 코드화할 수 있다.

코드 4-7 어노테이션 거버넌스 규칙

```
classes().that().areAssignableTo(EntityManager.class)
    .should().onlyHaveDependentClassesThat().areAnnotatedWith(Transactional.class)
```

[코드 4-7]의 코드로 아키텍트는 어노테이션이 지정된 클래스만 **EntityManager** 클래스를 활용하도록 제한할 수 있다.

계층 검사

ArchUnit 같은 거버넌스 도구의 가장 일반적인 용도 중 한 가지는 아키텍트가 내린 설계 결정을 시행하는 것이다. 아키텍트가 특정 관심사를 분리하기로 결정하면 개발자는 종종 번거로운 상황에 처한다. 그러나 이는 잠시에 불과하며, 장기적으로 보면 진화와 격리 측면에 이득이 된다. [그림 4-14]를 살펴보자.

아키텍트는 계층화된 아키텍처를 구축하고 계층 사이에서 발생하는 변경 사항을 격리한다. 이 때 의존성은 인접한 계층 사이에만 존재해야 한다. 특정 계층과 결합하는 계층이 늘어날수록 변화로 인한 파급 효과도 커진다.

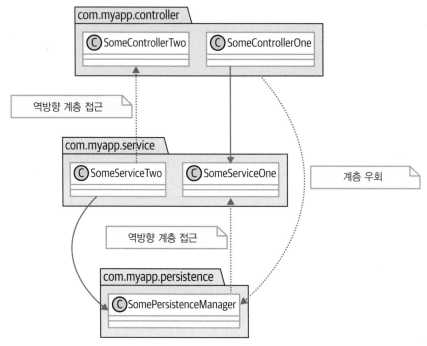

그림 4-14 컴포넌트를 이용한 계층화 아키텍처 정의

계층 거버넌스를 검사하는 피트니스 함수를 ArchUnit으로 표현하면 [코드 4-8]과 같다.

코드 4-8 계층화 아키텍처 거버넌스 검사

```
layeredArchitecture()
    .consideringAllDependencies()
    .layer("Controller").definedBy("..controller..")
    .layer("Service").definedBy("..service..")
    .layer("Persistence").definedBy("..persistence..")

    .whereLayer("Controller").mayNotBeAccessedByAnyLayer()
    .whereLayer("Service").mayOnlyBeAccessedByLayers("Controller")
```

```
.whereLayer("Persistence").mayOnlyBeAccessedByLayers("Service")
```

[코드 4-8]과 같이 아키텍트는 특정 계층과 그에 따른 접근 규칙을 정의할 수 있다.

지금까지 살펴본 거버넌스 원리는 코드로 작성하기 이전에도 존재하던 것들이다. 아키텍트는 위키 등의 정보 공유 수단을 통해 이러한 원칙과 예시를 사람의 언어로 기록해두곤 한다. 그러나 이러한 자료를 제대로 읽어 보는 사람은 거의 없다. 원칙을 표현하는 습관은 아키텍트에게 많은 도움이 된다. 그러나 실행이 뒤따르지 않는 원칙은 거버넌스와는 다른 하나의 열망에 지나지 않는다. [코드 4-8]의 계층화 아키텍처가 좋은 예다. 아키텍트는 관심사 분리 원칙에 따라 계층을 나누고 이를 설명하는 문서를 작성할 수 있다. 그러나 피트니스 함수가 유효성을 검증하지 않는 한, 아키텍트는 개발자가 그 원칙을 따를 것이라 확신할 수 없다.

이번 절은 ArchUnit 사용법에 많은 분량을 할애했다. ArchUnit은 현존하는 거버넌스 중심 테스트 프레임워크 중에서 가장 완성도가 높지만, 자바 생태계 전용이다. 닷넷 플랫폼에는 ArchUnit의 스타일과 기본 기능을 본뜬 NetArchTest[17]가 있으니 참고하기 바란다.

4.3.4 코드 거버넌스와 린터

자바와 닷넷 이외의 플랫폼에도 ArchUnit과 비슷한 도구가 있는지 기대에 찬 표정으로 묻는 아키텍트가 많다. ArchUnit과 동일선상에 놓을 만한 도구는 드물지만 대부분의 프로그래밍 언어는 코드의 안티패턴이나 결함을 찾는 스캔 도구인 린터linter를 포함하고 있다. 일반적으로 린터는 소스 코드의 어휘와 구문을 분석하는 플러그인을 제공하며 개발자는 플러그인을 통해 구문 검사를 실행할 수 있다. 가령 자바스크립트(정확히는 ECMAScript)에는 ESLint[18]가 있다. ESLint로 구문 규칙을 작성하면 세미콜론, 명목상의 괄호 등의 문법 요소를 개발자의 코드에서 강제 또는 불허할 수 있다. 또한 아키텍트가 수립한 거버넌스 규칙에 맞게 함수 호출 등의 정책을 적용할 수 있다.

린터는 거의 모든 플랫폼마다 있다. 가령 C++에는 Cpplint[19]가, Go 언어에는 Staticcheck[20]

---

17 https://oreil.ly/mviqT
18 https://eslint.org
19 https://oreil.ly/zs9pY
20 https://staticcheck.io

가 있다. sql-lint[21] 같은 SQL용 린터도 많다. 비록 ArchUnit만큼 편리하지는 않다고 해도, 아키텍트는 이러한 도구들을 활용해 거의 모든 코드베이스의 구조 규칙을 코드화할 수 있다.

4.3.5 [사례 연구 1] 가용성 피트니스 함수

아키텍트에게 전해져 내려오는 수수께끼가 하나 있다. 통합 지점은 레거시 시스템에 두어야 할까 아니면 새로운 시스템으로 구축해야 할까? 비슷한 문제를 처리했던 과거의 경험이 없는 상태에서 아키텍트가 객관적인 결정을 내릴 수 있을까?

레거시 시스템을 보유하고 있었던 PenultimateWidgets는 통합 구현 과정에서 이러한 수수께끼와 마주쳤다. 팀은 이에 대응해 [그림 4-15]와 같이 레거시 서비스의 스트레스를 테스트하는 피트니스 함수를 만들었다.

테스트 생태계를 설정한 다음에는 서드파티 시스템을 모니터링하며 전체 응답과 에러의 비율을 측정했다.

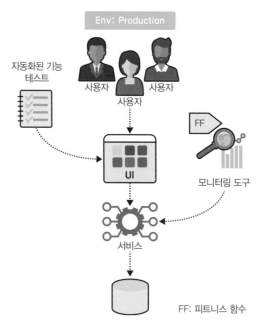

그림 4-15 가용성을 확인하는 피트니스 함수

---

21 https://oreil.ly/T40B9

확인 결과, 레거시 시스템은 통합 지점을 감당할 만한 오버헤드가 넉넉했으며 가용성에 문제가 없음이 입증됐다. 객관적인 결과를 통해 팀은 레거시 통합 지점이 충분히 안정적이라 확언할 수 있었고, 해당 시스템을 재구축할 때 들어갔을 리소스를 아낄 수 있었다. 이처럼 피트니스 함수는 어림짐작이 아닌 정확한 측정을 통해 소프트웨어 개발을 어엿한 엔지니어링 기술의 반열에 올린다.

4.3.6 [사례 연구 2] 카나리아 릴리스와 부하 테스트

PenultimateWidgets는 현재 단일 가상 머신에 '상주live'하는 서비스가 있다. 이 단일 인스턴스는 처리량이 높아질 때마다 부하를 따라잡기 위해 애를 쓰는 기색이 역력했다. 이를 확인한 팀은 긴급 픽스 형태로 서비스에 자동 스케일링을 구현했다. 단일 인스턴스를 단순히 여러 개로 복제하는 미봉책이었지만 일년 중 가장 바쁜 할인 대목이 다가온 시점이라 신속한 조치가 우선이었다. 그러나 팀의 회의론자들은 여기에 그치지 않고 시스템이 실제로 부하를 감당할 수 있을지 확인하고자 했다.

프로젝트 아키텍트는 부하를 확인하는 피트니스 함수를 생성하고 카나리아 릴리스canary release 또는 다크 런치dark launch 기능 플래그에 연결했다. 이 둘은 소규모 사용자 집합에 먼저 신기능을 릴리스하는 방식으로 잠재적인 전체 영향도를 테스트하는 기법이다. 예를 들어 확장성이 높은 웹사이트에서 대역폭이 큰 신기능을 추가할 때 변경 사항 릴리스 속도를 늦추면 영향력이 전파되는 과정을 모니터링하기 쉽다. [그림 4-16]은 이러한 릴리스 방식을 나타낸다.

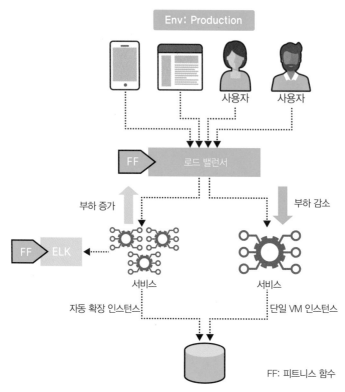

그림 4-16 지원 능력과 신뢰도를 높이는 카나리아 릴리스 자동 확장

[그림 4-16]의 피트니스 함수는 먼저 자동 확장 인스턴스를 소규모 그룹에 릴리스한다. 이후 인스턴스를 모니터링하며 성능과 지원 능력이 호조를 보이는 것을 확인하고 점차 사용자를 늘린다.

이 솔루션은 더 나은 솔루션이 개발되기 전까지 한시적인 발판 역할을 할 것이다. 피트니스 함수를 제대로 갖추고 정기적으로 실행하면 이러한 임시 방편이 얼마나 더 오래 지속될지 쉽게 파악할 수 있다.

4.3.7 (사례 연구 3) 이식 원칙

PenultimateWidgets의 애플리케이션은 자바 스윙^{Swing}으로 개발되고 10년 동안 지속적으로 신기능을 추가하며 주력 제품 역할을 훌륭히 수행했다. 어느 날 회사는 이 애플리케이션을 웹으로 이식하기로 결정했다. 비즈니스 분석가business analyst는 이제 어려운 결정을 내려야 한다. 방대하게 뻗어 나간 기능을 어느 정도까지 이식해야 할까? 더 구체적으로, 가장 유용한 기능을 가장 신속하게 제공하려면 어떠한 순서로 기능을 이식해야 할까?

PenultimateWidgets의 아키텍트가 비즈니스 분석가에게 던진 첫 질문은 사람들이 가장 많이 사용하는 애플리케이션의 기능은 무엇인가였다. 그러나 비즈니스 분석가는 전혀 알 수 없었다. 수년간 애플리케이션의 세부 사항을 지정해왔지만 정작 사용자가 실제로 애플리케이션을 어떻게 사용하는지는 전혀 이해하지 못했기 때문이다. 개발자는 레거시 애플리케이션에 로깅 기능을 추가한 신버전을 출시했다. 사용자가 실제로 사용한 메뉴를 추적할 수 있게 되었으며 이를 통해 실제 사용자의 행동을 배울 수 있었다.

몇 주 후 결과를 수집한 이들은 이식 기능과 순서가 포함된 훌륭한 로드맵을 완성했다. 사용자가 가장 많이 사용하는 기능은 청구서 발행과 고객 검색 기능이었다. 그간 많은 노력을 기울여 구축했던 일부 하위 메뉴는 놀랍게도 거의 사용되지 않고 있다는 사실도 알게 되었다. 팀은 해당 기능을 새 웹 애플리케이션에서 제외하기로 결정했다.

4.3.8 이미 사용 중인 피트니스 함수

ArchUnit 같은 최신 도구를 제외하면 이 책에서 설명하는 도구와 기법은 대부분 이전부터 존재하던 것들이다. 그러나 사람들은 이러한 기술을 드물게, 일관성 없이, 단편적으로 사용한다. 피트니스 함수 개념이 주는 통찰은 다양한 도구를 하나의 관점으로 통합하는 사고 방식을 이끈다. 따라서 이러한 사고 방식이 없다면 이미 다양한 피트니스 함수를 사용하고 있다 해도 그것을 피트니스 함수라 부르지 않고 있을 가능성이 높다.

피트니스 함수 도구에는 소나큐브SonarCube 같은 메트릭 제품군도 포함된다. esLint, pyLint, cppLint 등의 린팅 도구, PMD 같은 소스 코드 검증 도구도 마찬가지다.

단순히 트래픽을 모니터링하고 관찰한다 해서 측정이 곧바로 피트니스 함수가 되는 것은 아니다. 객관적인 척도에 경고와 알림을 접목해야만 측정값이 피트니스 함수로 변환된다.

> **TIP** 메트릭 또는 측정값을 피트니스 함수로 변환하려면 **객관적인 척도**를 정의하고 신속한 피드백을 통해 올바른 사용법을 제공하라.

모든 도구가 갖추어졌다 해도 가끔 생각날 때마다 사용한다면 피트니스 함수 구실을 할 수 없다. 피트니스 함수는 서로 긴밀하게 엮어 지속적으로 검증해야 한다.

4.4 통합 아키텍처

피트니스 함수는 개별 애플리케이션에 적용하는 경우가 많지만, 사실상 아키텍처 생태계에서 거버넌스가 필요한 모든 부분에 적용할 수 있다. 각 애플리케이션의 관심사에서 벗어난 문제가 늘어날수록 일반화된 솔루션은 줄어든다. 통합 아키텍처의 본질은 일반화라는 원칙에 대항해 서로 다른 특수한 부분들을 통합하는 것이다. 그러나 통합 아키텍처의 피트니스 함수는 일반적인 패턴이 몇 가지 존재한다.

4.4.1 마이크로서비스의 통신 거버넌스

[그림 2-3]의 순환 구조와 테스트 방식을 본 아키텍트는, 마이크로서비스 같은 분산 아키텍처에 동일한 기법을 적용할 수 있으리라는 환상을 갖기 쉽다. 이러한 희망은 아키텍처의 이질성이라는 특성에 가로막힌다. 컴포넌트 순환 테스트는 특정 언어로 작성된 단일 코드베이스와 테스트 도구로 진행하는 컴파일 시점 검사다. 그러나 마이크로서비스를 다루려면 하나의 도구만으로는 역부족이다. 각 서비스는 서로 다른 기술 스택, 리포지터리, 통신 프로토콜, 기타 여러 변수 속에서 제작된다. 따라서 마이크로서비스에 피트니스 함수를 적용할 턴키 도구를 찾기란 거의 불가능하다.

아키텍트가 피트니스 함수를 직접 작성하는 경우는 많다. 그러나 프레임워크 전체를 직접 만들 필요는 없다. 너무 큰 작업일뿐더러, 대부분의 피트니스 함수는 서로 다른 기술 스택이나 솔루션을 잇는 10줄 내지 15줄의 '접착제glue' 코드로 충분하기 때문이다.

[그림 4-17]은 마이크로서비스의 상호 호출에 대한 거버넌스를 나타낸다. 아키텍트의 설계에 따르면 이 워크플로는 유일하게 OrderOrchestrator만이 상태 정보를 보유한다. 그러나 각 도메인 서비스가 서로 직접 통신한다면 오케스트레이터는 상태 정보를 정확하게 유지할 수 없다. 따라서 아키텍트는 각 도메인 서비스가 오직 오케스트레이터와 통신하도록 제어해야 한다.

시스템 사이에 일관적인 인터페이스가 확보되면 아키텍트는 단 몇 줄의 스크립트 언어로 거버넌스 피트니스 함수를 구축할 수 있다. 형식이 지정된 로그 메시지 등이 이러한 인터페이스 역할을 한다. 다음과 같은 정보가 담긴 로그 메시지를 각 시스템에서 생성한다고 가정해보자.

- 서비스명
- 사용자명
- IP 주소
- 상관 ID correlation ID
- 메시지 수신 시간(UTC)
- 소요 시간
- 메서드명

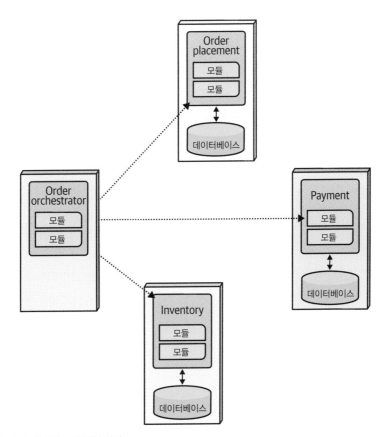

그림 4-17 마이크로서비스 간 통신 관리

[코드 4-9]는 이러한 로그의 예시다.

코드 4-9 마이크로서비스 로그 형식

```
["OrderOrchestrator", "jdoe", "192.16.100.10", "ABC123",
  "2021-11-05T08:15:30-05:00", "3100ms", "updateOrderState()"]
```

아키텍트는 각 서비스의 기술 스택과 무관하게 [코드 4-9]와 같은 로그 메시지를 의무적으로 출력하는 피트니스 함수를 만들 수 있다. 그리고 이러한 함수를 서비스 사이에 공유하는 공통 컨테이너 이미지에 추가한다.

다음으로, 아키텍트는 루비나 파이썬 등의 스크립트 언어로 간단한 피트니스 함수를 작성해 로그 메시지를 수집한다. 피트니스 함수는 [코드 4-9]처럼 공통 형식으로 작성된 로그 구문을 분석하고, [코드 4-10]과 같은 코드로 서비스 간 통신의 승인 여부를 검사한다.

코드 4-10 서비스 간 통신 확인

```
list_of_services.each { |service|
    service.import_logsFor(24.hours)
    calls_from(service).each { |call|
       unless call.destination.equals("orchestrator")
          raise FitnessFunctionFailure.new()
    }
  }
```

[코드 4-10]의 코드는 지난 24시간 동안 수집된 모든 로그 파일을 검사하는 반복문이다. 각 로그에 기록된 호출을 분석하고, 호출 대상이 다른 도메인 서비스가 아닌 오케스트레이터 서비스인지 확인한다. 이 규칙을 위반한 서비스가 발견되면 피트니스 함수는 예외를 발생시킨다.

2장에서 트리거와 지속 피트니스 함수를 논의했던 내용 중 일부는 이번 예시에 동일하게 적용한다. 두 피트니스 함수 구현 사이의 트레이드오프를 확인할 수 있는 좋은 사례다. [코드 4-10]의 피트니스 함수는 일정 시간(최대 24시간) 이후 거버넌스 검사에 반응을 보인다. 그러나 이처럼 사후에 검증하는 방식이 아닌, 실시간 모니터링을 바탕으로 통신을 검사할 수도 있다. 통신 위반 사항이 발생하는 즉시 포착할 수 있는 방법이다.

각각의 방식은 장단점이 있다. 사후에 검증하는 반응적 기법은 아키텍처의 런타임 특성에 오버헤드를 주지 않는다. 반면 모니터링을 동반한 능동적 기법은 오버헤드를 일으키는 대신 하루를 기다릴 필요 없이 위반 사항을 즉시 포착할 수 있다.

따라서 두 방식 사이의 실질적인 트레이드오프는 거버넌스의 중점을 어디에 둘 것인가로 귀결된다. 서비스 간 무단 통신이 즉각적인 문제(보안 등)를 야기한다면 아키텍트는 이를 능동형 피트니스 함수로 구현해야 한다. 그러나 거버넌스의 목적이 아키텍처 구조 유지에 있다면 로그 기반 반응형 피트니스 함수를 만드는 것이 낫다. 실행 중인 시스템에 영향을 미칠 가능성이 적기 때문이다.

4.4.2 사례 연구 피트니스 함수 구현 방법 선택

문제 도메인은 대부분 간단하게 테스트할 수 있다. 개발자는 코드로 기능을 구현하며 하나 이상의 테스트 프레임워크를 도입해 점진적으로 테스트한다. 그러나 아키텍트의 상황은 다르다. 피트니스 함수 자체는 단순하다 해도 구현 방법은 다양할 것이기 때문이다.

[그림 4-18]을 살펴보자.

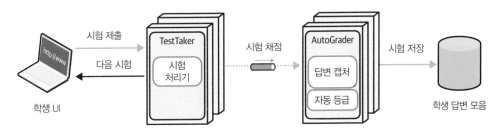

그림 4-18 메시지 등급 거버넌스

[그림 4-18]에서 학생은 TestTaker 서비스가 제시한 시험 문제에 답한다. 이 서비스는 채점된 시험 답안을 저장하는 AutoGrader에 비동기식으로 메시지를 전달한다. 이 시스템의 핵심 요구 사항은 신뢰성이다. 시스템은 통신 과정에서 사용자의 응답을 '누락^{drop}'해서는 안 된다. 아키텍트가 어떻게 피트니스 함수를 설계해야 이 문제에 대처할 수 있을까?

솔루션은 최소 두 가지다. 각각의 장단점을 어떻게 판단하는가에 따라 최종 선택이 내려질 것이다. [그림 4-19]의 솔루션을 살펴보자.

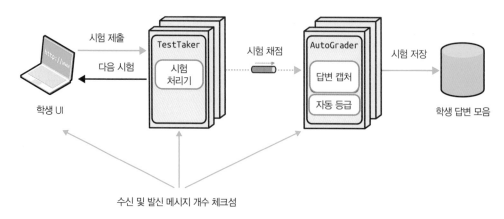

그림 4-19 수신 및 발신 메시지 카운팅

최신 마이크로서비스 아키텍처에서 이러한 종류의 메시지 전달은 일반적으로 컨테이너에서 관리한다. [그림 4-19]의 피트니스 함수는 컨테이너를 이용하면 간단히 구현할 수 있다. 컨테이너가 수신 및 발신 메시지 개수를 확인하고 일치하지 않으면 경보가 발생하게 된다.

이 피트니스 함수는 서비스/컨테이너 수준에서 원자적이며, 일관된 인프라를 통해 시행할 수 있다는 것이 장점이다. 반면 엔드투엔드 안정성을 보장하지 못하며 서비스 수준 안정성에 그친다는 한계가 있다.

[그림 4-20]는 또 다른 피트니스 함수 구현 방법이다.

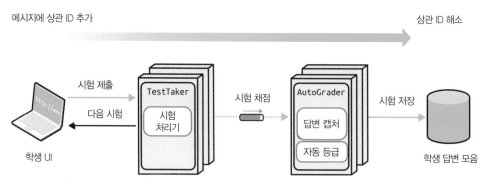

그림 4-20 상관 ID를 이용한 안정성 보장

[그림 4-20]에서 아키텍트는 메시지에 추적 가능성을 부여하기 위해 상관 ID를 사용한다. 상관 ID는 고유한 식별자로 각 요청에 태그를 지정하는 일반적인 기법이다. 각 메시지에 상관 ID를 할당하고 프로세스가 끝날 때마다 ID를 확인한다. 최초 할당한 메시지 ID가 마지막에 제대로 해소되었다면 메시지의 신뢰성을 보장할 수 있다. 이 기법은 더 넓은 범위에서 메시지 신뢰성을 담보하지만 아키텍트는 전체 워크플로의 상태 정보를 유지하기 위해 까다로운 오케스트레이션 워크플로를 처리해야 한다.

둘 중 올바른 피트니스 함수 구현은 어느 쪽일까? 소프트웨어 아키텍처의 모든 것이 그렇듯, 상황에 따라 다르다. 아키텍트가 어떠한 트레이드오프에 중점을 둘 것인지는 종종 외력에 의해 좌우되곤 한다. 중요한 점은, 올바른 피트니스 함수 구현은 단 한가지라는 관념에 매몰되지 않는 것이다.

[그림 4-21]은 실제 프로젝트에 적용된 피트니스 함수의 메시지 카운팅 결과다. 정확히 이번 예시와 같은 상황에서 데이터 신뢰성을 보장하기 위해 도입됐다.

일간 중도 이탈 건수/일간 정상 수행 건수 비교			
Trend Reports in Google Data studio#			
effectiveDa...	total_exits_per_day	successful_exits_per_day	service_level_indicator
1. Mar 28, 2022	5	5	1
2. Mar 27, 2022	4	4	1
3. Mar 25, 2022	17	16	0.94
4. Mar 24, 2022	1	1	1
5. Mar 23, 2022	9	9	1
6. Mar 22, 2022	4	4	1
7. Mar 21, 2022	10	10	1
8. Mar 20, 2022	1	1	1
9. Mar 18, 2022	10	10	1
10. Mar 17, 2022	24	24	1
11. Mar 16, 2022	1	1	1
12. Mar 15, 2022	6	6	1
13. Mar 14, 2022	4	4	1
14. Mar 13, 2022	1	1	1
		1 - 25 / 25	‹ ›

그림 4-21 오케스트레이션 워크플로에서 메시지 신뢰도를 측정한 결과

일간 수치에서 보이듯, 일부 메시지는 정상적으로 통과하지 않고 누락됐다는 사실이 피트니스 함수를 통해 드러났다. 원인을 분석하고 해소하기 위한 근거를 마련했으며, 피트니스 함수를 유지함으로써 향후 문제가 발생할 위험에도 대비할 수 있다.

4.5 데브옵스

이 책에서 다루는 대부분의 피트니스 함수는 아키텍처의 구조와 개념, 즉 소프트웨어 아키텍처 그 자체를 다루기 위해 존재한다. 그러나 거버넌스의 관심사는 생태계를 구성하는 모든 요소와 접점을 생성한다. 데브옵스와 관련된 피트니스 함수도 그중 일부다.

이러한 접점이 단순한 운영 분야의 관심사가 아니라 피트니스 함수여야 하는 이유는 두 가지다. 첫째, 피트니스 함수는 소프트웨어 아키텍처와 운영의 교차 지점에 있다. 아키텍처의 변화는 시스템 운영에 영향을 미치기 때문이다. 둘째, 피트니스 함수는 객관적인 거버넌스 점검 결과를 드러낸다.

카오스 엔지니어링

넷플릭스의 분산 아키텍처를 설계한 엔지니어들은 실행 환경을 아마존 클라우드로 선택했다. 그러나 그들은 언제 어떠한 방식으로 돌발 상황이 발생할지 늘 걱정스러웠다. 레이턴시, 가용성, 탄력성 등을 직접 제어할 수 없었기 때문이었다. 카오스 멍키^{Chaos Monkey}는 이러한 두려움에 맞서기 위해 만들어졌으며, 시미안 아미^{Simian Army}[22]라는 오픈 소스를 이끄는 주역이 되었다. 원래는 혼돈과 무작위 멍키만 있었지만 시미안 아미로 발전하며 각종 특수 멍키들이 추가되었다.

카오스 멍키

카오스 멍키는 아마존 데이터 센터에 '잠입^{infiltrate}'해 예측불가한 사건을 벌인다. 레이턴스가 높아지고 안정성이 저하되며 각종 혼란이 뒤따른다. 팀은 설계 과정에서 카오스 멍키를 고려하며, 이러한 혼돈을 견딜 수 있는 탄력적인 서비스를 구축해야 한다.

카오스 고릴라

카오스 고릴라^{Chaos Gorilla}는 아마존 데이터 센터를 완전히 무력화시켜 전체 데이터 장애 상황을 가장할 수 있다.

---

22 https://oreil.ly/qNHLF

카오스 콩

카오스 고릴라가 귀여워 보일 정도로, 카오스 콩 Chaos Kong은 아마존 클라우드 가용 영역 전체를 무력화시키며 클라우드 생태계의 일부가 완전히 사라진 것처럼 보이게 할 수 있다. 카오스 엔지니어링과 시미안 아미의 공로는 현실에서 빛을 발했다. 몇 년 전, 아마존 엔지니어가 실수로 US-EAST-1 리전 전체를 종료시켜버린 사건이 있었다. 엔지니어가 명령어를 타이핑하며 손가락이 미끄러졌는지, `kill 10` 대신 `kill 100`을 실행해 버려 생긴 일이었다. 자동화가 충분히 되어 있었다면 벌어지지 않았을 사고다. 그러나 이 사고의 중단 기간 동안 넷플릭스는 정상적으로 계속 운영되었다. 넷플릭스의 아키텍트가 카오스 고릴라를 대비해 코드를 작성한 덕분이었다.

닥터 멍키

닥터 멍키 Doctor Monkey는 일반적인 서비스 상태 정보(CPU 사용률, 디스크 공간 등)를 확인하고 리소스가 한계에 부딪히면 경보를 울린다.

레이턴시 멍키

초창기 클라우드 기반 리소스의 높은 레이턴시는 꾸준한 골칫거리였다. 카오스 멍키가 레이턴시에 무작위적인 영향을 미치긴 하지만 레이턴시 멍키 Latency Monkey는 레이턴시 결함을 특히 더 강조하기 위해 제작되었다.

문지기 멍키

넷플릭스의 생태계는 진화한다. 기존 서비스를 개선하고 대체하는 새로운 서비스가 점진적으로 등장한다. 그러나 이러한 변화는 유동적이며, 신기능이 등장하자마자 즉시 적용하도록 강요하지 않는다. 모든 팀은 각자의 편의에 맞게 신기능을 받아들일 수 있다. 대부분의 서비스는 공식적인 릴리스 주기가 없기 때문에 시간이 지나면 유기된 orphaned 서비스가 나오기 마련이다. 개선된 버전으로 모두 이주한 탓에 홀로 남은 서비스다. 문지기 멍키 Janitor Monkey는 라우팅 이력 없이 클라우드에서 실행되고 있는 서비스를 검색하고 분리하며, 해당 서비스의 클라우드 리소스를 절약한다.

적합성 멍키

적합성 멍키 Conformity Monkey는 특정 거버넌스 피트니스 함수를 구현할 수 있는 플랫폼을 제공한다. 만약 아키텍트가 REST 엔드포인트에 주목한다면, 모든 REST 엔드포인트가 적절한 동사 verb를 지원하는지, 에러를 올바르게 처리하고 안내하는지, 메타데이터를 적절하게 지원하는지 등을 검증해야 한다. 따라서 아키텍트는 일반 클라이언트와 동일한 방식으로 REST 엔드포인트를 지속적으로 호출할 도구를 구축해야 한다.

보안 멍키

보안 멍키 Security Monkey는 적합성 멍키의 특수 버전이며, 이름에서 보이듯 보안 문제에 초점을 맞춘다. 디버그 포트 개방, 인증 누락 등, 자동화 가능한 검증 요소를 검색한다.

오픈 소스로 제작된 시미안 아미는 넷플릭스 엔지니어가 거버넌스 메커니즘 더욱 발전시켜 재구축한 뒤로 결국 수명을 다 하고 말았다. 그러나 몇몇 멍키는 새로운 보금자리를 찾았다. 일례로 문지기 멍키는 그 탁월한 성능을 인정받아, 클라우드 기반 오픈 소스 피트니스 함수 제품군의 일부인 Swabbie[23]로 재탄생했다.

카오스 엔지니어링의 기본 원칙은 많은 이의 공감을 얻는다. 시스템은 반드시 장애를 일으킨다. 문제는 그것이 언제인가다. 예측할 수 있는 최종 상황을 설계하고 관리함으로써 아키텍트와 운영자는 한층 견고한 시스템을 발판 삼아 협업할 수 있다.

카오스 멍키는 일정에 맞추어 실행되는 테스트 도구가 아니며, 넷플릭스 생태계 안에서 지속적으로 실행되었음을 명심하기 바란다. 카오스 멍키로 인해 개발자는 위기를 견디는 시스템을 구축했을 뿐만 아니라 시스템의 유효성을 지속적으로 테스트해야 했다. 이 지속적인 검증을 아키텍처에 내장함으로써 넷플릭스는 세계에서 가장 강력한 시스템을 구축할 수 있었다. 시미안 아미는 총체적, 지속적, 운영적인 피트니스 함수의 훌륭한 예시다. 아키텍처의 여러 부분에서 동시에 실행되며 아키텍처 특성(복원력, 확장성 등)이 저하되지 않도록 유지시킨다.

4.6 엔터프라이즈 아키텍처

지금까지 선보인 대부분의 피트니스 함수는 애플리케이션 또는 통합 아키텍처와 관련이 있다. 그러나 피트니스 함수는 거버넌스가 효과를 내는 아키텍처의 모든 부분에 적용할 수 있다. 특히 엔터프라이즈 아키텍트가 생태계에 큰 영향을 미치는 순간은 비즈니스 기능을 캡슐화시킬 플랫폼을 정의할 때다.

이러한 작업은 구현 세부 사항을 가능한 한 작은 범위로 한정 지어야 한다는 대의와 지향점이 일치한다.

[그림 4-22]의 예시를 살펴보자.

---

23 https://oreil.ly/WvKxj

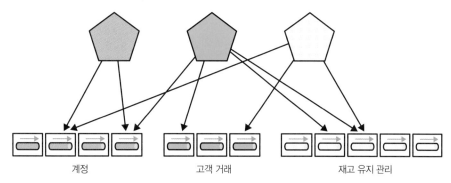

그림 4-22 임의의 서비스로 구성된 애플리케이션

[그림 4-22] 상단에 보이는 애플리케이션들은 엔터프라이즈를 이루는 다양한 부분에서 서비스를 소비한다. 애플리케이션이 세부적인 정보를 이용해 서비스에 접근하면 취약점을 노출시킬 위험이 높아진다. 엔터프라이즈의 각 부분이 상호작용하는 방식과 구현 세부 정보가 애플리케이션으로 유출되기 때문이다.

이를 깨달은 엔터프라이즈 아키텍트는 [그림 4-23]과 같이 뒷편에 비즈니스 기능을 캡슐화시키고 계약을 통해 관리하는 플랫폼을 설계한다.

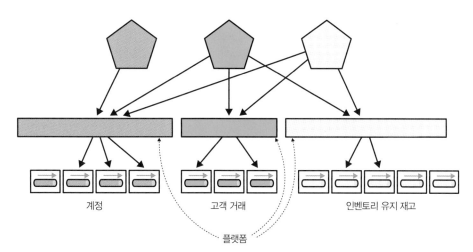

그림 4-23 구현 세부 사항을 은닉한 플랫폼 구축

[그림 4-23]에서 아키텍트는 조직의 문제 해결 방법을 플랫폼 뒷편으로 감춘다. 또한 생태계를 이루는 각 부분이 필요로 하는 기능을 플랫폼과의 계약으로 명시하고 이를 바탕으로 API를 구현한다. 이러한 API는 일관적이며 변경 주기도 길다. 새로운 아키텍처는 플랫폼 수준에서 구현 세부 사항을 캡슐화함으로써 구현 커플링의 확산을 늦출 수 있으며 결과적으로 아키텍처의 취약성을 낮추는 효과를 낸다.

엔터프라이즈 아키텍트는 플랫폼과 피트니스 함수를 API로 정의하며 기능, 구조, 기타 플랫폼 요소와 구현을 관리한다. 결국 엔터프라이즈 아키텍트는 기술적인 선택에서 벗어날 수 있다는 또 다른 이점을 누린다. 이렇듯 구현 방법보다 기능에 초점을 맞추면 두 가지 문제가 해결된다.

첫째, 엔터프라이즈 아키텍트는 일반적으로 구현 세부 사항에서 멀리 떨어져 있으므로 현재의 최신 기술과 생태계 내부의 기술 환경 동향 파악에 뒤처지기 쉽다. 흔히, 얼어붙은 원시인이라 불리는 안티패턴으로 아키텍트가 고통받는 주된 원인이다.

얼어붙은 원시인 안티패턴

얼어붙은 원시인 안티패턴Frozen Caveman Antipattern은 현업에서 흔히 목격할 수 있는 행동적 안티패턴이며, 모든 아키텍처 문제를 자신만의 비합리적 관심사로 환원하는 아키텍트를 의미한다. 일례로, 한때 중앙 집중식 아키텍처 시스템을 다루던 필자의 동료는, 클라이언트 아키텍트에게 설계를 전달할 때마다 '이탈리아에 문제가 생기면 어쩌죠?'라는 질문을 되풀이해서 들어야 했다. 몇 년 전, 특이한 통신 문제로 본사와 이탈리아 매장 간의 통신이 차단된 일이 있었다. 당시에는 크게 불편했지만 재발 가능성은 극히 적은 문제였다. 그 후로 이곳의 아키텍트들은 이렇듯 특수한 아키텍처 특성에 집착하게 되었다.

일반적으로 이러한 안티패턴은 과거의 판단 실수나 예상치 못한 사고로 크게 데였던 경험이 있는 아키텍트에게 발생한다. 이들은 앞날의 특정한 위험에 대해 각별히 조심스러운 태도를 보인다. 위험은 반드시 평가해야 하지만 현실적이어야 한다. 실제는 기술적 위험과 인지된 기술적 위험의 차이를 이해하는 것은 아키텍트가 지속적으로 배워야 할 과정의 일부다. 아키텍트다운 사고란, '얼어붙은 원시인'의 사고와 경험을 극복하고, 다양한 솔루션을 접하고, 맥락에 충실한 질문을 던져야만 갖출 수 있다.

아무리 현재의 최신 구현 트렌드에 뒤처져 있다 해도 엔터프라이즈 아키텍트는 조직의 장기 전략 목표를 가장 잘 이해하고 피트니스 함수로 코드화할 수 있다. 이들은 기술 선택에 개입하는 대신 플랫폼 수준에서 구체적인 피트니스 함수를 정의한다. 이를 통해 플랫폼은 아키텍처의 우수한 특성과 동작을 지속적으로 지원한다. 이러한 긍정적 효과는, 객관적으로 측정할 수 있을 때까지 아키텍처 특성을 분해하라는 이 책의 조언을 뒷받침한다. 측정할 수 있는 것은 관리할 수 있다.

또한 엔터프라이즈 아키텍트가 피트니스 함수를 구축하는 데 집중하면 전략적 비전을 관리할 수 있다. 그에 따라 도메인, 통합 아키텍트는 피트니스 함수로 구현된 가드레일의 보호를 받으며, 결과를 고려한 기술 결정을 내릴 수 있다. 조직의 하위 계층에서 결정을 내리고 트레이드오프에 따라 작업할 수 있다면, 차세대 엔터프라이즈 아키텍트도 자연스럽게 내부에서 길러낼 수 있다.

필자는 엔터프라이즈 아키텍처를 보유한 여러 회사에 진화적 아키텍트의 역할을 강조했다. 이들의 임무는 조직 전체를 살피며 피트니스 함수를 구현할 기회를 모색하는 것이다. 특정 프로젝트에서 피트니스 함수를 발굴해 일반화시키는 작업도 포함된다. 또한 플랫폼 사이의 느슨한 커플링을 보장하는 퀀텀quantum 경계와 계약을 수립하고, 궁극적으로 재사용 가능한 생태계를 구축해야 한다.

4.6.1 [사례 연구] 일간 60회 배포와 아키텍처 재구성

깃허브[24]는 하루 평균 60회 배포라는 공격적인 엔지니어링 관행으로 잘 알려져 있다. 「Move Fast and Fix Things」[25]라는 깃허브 블로그 기고는 많은 아키텍트를 공포에 떨게 만들었던 유명한 문제를 자세히 설명하고 있다. 깃허브는 머지를 처리하기 위해 명령줄 git을 래핑한 쉘 스크립트를 만들어 오랫동안 사용해왔다. 그러나 이러한 방식은 제대로 작동한다 해도 확장하기는 어렵다. 이에 깃 엔지니어링 팀은 명령줄 Git을 대체할 libgit2라는 라이브러리를 구축하고 머지 기능을 구현해 로컬에서 철저히 테스트했다.

바야흐로 새로운 솔루션을 프로덕션 환경에 배포할 때가 되었다. 이번에 개선하는 기능은 깃허브가 시작된 이래로 늘 깃허브의 일부였으며 항상 완벽하게 작동했다. 개발자는 절대로 기존 기능에 문제가 생기지 않게 해야 하며, 한편으로는 기술적 부채까지 해소해야 한다.

이에 깃허브 개발자는 루비로 작성된 오픈 소스 프레임워크인 Scientist[26]를 제작했다. 이 프레임워크는 전체적이고 지속적인 테스트를 통해 코드의 변경 사항을 조사한다. [코드 4-11]은 Scientist 테스트의 구조를 나타낸다.

---

24 http://github.com
25 https://oreil.ly/zJQ1x
26 https://oreil.ly/bl2hN

```
require "scientist"

class MyWidget
  include Scientist

  def allows?(user)
    science "widget-permissions" do |e|
      e.use { model.check_user(user).valid? } # old way
      e.try { user.can?(:read, model) } # new way
    end # returns the control value
  end
end
```

[코드 4-11]에서 개발자는 use 블록(컨트롤^{control})으로 기존 동작을 캡슐화하고 실험할 동작을 try 블록(후보^{candidate})에 추가한다. science 블록은 코드를 호출하는 동안 다음과 같은 세부 사항을 처리한다.

try 블록 실행 여부 결정

개발자는 Scientist 설정을 통해 실험 실행 방법을 선정한다. 가령 이번 사례는 머지 기능 업데이트가 목표였으며 무작위 사용자의 1%가 새로운 기능을 시도했다. 실험 여부와 관계없이 Scientist는 항상 use 블록의 결과를 반환하며 호출자는 기존과 동일한 작동 결과를 수신해야 한다.

use 및 *try* 블록 실행 순서 무작위 지정

의존성 오류로 인한 버그를 방지하기 위해 Scientist가 취하는 조치다. 실행 순서 또는 기타 부수적인 요인은 위양성^{false-positive} 결과를 유발할 가능성이 있다. Scientist는 순서를 무작위로 지정하여 이러한 오류가 발생할 가능성을 줄인다.

모든 행동의 지속 시간 측정

Scientist는 A/B 테스트를 지원하므로 성능 모니터링 기능을 내장하고 있다. 실제로 개발자는 프레임워크 기능 일부를 단편적으로 사용할 수 있다. 실험을 수행하지 않고 호출만 측정하는 것도 가능하다.

try 결과와 use 결과 비교

실험의 목적은 기존 동작을 리팩터링하는 것이므로 Scientist는 각 호출의 결과를 비교하고 차이점이 있는지 기록한다.

try 블록에 발생한 모든 예외 흡수 및 기록

신규 코드에서 예기치 않은 예외가 발생할 가능성은 항상 존재하며, 개발자는 최종 사용자에게 이러한 오류를 감춘다. Scientist는 최종 사용자에게 오류를 내보내지 않으며 개발자가 분석할 수 있도록 기록한다.

모든 정보 게시

Scientist는 모든 데이터를 다양한 형식으로 제공한다.

머지 기능을 리팩터링하며 깃허브 개발자는 [코드 4-12]의 코드로 `create_merge_commit_rugged` 구현을 테스트했다.

코드 4-12 새로운 머지 알고리즘 실험

```
def create_merge_commit(author, base, head, options = {})
  commit_message = options[:commit_message] ¦¦ "Merge #{head} into #{base}"
  now = Time.current

  science "create_merge_commit" do ¦e¦
    e.context :base => base.to_s, :head => head.to_s, :repo => repository.nwo
    e.use { create_merge_commit_git(author, now, base, head, commit_message) }
    e.try { create_merge_commit_rugged(author, now, base, head, commit_message) }
  end
end
```

[코드 4-12]에서 `create_merge_commit_rugged` 호출은 전체 호출 중 1%에 불과하다. 그러나 깃허브 정도의 규모에서 진행되는 실험은 모든 간선 사례가 단시간 내에 나타난다.

이 코드가 실행되면 최종 사용자는 항상 올바른 결과를 받는다. try 블록이 use와 다른 값을 도출하면 기록을 남긴 후 use 값을 반환한다. 따라서 최종 사용자는 최악의 경우에도 정확히 리팩터링 이전과 같은 값을 얻게 된다. 실험은 총 4일 동안 진행됐다. 매우 느린 실행 결과나 일치하지 않는 결과가 발생하지 않아서 24시간이 지난 뒤, 이전 머지 코드는 제거되고 새로운 코드만 남게 되었다.

이 책의 관점에서 Scientist는 피트니스 함수다. 이번 사례에서 개발자는 중요 인프라를 리팩터링하기 위해 전체적이고 지속적인 피트니스 함수를 전략적으로 사용했다. 피트니스 함수 덕분에 확신을 가지고 리팩터링을 진행한 탁월한 사례라 할 수 있다.

4.6.2 정확성 피트니스 함수

Scientist 도구는 정확성 피트니스 함수fidelity fitness function라는 검증 유형을 구현한다. 이 기능은 시스템을 교체하는 동안 양 시스템의 정확성을 보존하는 수단이다. 충분한 테스트나 규정이 없이 장기간에 걸쳐 중요한 기능을 구축하는 조직이 많다. 그러나 애플리케이션의 구현 기술을 새롭게 교체하는 시기는 결국 언젠가 다가오기 마련이며, 교체가 진행되는 동안에도 여전히 이전 동작은 그대로 작동해야 한다. 시스템의 지속 기간이 길고 문서화 수준이 낮을수록, 기존 동작은 복제하기 어렵다.

정확성 피트니스 함수를 이용하면 구형과 신형 시스템을 나란히 비교할 수 있다. 교체 프로세스가 진행되는 동안 두 시스템은 병렬로 실행되며 프록시를 사용해 두 시스템을 old, new, both 형식으로 호출할 수 있다. 이를 통해 팀은 시스템의 개별 기능을 비트 하나까지 남김 없이 포팅한다. 기존 동작을 분해하고 정확하게 복제하는 일은 매우 복잡하기에 이러한 메커니즘을 따르는 데 저항하는 팀원도 있다. 그러나 결국에는 이러한 방법론으로 얻게 될 확신과 그 필요성에 굴복하고 만다.

4.7 피트니스 함수는 무기가 아닌 체크리스트다

피트니스 함수는 아키텍트가 개발자를 공격하고 괴롭히기 위해 만든 날 선 무기처럼 보일 때도 있다. 그러나 이는 피트니스 함수의 본질이 아니다. 이 책이 지향하는 아키텍처의 역할은 자신만의 상아탑에 틀어박혀 점점 더 복잡한 피트니스 함수를 만들어 내는 외골수와는 거리가 멀다. 이런 식으로 만들어진 피트니스 함수는 개발자에게 불필요한 부담을 지우며 프로젝트에 상응하는 가치를 더하지도 못한다.

피트니스 함수는 아키텍처 원칙을 시행할 방법을 제시해야 한다. 외과의사나 항공기 조종사는 업무의 일부로 체크리스트를 사용한다(때로는 의무적이다). 체크리스트는 자신의 업무를 이해하지 못하거나 넋을 놓는 습관이 있는 사람의 전유물이 아니다. 복잡한 작업을 반복해서 수행할 때 실수로 단계를 건너뛰는 인간의 본성을 극복하기 위한 도구다. 모든 개발자는 디버그 포트가 활성화된 컨테이너를 배포하면 안 된다는 것을 잘 안다. 그러나 푸시 과정에서 다른 많은 작업을 동시에 처리하다 잊어버릴 가능성이 충분히 있다.

많은 아키텍트가 위키 등의 지식 공유 포털을 통해 아키텍처와 설계 원칙을 명시한다. 그러나 실행되지 않는 원칙은 일정의 압박과 여러 제약 조건 속에서 유명무실해진다. 아키텍처 설계 원칙과 거버넌스 규칙을 피트니스 함수로 변환하면 설령 외부의 힘이 작용한다 해도 생략되거나 건너뛰지 않도록 절차를 보장할 수 있다.

아키텍트는 직접 피트니스 함수를 작성하는 경우가 많지만 항상 개발자와 협력해야 한다. 개발자는 피트니스 함수의 기능을 이해하고 파손될 경우 이를 고칠 수 있어야 한다. 피트니스 함수는 오버헤드를 추가하며, 코드베이스의 점진적인 저하(비트 부패)를 방지하여, 미래의 지속적인 발전을 담보한다.

4.8 피트니스 함수 문서화

테스트는 좋은 문서와 같다. 문서를 읽는 독자는 자신의 정직함을 의심할 필요가 없다. 그들은 항상 테스트를 실행하고 결과를 확인할 수 있다. 신뢰하되 검증하라!

아키텍트는 조직 내 모든 문서와 마찬가지로 다양한 방식으로 피트니스 함수를 문서화할 수 있다. 피트니스 함수에 내포된 의도 자체가 충분히 문서화 역할을 한다고 보는 아키텍트도 있다. 그러나 아무리 유려하게 작성된 테스트라 해도 기술자가 아닌 사람이 읽기는 어렵다.

아키텍처 결정을 문서화할 때는 아키텍처 결정 레코드$^{Architectural\ Decision\ Records}$(ADR)[27]를 참고하면 좋다. 피트니스 함수를 다루는 팀은 설계 결정과 관리 방법을 ADR에 추가할 수 있다.

Cucumber[28]와 같은 행위 주도 개발(BDD)[29] 프레임워크를 사용하는 것도 한 가지 방법이

27 https://adr.github.io
28 https://cucumber.io
29 https://oreil.ly/r6lKy

다. 이러한 도구는 모국어^{native language}를 검증 코드에 매핑하도록 설계되어 있다. [코드 4–13]의 Cucumber 테스트를 살펴보자.

코드 4-13 Cucumber 가정

```
Feature: Is it Friday yet?
  Everybody wants to know when it's Friday

  Scenario: Sunday isn't Friday
    Given today is Sunday
    When I ask whether it's Friday yet
    Then I should be told "Nope"
```

[코드 4–13]에서 **Feature**는 프로그래밍 언어 메서드로 매핑된다. [코드 4–14]는 자바 매핑을 나타낸 예시다.

코드 4-14 설명에 매핑되는 Cucumber 메서드

```java
@Given("today is Sunday")
public void today_is_sunday() {
    // 주어진 설명을 구체적인 코드로 작성한다.
    throw new io.cucumber.java.PendingException();
}
@When("I ask whether it's Friday yet")
public void i_ask_whether_it_s_friday_yet() {
    // 주어진 설명을 구체적인 코드로 작성한다.
    throw new io.cucumber.java.PendingException();
}
@Then("I should be told {string}")
public void i_should_be_told(String string) {
    // 주어진 설명을 구체적인 코드로 작성한다.
    throw new io.cucumber.java.PendingException();
}
```

아키텍트는 [코드 4–13]의 모국어 선언과 [코드 4–14]의 메서드 정의 사이의 매핑을 이용해 피트니스 함수를 정의한다. 따라서 각 메서드에 대응하며 실행되는 피트니스 함수의 정의 또한 인간의 언어와 매우 흡사하다. 이를 통해 아키텍트는 의사 결정을 손쉽게 문서화하고 실행으로 옮길 수 있다.

Cucumber 같은 도구의 단점은 요구 사항(원래 작업)과 피트니스 함수 문서화 사이의 임피던

스impedance 불일치다.

리터레이트Literate 프로그래밍[30]은 문서와 소스 코드를 병합하려 했던 도널드 누스Donald Knuth의 혁신적인 시도였다. 리터레이트의 목표는 최종적으로 더욱 깨끗한 문서를 만드는 것이다. 그는 당시 최신 언어에 대응하는 특수 컴파일러를 제작하는 단계까지 이르렀지만 아쉽게도 많은 호응을 얻지는 못했다.

그러나 현대에는 Mathematica[31]와 주피터 노트북[32] 등의 도구가 데이터 과학 분야에서 널리 사용된다. 특히 아키텍트는 주피터 노트북으로 피트니스 함수를 문서화하고 실행할 수 있다.

일전에 주피터 노트북으로 아키텍처 규칙을 검사했던 시도[33]가 있었다. 구조적 코드 분석기인 jQAssistant[34]와 그래프 데이터베이스인 Neo4j[35]를 함께 사용한 실험적인 연구였다. [그림 4-24]와 같이 jQAssistant는 다양한 아티팩트(자바 바이트코드, Git 히스토리, 메이븐 의존성 등)를 스캔하고 구조 정보를 Neo4j 데이터베이스에 저장한다.

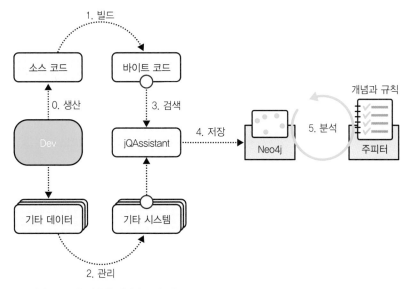

그림 4-24 주피터 노트북을 사용한 거버넌스 워크플로

30 https://oreil.ly/bnICD
31 https://oreil.ly/5mJXr
32 https://jupyter.org
33 https://oreil.ly/P99wA
34 https://jqassist ant.org
35 https://neo4j.com

[그림 4-24]에서 코드베이스의 각 부분은 관계 구조와 함께 그래프 데이터베이스에 배치되므로 다음과 같은 쿼리로 조회할 수 있다.

```
MATCH (e:Entity)<-[:CONTAINS]-(p:Package)
WHERE p.name <> "model"
RETURN e.fqn as MisplacedEntity, p.name as WrongPackage
```

스프링의 코드 애플리케이션인 PetClinic을 분석하면 [그림 4-25]와 같은 결과가 생성된다.

Out[4]:	
MisplacedEntity	**WrongPackage**
org.springframework.samples.petclinic.repository.PetType	repository

그림 4-25 그래프 분석 결과

[그림 4-25]에서 결과는 model 패키지 중 @Entity 어노테이션 구현 의무를 위반한 클래스가 있음을 나타낸다.

주피터 노트북은 아키텍트가 거버넌스 규칙을 텍스트 형태로 정의하며 온디맨드 방식으로 실행할 수 있다.

피트니스 함수를 문서화하는 것은 아키텍트뿐만 아니라 개발자에게도 중요하다. 개발자가 피트니스 함수의 존재 이유를 납득하지 못하면 피트니스 함수를 수정하는 일도 성가신 골치거리로 여기게 되기 때문이다. 가급적 조직 내 기존 문서 프레임워크에 피트니스 함수 정의를 통합할 것을 권장한다. 가장 일관적인 방식으로 접근하는 것이 효과적이기 때문이다. 피트니스 함수의 최우선 가치는 실행이지만, 이해 가능성도 그에 못지 않게 중요하다.

요약

단위 테스트가 도메인의 변화에 대응하듯 피트니스 함수는 아키텍처 거버넌스에 대응한다. 그러나 피트니스 함수를 구현하는 방법은 아키텍처 구성 요소에 따라 매우 다양하다. 포괄적인 아키텍처란 존재하지 않는다. 모든 아키텍처는 수 년에서 수십 년에 걸친 의사 결정과 후속 기술이 조합된 고유한 존재다. 그만큼 피트니스 함수를 만드는 아키텍트는 영리해야 하지만, 테스트 프레임워크를 전부 새로 만들어야 한다는 의미는 아니다. 피트니스 함수는 파이썬이나 루비 스크립트로 제작하며 보통 10~20줄에 불과한 '접착제' 코드인 경우가 많다. 이러한 코드를 통해 다른 도구의 출력을 결합한다. 로그 파일의 출력을 수집하고 특정 문자열 패턴을 확인하는 [코드 4-10]는 이를 증명하는 단적인 예시다.

필자의 동료는 [그림 4-26]을 보며 피트니스 함수를 가리키는 멋진 비유를 떠올렸다.

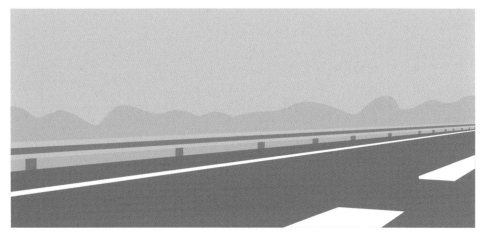

그림 4-26 도로의 재질과 무관하게 가드레일 역할을 하는 피트니스 함수

도로는 아스팔트, 조약돌, 자갈 등의 다양한 재료로 만들어진다. 가드레일은 차량이나 도로의 종류에 관계없이 여행자가 도로 위에 머물게 하기 위해 존재한다. 피트니스 함수는 시간이 지나도 부패하지 않고 진화하는 시스템을 위해 아키텍트가 만든 아키텍처 특성 가드레일이다.

Part 2

구조

1부는 진화적 아키텍처의 역학을 정의했다. 피트니스 함수, 배포 파이프라인 등의 메커니즘은 소프트웨어 프로젝트를 관리하고 발전시키기 위한 아키텍처 역학에 속한다.

2부는 아키텍처의 구조를 논의한다. 소프트웨어 시스템의 토폴로지는 진화성에 크나큰 영향을 미친다. 또한 구조 설계는 아키텍트의 작업에서 상당한 비중을 차지한다. 명확한 원칙에 따라 올바르게 설계된 구조는 시간이 지날수록 더욱 깔끔하게 진화한다.

현대의 시스템을 설계하는 아키텍트는 데이터의 영향력뿐만 아니라 아키텍처에 따른 데이터의 진화까지 고려해야 한다. 2부는 이 두 주제가 서로 접하는 지점에 놓여 있다.

진화하는 아키텍처 토폴로지

아키텍처에 대한 논의가 깊어지면 결국 커플링이라는 주제가 마지막까지 남는다. 커플링이란 아키텍처 일부분들이 서로 연결을 맺거나 의존하는 방식이다. 결합은 필요악이라 매도하는 아키텍트가 많지만 복잡한 소프트웨어를 컴포넌트 의존성 또는 커플링 없이 구축하기란 쉽지 않다. 따라서 진화적 아키텍처는 커플링의 적정 수준에 주목한다. 커플링을 맺을 아키텍처를 식별하고 최소한의 오버헤드와 비용을 들여 최대한의 이득을 볼 수 있어야 한다.

이번 장은 커플링이 아키텍처 구조에 미치는 영향과, 아키텍처 발전 효율을 높이기 위한 구조 평가 기법을 설명한다. 또한 아키텍처 토폴로지architecture topology 컴포넌트 단계부터 시스템 수준까지 상세하게 설명하고 조언을 곁들인다. 이번 장을 모두 마치면 아키텍처 커플링을 더욱 깊이 이해하게 될 것이다.

5.1 진화 가능한 아키텍처 구조

서로 다른 아키텍처 스타일은 서로 다른 진화 특성을 보이지만 스타일 자체는 진화 능력을 제어하는 데 본질적으로 아무런 영향을 미치지 않는다. 오히려 진화는 아키텍처가 지원하는 커플링 특성과 관련이 있다. 사람들은 지금까지의 경험을 통해 소프트웨어의 진화성을 결정하는 핵심 동력 두 가지를 식별했다. 두 가지 모두 아키텍처 커플링을 바라보는 유익한 관점을 제공한다.

5.1.1 동조성

밀러 페이지 존스^{Meilir Page-Jones}의 저서 『What Every Programmer Should Know About Object-Oriented Design』(Dorset House, 1996)는 두 가지 면으로 평가된다. 우선 이 책이 다루는 객체 지향 설계 기법은 대중적으로 크게 주목받지 못했다. 그러나 저자가 동조성^{connascence}이라 이름 붙인 개념은 지금까지 꾸준히 회자되고 있다. 동조성은 다음과 같이 정의한다.

> 한 컴포넌트를 변경했을 때 시스템의 전반적인 정확성을 유지하기 위해 다른 컴포넌트를 수정해야
> 한다면 두 컴포넌트는 동조적이다.
>
> – 밀러 페이지 존스

본질적으로 동조성은 커플링을 세련되게 묘사한 언어일 뿐이지만 기술 리더와 개발자에게 커플링의 개념을 설명하기에는 더 좋은 언어다. 동조성이라는 언어를 통해 커플링을 이해하는 과정과 개선 방안에 대한 논의가 더욱 간결해지기 때문이다. 사피어 워프 가설^{Sapir-Whorf Hypothesis}은 이처럼 풍부한 어휘의 효과를 설명하기에 적격이다.

사피어 워프 가설[1]

언어의 구조가 화자의 세계관이나 인식에 영향을 미친다는 이론으로, 사람들의 지각이 구술 언어에 상대적임을 의미한다.

예를 들어, 극지방 문화권의 사람들은 적도 지방 거주자들보다 눈을 표현하는 어휘가 훨씬 다양하다. 후자는 일상에서 눈을 구별할 필요가 없는 사람들이기 때문이다. 따라서 극지방에 사는 사람들이 눈에 대해 더 깊이 이해하고 있다는 가설을 제기할 수 있다.

페이지 존스는 정적 동조성과 동적 동조성이라는 두 가지 유형의 동조성을 정의한다.

정적 동조성

정적 동조성^{static connascence}은 소스 코드 수준에서 발생하며, 실행 시점에 생성되는 커플링의 대척점에 있다. 후자는 곧 이어 나올 '동적 동조성'에서 더 자세히 설명한다. 정적 동조성은 구조 설계에 정의된 구심 및 원심 커플링을 세분화한 개념이다. 아키텍트는 구심 또는 원심 커플링의

---

1   옮긴이_ 입증성이 부족해 사실상 사장된 가설이다. 커네이선스를 차용하는 긍정적 효과를 표현하기 위해 인용한 것으로 보인다.

결합 정도에 따라 다음과 같이 정적 동조성을 구분한다.

명칭 동조성 *connascence of name*(CoN)

복수의 컴포넌트가 특정 엔티티명에 동의한다.

메서드명은 코드베이스를 결합하는 가장 일반적인 수단이다. 특히 현대의 리팩터링 도구는 시스템 전체에 쓰인 메서드명도 간단하게 일괄 변경할 수 있다는 점을 고려하면 가장 바람직한 동조성이라 할 수 있다.

타입 동조성 *connascence of type*(CoT)

복수의 컴포넌트가 특정 엔티티 타입에 동의한다.

타입 동조성은 변수와 파라미터의 형식을 제한하는 정적 타입 언어에서 공통적으로 보이는 특성이다. 그러나 이러한 특성은 정적 언어만의 전유물은 아니다. Clojure[2]와 Clojure Spec[3] 등의 동적 언어 구조는 선택적 타입 지정 기능이 있어 정적인 특성을 보이기도 한다.

의미 동조성 *connascence of meaning*(CoM) 또는 관례 동조성 *connascence of convention*(CoC)

복수의 컴포넌트가 특정 값의 의미에 동의한다.

이러한 동조성의 가장 전형적인 사례는 상수로 처리되지 않은, 코드베이스에 직접 하드코딩된 숫자들이다. 몇몇 언어로 작성된 코드는 'int TRUE = 1'이나 'int FALSE = 0' 등의 정의를 흔하게 볼 수 있다. 두 값을 뒤바꾸면 무슨 일이 벌어질지 상상해보자.

위치 동조성 *connascence of position*(CoP)

복수의 컴포넌트가 특정 값의 순서에 동의한다.

이 동조성은 메서드나 함수를 호출하는 파라미터 값과 관련이 있다. 정적 타입 언어도 이 문제에서 자유롭지 않다. 가령 void updateSeat(String name, String seatLocation)로 정의된 메서드를 updateSeat("14D", "Ford, N")처럼 호출한다고 가정해보자. 타입은 올바르다 해도 의미 체계를 위반하게 된다.

---

2 https://clojure.org
3 https://clojure.org/about/spec

알고리즘 동조성 *connascence of algorithm*(CoA)

복수의 컴포넌트가 특정 알고리즘에 동의한다.

알고리즘 동조성이 발생하는 가장 일반적인 사례는 서버와 클라이언트 양쪽에 정의하는 해싱 알고리즘^{hashing algorithm}이다. 둘 다 동일한 알고리즘을 실행하고 사용자를 검증한 다음 결과까지 일치해야 하기 때문이다. 두 알고리즘 중 한쪽이 조금만 바뀌어도 핸드셰이크^{handshake}가 작동하지 않을 만큼 명백하게 결합 수준이 높은 커플링이다.

동적 동조성

동적 동조성^{dynamic connascence}은 런타임 시점에 호출을 분석해서 확인한다. 다음과 같이 다양한 유형의 동적 동조성이 있다.

실행 동조성 *connascence of execution*(CoE)

실행 순서가 복수의 컴포넌트에 영향을 미친다.

다음 코드를 살펴보자.

```
email = new Email();
email.setRecipient("foo@example.com");
email.setSender("me@me.com");
email.send();
email.setSubject("whoops");
```

이 코드는 올바른 순서로 프로퍼티를 설정하지 않았으므로 제대로 작동하지 않는다.

시점 동조성 *connascence of timing*(CoT)

실행 시점이 복수의 컴포넌트에 영향을 미친다.

이러한 동조성의 대표적인 사례는 동시에 실행되는 두 개의 스레드가 유발하는 경합 조건^{race condition}이다. 두 작업의 경쟁이 공동 작업의 결과에 영향을 미친다.

값 동조성 *connascence of value*(CoV)

서로 관련된 여러 값이 함께 변경되어야 하는 경우 발생하는 동조성이다.

모서리를 나타내는 네 개의 점으로 정의한 사각형을 떠올려보자. 데이터 구조의 무결성을 유지하려면 네 점이 함께 움직여야 한다. 다른 지점에 미치는 영향을 고려하지 않고 하나의 점을 무작위로 변경할 수는 없다.

더욱 보편적인 상황에서 문제가 되는 경우는 분산 시스템의 트랜잭션에 동조성이 존재할 때이다. 아키텍트의 설계에 따라 데이터베이스는 분리한다 해도, 분리된 모든 DB에서 동일하게 유지해야 할 값이 가끔 존재한다. 이 값을 변경하려면 전체 DB를 일시에 업데이트해야 하며 그렇게 하지 못한다면 그대로 두어야 한다.

식별 동조성 connascence of identity(CoI)

복수의 컴포넌트가 동일한 엔티티를 참조한다.

이러한 동조성은 일반적으로 둘 이상의 독립적인 컴포넌트 사이에서 발생한다. 가령 분산 대기열처럼 공용으로 쓰이는 데이터 구조를 변경하면 대기열을 공유하는 컴포넌트가 모두 영향을 받는다.

아키텍트에게 동적 동조성은 분석하기 쉽지 않은 특성이다. 런타임 호출을 효과적으로 분석하는 호출 그래프 같은 기술이 이 분야에는 없기 때문이다.

동조성 속성

동조성은 아키텍트와 개발자에게 유용한 분석 도구이며 동조성의 일부 속성은 개발자의 현명한 조언자 역할을 한다. 다음은 동조성의 속성들에 대한 설명이다.

강도 strength

아키텍트는 개발자가 커플링을 리팩터링하는 난이도에 따라 동조성의 강도를 결정한다. [그림 5-1]에서 보이듯 동조성의 유형은 바람직한 순서에 따라 나열할 수 있다. 아키텍트와 개발자는 더 나은 동조성 유형을 향해 리팩터링을 반복하며 코드베이스의 커플링 특성을 개선해야 한다.

아키텍트는 동적 동조성보다 정적 동조성을 우선시해야 한다. 개발자는 소스 코드를 분석해 간단히 정적 동조성을 검사할 수 있으며 최신 개발 도구로 손쉽게 개선할 수 있기 때문이다. 예를 들면 개발자는 소스 코드에서 의미만 있고 이름이 없는 마법의 값을 찾아 명명된 상수

타입으로 고칠 수 있다. 의미 동조성을 명칭 동조성으로 리팩터링하는 사례다.

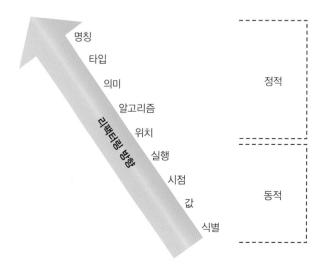

그림 5-1 동조성의 강도는 훌륭한 리팩터링 가이드다

지역성 *locality*

동조성의 지역성은 코드베이스 내부 모듈의 인접도proximal location를 나타낸다. 하나의 모듈 안에서 서로 인접한 코드는 별도 모듈 또는 코드베이스로 떨어져 있는 코드보다 더 높은 동조성을 형성한다. 원거리에서 심각도가 높아지는 커플링을 개선하려면 둘을 서로 가까이 두어야 한다. 가령 하나의 컴포넌트 내부에서 의미 동조성을 형성하는 두 클래스는 서로 다른 컴포넌트에 각각 있을 때보다 코드베이스를 덜 손상시킨다. 개발자는 동조성의 강도와 지역성을 반드시 함께 고려해야 한다. 동조성의 강도가 같다 해도 하나의 모듈에서 형성되는 것이 서로 다른 모듈에 나뉘어 있는 것보다 낫다. 코드 스멜도 전자가 덜하다.

정도 *degree*

동조성의 정도는 파급력과 관련이 있다. 동조성이 영향을 미치는 클래스의 개수는 이러한 정도를 나타내는 간단한 지표다. 동조성의 정도가 낮을수록 동조성이 코드베이스에 가하는 손상의 정도도 낮다. 다시 말해, 모듈 개수가 몇 개에 불과하다면 동적 동조성이 있어도 크게 문제가 되지 않는다. 그러나 코드베이스는 점점 덩치가 커지곤 한다. 처음에는 사소했던 문제도 그에 따라 심각해지기 마련이다.

페이지 존스는 동조성을 이용해 시스템의 모듈성을 개선하는 세 가지 지침을 세웠다.

1. 시스템을 세부 요소로 쪼개고 각각을 캡슐화시켜 전체적인 동조성을 최소화한다.
2. 캡슐화의 경계를 벗어나는 나머지 모든 동조성을 최소화한다.
3. 캡슐화 경계 내부에서 동조성을 최대화한다.

전설적인 소프트웨어 아키텍처 혁신가 짐 웨이리치Jim Weirich는 동조성이 다시금 조명받게 만든 일등 공신이다. 그는 앞선 지침들에 두 가지 탁월한 조언[4]을 더했다.

- 정도의 원칙: 강도 높은 동조성을 약한 동조성으로 변환하라.
- 지역성의 원칙: 소프트웨어 요소 사이의 거리가 멀수록 약한 동조성을 사용하라.

5.1.2 경계 콘텍스트와 동조성 교차

에릭 에반스Eric Evans의 저서 『도메인 주도 설계』(위키북스, 2011)[5]는 현대의 아키텍처를 사고하는 방식에 깊은 영향을 미쳤다. 도메인 주도 설계domain-driven design(DDD)는 복잡한 문제 도메인을 체계적으로 분해할 수 있는 모델링 기법이다. DDD에서 정의하는 **경계 콘텍스트** bounded context는 도메인 내부의 모든 요소에 투명하게 열려 있지만 다른 경계 콘텍스트에는 불투명하게 닫혀 있는 존재다. 경계 콘텍스트의 개념은 각각의 엔티티가 지역화된 콘텍스트 안에서 가장 잘 작동한다는 사실을 전제로 한다. 따라서 Customer 클래스를 공용으로 생성하고 전체 조직에서 동시에 사용하는 방식은 DDD에 맞지 않는다. 대신 각 문제 도메인에서 자체적으로 클래스를 만들고 통합 지점에서 차이를 조정해야 한다. 이러한 격리 원칙은 데이터베이스 스키마 등의 세부 구현에도 동일하게 적용된다. 경계 콘텍스트의 개념에서 영감을 받은 마이크로서비스는 이러한 수준의 데이터 격리를 일반화시켰다.

DDD를 기반으로 시스템을 설계하는 아키텍트는 시스템의 세부 구현 정보가 경계 콘텍스트 외부로 '유출leaking'되지 않도록 차단해야 한다. 모듈러modular 모놀리스나 마이크로서비스 모두 마찬가지다. 그러나 경계 콘텍스트 사이의 통신은 여전히 지속되어야 한다. 이러한 통신은 '계약contract'(5.3절 참고)이라는 장치를 이용해 중재한다.

눈치 빠른 독자들은 이미 알아차렸겠지만, 1993년의 동조 **지역성** 개념과 2003년의 **경계 콘텍**

---

4   https://oreil.ly/7TKTO
5   https://martinfowler.com/bliki/DomainDrivenDesign.html

스트 개념은 일맥상통하는 면이 있다. 광범위하게 퍼진 커플링은 아키텍처를 연약하게 brittleness 만드는 주범이다. 연약한 아키텍처는 한 지점의 사소한 변화가 국지적인 경계를 넘어 예측할 수 없는 파손을 일으킨다.

다소 극단적이고 불운한 사례를 살펴보자. 일부 아키텍처는 통합 지점에서 애플리케이션의 데이터베이스 스키마를 노출시킨다. 그러나 DDD에서 DB 스키마는 경계 콘텍스트 및 상세 구현부에 속한다. 이 정보를 다른 애플리케이션에 노출한다는 것은 단일 애플리케이션의 데이터베이스 변경 사항이 의도치 않게 다른 애플리케이션을 중단시킬지도 모른다는 의미다. 상세 구현 정보를 노출하는 범위가 넓을수록 아키텍처의 전반적인 무결성은 훼손된다.

적어도 1993년(또는 그 이전)부터 아키텍처의 일반적인 추세는 구현 커플링을 최소한의 범위로 제한하는 것이었다. 경계 콘텍스트라 부르든 지역성 원칙 준수라 부르든, 아키텍트들은 수십 년간 이 문제와 다투고, 조정하고, 화해하기를 반복했다.

경계 콘텍스트는 효율적인 커플링이라는 철학을 표현하는 개념이다. 비교적 근래 등장한 이 개념이 DDD에 기원을 두고 있음은 분명한 사실이지만, 시스템 설계와 추상적으로 밀접한 관련이 있음 또한 부정할 수 없다. 따라서 경계 콘텍스트를 반영하는 동시에 아키텍처의 용어로 이를 표현할 새로운 개념이 필요하다. 이러한 개념은 추상적 설계 수준을 넘어 실제 아키텍처의 관심사들 사이에 경계 콘텍스트를 단단히 결부시킨다.

5.2 아키텍처 퀀텀 및 세분성

소프트웨어 시스템은 다양한 방식으로 결합한다. 소프트웨어를 다각도로 분석하는 아키텍트에게 있어 컴포넌트 수준의 커플링은 소프트웨어를 서로 연결하는 유일한 요소가 아니다. 시스템의 각 부분을 의미적으로 결합해 기능적 응집도 functional cohesion를 형성하는 비즈니스 개념도 많다. 소프트웨어를 성공적으로 발전시키려면 이러한 결합 또한 간과해서는 안 된다. 모든 커플링은 단절의 위험이 있기 때문이다.

물리학적 정의에 의하면 퀀텀 quantum이란 상호작용에 관여하는 모든 물리적 엔티티의 최소량이다. 아키텍처 퀀텀이란 높은 기능 응집도를 갖추었으며 독립적으로 배포 가능한 컴포넌트를 가리킨다. 시스템이 제대로 작동하기 위해 필요한 모든 구조적 요소가 아키텍처 퀀텀에 속한다.

모놀리식 아키텍처의 퀀텀은 곧 애플리케이션 전체다. 모놀리식을 구성하는 요소들은 모두 높은 결합도로 묶여 있으며 개발자는 이를 일괄적으로 배포해야 하기 때문이다.

퀀텀이라는 용어는 물론 퀀텀 역학이라는 물리학 분야에서 가장 많이 사용된다. 그러나 이 책이 퀀텀이라는 단어를 채택한 이유는 물리학자들과 같다. Quantum은 '얼마나 큰' 또는 '얼마나 많은'을 의미하는 라틴어 quantus에서 유래했으며, 물리학에서 쓰이기 이전부터 '요구 또는 허용 금액'(손해 배상액 등)을 나타내는 용도로 법조계에서 사용되어 왔다. 또한 퀀텀은 위상 수학 이론에서 형태의 특성과 관련된 용어로 등장한다. 참고로 quantum은 단수형이며 복수형은 quanta으로 표현한다. 마찬가지로 라틴어인 datum과 data의 어형 차이와 비슷하다고 생각하면 쉽다.

아키텍처 퀀텀은 소프트웨어 각 부분이 서로 연결되고 통신하는 방식과 관련이 있으며, 아키텍처의 토폴로지와 행동을 다각도로 측정하는 척도다.

정적 커플링 static coupling

아키텍처 내부에서 계약을 통해 정적 의존성을 해소하는 방식. 전이 의존성으로 전달되는 OS 및 프레임워크 라이브러리는 모두 정적 커플링을 생성한다. 퀀텀을 작동시켜야 하는 운영 요구 사항 또한 정적 커플링에 속한다.

동적 커플링 dynamic coupling

퀀텀이 런타임에 동기 또는 비동기 통신을 주고받는 방식. 이러한 특성은 일반적으로 지속적 모니터링을 통해 피트니스 함수로 측정한다.

정적 및 동적 커플링은 동조성 개념에서 대구를 이루는 지점들이 있다. 쉽게 말해 정적 커플링은 서비스가 서로 엮이는 방식을 묘사하며, 동적 커플링은 서비스가 런타임에 서로를 호출하는 방식을 묘사한다. 예를 들어 마이크로서비스 아키텍처에서 서비스는 데이터베이스 등의 의존 컴포넌트와 결합해 정적 커플링을 생성한다. 다시 말해, 서비스는 데이터 없이 운영되지 않는다. 또한 서비스는 워크플로 진행 중 다른 서비스를 호출하며 동적 커플링을 생성한다. 런타임 워크플로를 제외하면 서비스가 작동하기 위해 다른 서비스를 필요로 하는 순간은 없다. 따라서 정적 커플링은 운영 의존성을, 동적 커플링은 통신 의존성을 해석하는 수단이다.

아키텍처 퀀텀은 독립적으로 배포 가능한 아티팩트이며 고기능적 응집도, 강한 정적 커플링, 동적 커플링 동기화 등의 특성을 지닌다.

워크플로 내부에 잘 배치된 마이크로서비스는 그 자체로 아키텍처 퀀텀이라 할 수 있다.

이번 절에서 내린 정의들은 중요한 특성들을 포함하고 있다. 이제부터 각 특성들을 예시와 함께 자세히 살펴보자.

5.2.1 독립 배포

독립 배포 independently deployable는 아키텍처 퀀텀의 여러 특성을 함축적으로 의미한다. 각 퀀텀은 특정 아키텍처 내부의 독립 배포 단위이다. 따라서 단일 단위로 배포되는 모놀리식 아키텍처는 정의에 따라 단일 아키텍처 퀀텀이다. 마이크로서비스 같은 분산 아키텍처는 대부분 개발자가 고도로 자동화된 시스템을 구축하고 각 서비스를 독립적으로 배포한다. 따라서 독립 배포 가능 여부라는 기준에서 마이크로서비스는 아키텍처 퀀텀이다. 단, 커플링의 종류에 따라 차이는 있다.

배포 자산 각각을 아키텍처 퀀텀으로 표현하면 몇 가지 유용한 효과가 생긴다. 첫째, 아키텍처 퀀텀이 이루는 경계는 아키텍트, 개발, 운영 사이에서 공통 언어의 역할을 한다. 각 주체가 취급하는 문제들이 공통 언어로 표현되므로 아키텍트는 커플링 특성을, 개발자는 작동의 영역을, 운영은 배포 특성을 이해할 수 있다.

둘째, 분산 아키텍처에서 서비스의 세분성을 결정할 때 아키텍트가 고려해야 할 힘(정적 커플링)이 드러난다. 마이크로서비스 아키텍처에서 개발자는 트레이드오프를 최적화하는 세분성 수준을 결정하기 어렵다. 이러한 트레이드오프 중 일부는 배포 가능성과 관련이 있다. 서비스의 적정 릴리스 주기, 영향을 미치는 다른 서비스, 기타 엔지니어링 관행 등이 배포 가능성에 영향을 미친다. 아키텍트는 배포 경계가 명확할수록 분산 아키텍처를 더 정확히 이해할 수 있다.

셋째, 독립 배포 가능성을 갖추려면 데이터베이스처럼 공통적인 커플링 지점이 아키텍처 퀀텀 내부에 포함되어야 한다. 데이터베이스와 사용자 인터페이스 등의 주제는 아키텍처에 대한 논의에서 쉽게 간과되곤 한다. 그러나 실제 시스템에서 이러한 문제는 반드시 처리되어야만 한다. 공유 데이터베이스를 사용하는 모든 시스템은 데이터베이스와 애플리케이션이 나란히 배포되지 않는 한 독립 배포라는 아키텍처 퀀텀 기준을 충족시키지 못한다. 이 때문에 많은 분산 시스템이 다중 퀀텀 검증을 통과하지 못한다. 공유 데이터베이스 또한 독자적인 배포 주기를 따르는 경우가 많기 때문이다. 따라서 배포 경계를 구분하는 것만으로는 유용한 척도로 삼을 수 없다. 아키텍처 퀀텀을 실용적인 범위에 두기 위해 아키텍트는 아키텍처 퀀텀의 두 번째 평가 기준인 고기능 응집도를 고려해야 한다.

5.2.2 고기능 응집도

고기능 응집도 high functional cohesion 는 클래스, 컴포넌트, 서비스 등의 구조적 근접도를 나타낸다. 역사적으로 컴퓨터 과학자들은 다양한 유형의 응집도를 정의했다. 지금까지 응집도를 정의했던 대상은 대부분 일반적인 모듈이었으며 플랫폼에 따라 클래스나 컴포넌트로 표현했다. 도메인 관점에서 본 고기능 응집도의 기술적 정의는 도메인 주도 설계에서 경계 콘텍스트가 지닌 목적성과 겹치는 부분이 있다. 경계 콘텍스트는 특정 도메인 워크플로를 구현하는 행동과 데이터를 의미하기 때문이다.

순전히 독립 배포 가능성 관점에서 볼 때 거대한 모놀리식 아키텍처는 아키텍처 퀀텀으로 간주할 수 있다. 그러나 거의 대부분은 단순히 전체 시스템의 기능을 포함하고 있을 뿐 기능의 응집도가 높지는 않다. 오히려 모놀리스의 덩치가 클수록 단일 기능으로서의 응집도는 떨어질 가능성이 높다.

이상적인 마이크로서비스 아키텍처에서 각 서비스는 단일 도메인 또는 워크플로를 모델링하므로 기능 응집도가 높다. 이러한 맥락으로 해석한 응집도는 작업 과정에서 서비스가 상호작용하는 방식이 아닌, 한 서비스가 다른 서비스에 얼마나 독립적인지 또는 의존적인지를 나타내는 지표 역할을 한다.

5.2.3 강한 정적 커플링

강한 정적 커플링 high static coupling 은 아키텍처 퀀텀의 내부 요소가 서로 긴밀하게 엮여 있음을 의미한다. 실제로 서비스 간 계약은 강한 정적 커플링을 생성한다. 아키텍트는 REST와 SOAP 등의 형식으로 계약을 인식하지만 메서드 시그니처, 운영 의존적인 특성 (IP 주소, URL 등)도 일종의 계약이라 볼 수 있다. 이 부분은 5.3절에서 더 자세히 설명한다.

아키텍처 퀀텀은 정적 커플링의 척도로 활용할 수 있으며 대부분의 아키텍처 토폴로지에서 매우 간단하게 측정할 수 있다. 이해를 돕기 위해 『소프트웨어 아키텍처 101』(한빛미디어, 2021)의 8장에서 다이어그램을 빌려 왔다. [그림 5-2]는 아키텍처 스타일과 아키텍처 퀀텀의 정적 커플링을 나타낸다.

[그림 5-2]에 보이듯 모놀리식 아키텍처 스타일은 반드시 하나의 퀀텀을 갖는다.

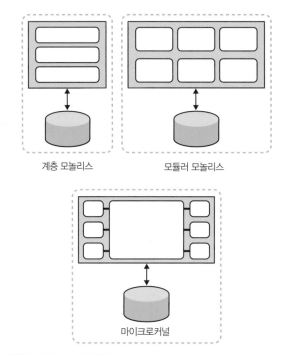

그림 5-2 모놀리식 아키텍처를 이루는 하나의 퀀텀

[그림 5-2]처럼 단일 단위로 배포하고 단일 데이터베이스를 사용하는 모든 아키텍처는 항상 단일 퀀텀을 갖게 된다. 아키텍처 퀀텀의 정적 커플링은 데이터베이스 연결까지 포함하므로 단일 데이터베이스에 의존하는 시스템은 단일 퀀텀 이상을 보유할 수 없다. 따라서 아키텍처 퀀텀의 정적 커플링 측정은 개발 중인 소프트웨어 컴포넌트뿐만 아니라 아키텍처의 결합 지점을 식별하기 좋은 수단이다. 대부분의 도메인 아키텍처는 데이터베이스 등의 단일 커플링 지점을 포함하므로 퀀텀 측정치는 1이 된다.

지금까지 아키텍처 퀀텀의 정적 커플링 측정은 모든 토폴로지를 하나로 평가했다. 이에 비해 분산 아키텍처는 다중 퀀텀을 보유할 수 있지만 항상 그렇지는 않다. 예를 들어 [그림 5-3]에 나타난 중재자mediator 이벤트 기반 아키텍처 스타일은 단일 아키텍처 퀀텀으로 평가된다.

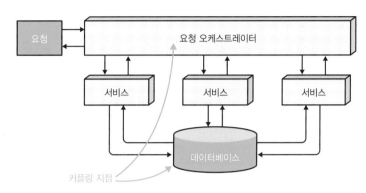

그림 5-3 중재 이벤트 기반 아키텍처는 단일 아키텍처 퀀텀을 이룬다

[그림 5-3]은 분명 분산 아키텍처 스타일을 묘사한다. 그러나 두 개의 커플링 지점이 이를 단일 아키텍처 퀀텀으로 만들어버린다. 데이터베이스는 모놀리식 아키텍처와 마찬가지로 커플링 지점이며, 추가로 요청 오케스트레이터가 커플링을 생성한다. 이처럼 아키텍처가 작동하기 위해 필요한 커플링들은 한 데 모여 주변에 아키텍처 퀀텀을 형성한다.

브로커 이벤트 기반 아키텍처는 중앙 중재자가 없는 만큼 결합도가 더 낮다. 그러나 완전히 분리된 요소로 구성된다고 보장할 수는 없다. [그림 5-4]가 그리는 이벤트 기반 아키텍처를 살펴보자.

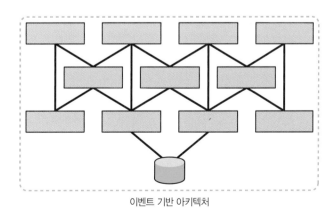

이벤트 기반 아키텍처

그림 5-4 브로커 이벤트 기반 아키텍처도 단일 퀀텀을 이룰 수 있다

[그림 5-4]는 중앙 중재자가 없는 브로커 스타일의 이벤트 기반 아키텍처다. 그러나 모든 서비스가 단일 관계형 데이터베이스를 활용해 공통 커플링 지점을 생성함에 따라 결국 하나의 아키텍처 퀀텀을 이룬다. 아키텍처 퀀텀을 정적 분석한 결과는 서비스를 부트스트랩할 때 필요한 아키텍처 의존성의 존재 여부를 나타낸다. 이벤트 기반 아키텍처의 서비스가 데이터베이스를 쓰지 않는다 해도 그 서비스가 데이터베이스를 쓰는 다른 서비스에 의존한다면, 이들은 모두 아키텍처 퀀텀을 이루는 정적 커플링의 일부가 된다.

그렇다면 공통 커플링 지점이 존재하지 않는 분산 아키텍처는 어떠한가? [그림 5-5]의 이벤트 기반 아키텍처는 두 개의 데이터 저장소를 보유하며 각 저장소를 사용하는 서비스 집합 사이에는 정적 의존성이 존재하지 않는다. 둘로 나눠진 아키텍처 퀀텀은 모두 프로덕션 생태계에서 실행할 수 있다. 시스템의 모든 워크플로에 참여하지는 못한다 해도, 각각은 성공적으로 실행되며 아키텍처 내부에서 요청을 주고받는다.

아키텍처 퀀텀의 정적 커플링 측정은 아키텍처 컴포넌트와 운영 컴포넌트 사이의 커플링 의존성을 평가한다. 따라서 운영체제, 데이터 저장소, 메시지 브로커, 컨테이너 오케스트레이션 등의 모든 운영 의존성은 가장 엄밀한 계약을 통해 아키텍처 퀀텀의 정적 커플링 지점을 형성해야 한다. 아키텍처 퀀텀에서 계약의 역할은 5.3절에서 더 자세히 설명한다.

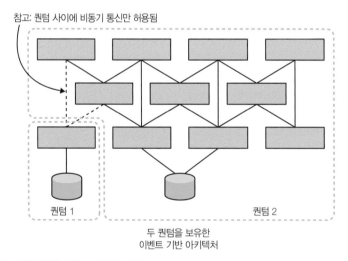

그림 5-5 퀀텀 두 개를 보유한 이벤트 기반 아키텍처

마이크로서비스 아키텍처 스타일은 서비스 간 분리도가 매우 높고 데이터 의존성이 낮다는 특

징이 있다. 이러한 아키텍처를 설계할 때는 가능한 한 높은 수준으로 서비스를 분리하고 가급적 커플링 지점을 만들지 않도록 주의해야 한다. 이러한 원칙을 통해 개별 서비스는 각각 다른 퀀텀을 형성할 수 있다. [그림 5-6]을 살펴보자.

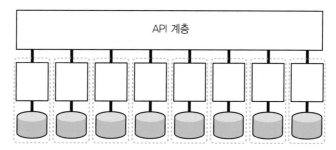

그림 5-6 퀀텀화된 개별 마이크로서비스

[그림 5-6]에서 각 서비스는 경계 콘텍스트 역할을 하며 자신만의 아키텍처 특성을 보유한다. 확장성이나 보안 수준도 서비스마다 다르다. 아키텍처 특성과 범주의 높은 세분화 수준은 마이크로서비스 아키텍처 스타일의 장점 중 하나다. 분리 수준이 높을수록 각 서비스 팀은 의존성에 대한 염려 없이 신속하게 작업을 진행할 수 있다.

그러나 사용자 인터페이스와 밀접하게 결합된 마이크로서비스 아키텍처는 [그림 5-7]처럼 단일 아키텍처 퀀텀을 형성하기도 한다.

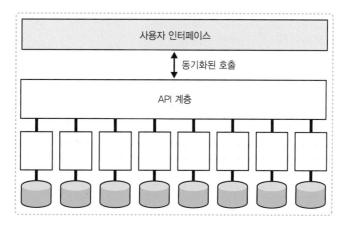

그림 5-7 마이크로서비스 아키텍처 퀀텀을 하나로 묶는 사용자 인터페이스 커플링

통상적으로 사용자 인터페이스는 프런트엔드와 백엔드 사이에 커플링 지점을 만든다. 또한 백엔드가 제 기능을 하지 못하면 프런트엔드도 작동하지 않는 경우가 대부분이다.

모든 서비스가 하나의 사용자 인터페이스를 상대로 협력하는 아키텍처는 설계하기도 쉽지 않다. 성능, 확장성, 탄력성, 신뢰성 등의 운영 아키텍처 특성을 서비스마다 다른 수준으로 설정하기 어렵기 때문이다. (동기 호출의 경우는 5.2.4절 '동적 퀀텀 커플링'을 참고하기 바란다.)

따라서 아키텍트는 프런트엔드와 백엔드 사이에 커플링을 생성하지 않는 비동기 방식으로 사용자 인터페이스를 설계한다. 마이크로서비스 아키텍처의 사용자 인터페이스 부분에 마이크로프런트엔드[6] 프레임워크를 적용하는 것이 최근의 추세다. 이러한 아키텍처는 서비스와 상호작용하는 사용자 인터페이스 요소를 서비스가 자체적으로 생성한다. 이때 사용자 인터페이스 표면은 인터페이스가 그려질 도화지 역할을 하는 동시에 컴포넌트 사이의 느슨한 통신을 지원한다. 통신은 주로 이벤트 방식으로 진행된다. [그림 5-8]은 이러한 아키텍처를 묘사하고 있다.

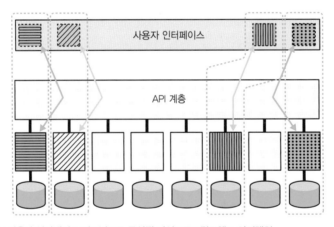

그림 5-8 서비스+사용자 인터페이스 컴포넌트로 구성된 마이크로프런트엔드 아키텍처

[그림 5-8]에서 빗금 친 4개의 서비스와 각각에 연결된 마이크로프런트엔드는 아키텍처 퀀텀을 형성한다. 이러한 서비스들은 서로 다른 아키텍처 특성을 보유할 수 있다.

아키텍처의 모든 커플링 지점은 퀀텀적 관점에서 정적 커플링 지점이 될 가능성이 있다. [그림 5-9]에서 두 시스템이 공유하는 데이터베이스의 영향력을 생각해보자.

---

6 옮긴이_각 프런트엔드 애플리케이션을 독립적으로 개발하고 하나로 통합하는 아키텍처 스타일

시스템의 정적 커플링을 파악하면 통합 아키텍처 수준의 복잡한 시스템에서도 유의미한 통찰을 얻을 수 있다. 모든 요소의 '엮임^wired'을 나타낸 정적 퀀텀 다이어그램은 레거시 아키텍처를 쉽게 이해하기 위한 아키텍처 기법 중 하나다. 이를 활용하면 변화의 영향을 받는 시스템을 판별하고 더 나아가 커플링을 줄이는 방향으로 아키텍처를 이끌 수 있다.

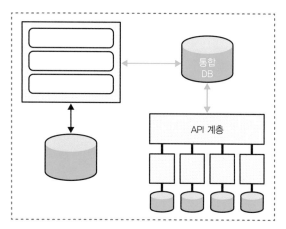

그림 5-9 두 시스템에 커플링 지점을 두고 단일 퀀텀을 형성하는 공유 데이터베이스

정적 커플링은 분산 아키텍처에 작용하는 힘의 일부일 뿐이다. 다른 한 축은 동적 커플링이 담당한다.

5.2.4 동적 퀀텀 커플링

아키텍처 퀀텀 정의의 마지막 부분은 런타임 동기 커플링과 관련이 있다. 달리 표현하면, 분산 아키텍처에서 워크플로를 형성하는 퀀텀의 행동과 상호작용에 관한 정의다.

서비스가 서로를 호출하는 방식이 다양할수록 트레이드오프를 판단하는 어려움은 가중된다. 서비스 호출은 다음과 같은 세 가지 상호작용의 영향을 받아 다차원적 결정 공간을 조성하기 때문이다.

통신 *communication*

연결 동기화 방식을 나타내며 동기 또는 비동기로 구분한다.

일관성 *consistency*

워크플로 통신이 원자적 일관성을 필요로 하는지 또는 최종 일관성을 활용하는지를 나타낸다.

조정 *coordination*

워크플로가 오케스트레이터를 활용하는지 또는 코레오그래피[choreography][7] 방식으로 통신하는지를 나타낸다.

통신

서로 통신하는 두 서비스를 바라보며 아키텍트는 근원적인 질문을 떠올린다. 이 **통신**[communication]은 동기화 방식이어야 하는가 아니면 비동기 방식이어야 하는가.

동기 통신은 [그림 5-10]처럼 요청자가 수신자의 응답을 기다려야 한다.

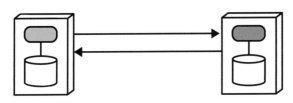

그림 5-10 동기 호출은 수신자의 응답을 기다린다

[그림 5-10]에서 호출 서비스는 동기 호출용 프로토콜(gRPC 등)을 이용해 상대를 호출하고, 수신자가 특정 값이나 상태 변화 또는 에러 조건 등을 반환할 때까지 작동을 멈추고 대기한다.

비동기 통신은 호출자가 수신자에게 메시지를 전송하며 시작된다. 메시지는 일반적으로 메시지 큐 등의 메커니즘을 통해 전송한다. 호출자는 메시지가 처리될 것임을 확인한 뒤 작업을 계속한다. 응답이 필요한 요청일 경우 수신자는 응답 큐를 이용해 호출자에게 결과를 알리고 응답을 전송한다. 이러한 과정이 [그림 5-11]에 담겨 있다.

---

7 옮긴이_중앙제어 또는 중재 서비스 없이 각 서비스가 직접 통신하는 방식. 주로 이벤트 브로커를 이용한다.

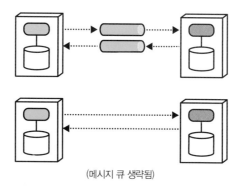

(메시지 큐 생략됨)

그림 5-11 비동기 통신의 병렬 처리

[그림 5-11]에서 호출자는 메시지를 큐에 게시하고 수신자의 응답을 받기 전까지 작업을 계속 처리한다. 수신자는 요청 받은 정보가 준비되면 반환 호출을 통해 이를 호출자에게 알린다. 일 반적으로 아키텍트는 메시지 큐를 이용해 비동기 통신을 구현한다. 그러나 이러한 큐를 일일 이 나타내면 그림이 지나치게 산만해지므로 생략하는 경우가 많다. [그림 5-11]의 상단 다이 어그램은 파이프 형태로 큐를 표현했으며 하단은 이를 생략했다. 물론 메시지 큐가 아니라도 아키텍트는 다양한 라이브러리나 프레임워크를 사용해 비동기 통신을 구현할 수 있다. [그림 5-11]의 두 다이어그램은 모두 비동기 통신을 의미하지만 아래 그림은 구현 세부 표현을 줄여 시각적인 요약 효과를 낸다.

아키텍트는 서비스 통신 방식을 선정하기 위해 여러 가지 중대한 트레이드오프를 고려해야 한 다. 통신 방식은 동기화, 에러 처리, 트랜잭션, 확장성, 성능 등에 영향을 미친다. 앞으로 이어 질 본문에서 이러한 문제들을 폭넓게 다룰 것이다.

일관성

일관성^{consistency}은 통신 호출을 주고받으며 준수해야 할 트랜잭션 무결성의 엄격함을 의미한다. 일관성 스펙트럼의 한쪽에는 원자 트랜잭션이, 반대쪽 끝에는 다양한 수준의 최종 일관성이 자 리잡고 있다. 원자 트랜잭션이란 요청 처리 결과의 완전한 성공 또는 완전한 무효^{all-or-nothing}를 보장하는 트랜잭션이다.

트랜잭션성^{transactionality}은 여러 서비스를 하나의 원자 트랜잭션으로 처리하는 특성을 의미한다. 이는 분산 아키텍처에서 가장 모델링하기 어려운 특성 중 하나이며, 그렇기에 서비스 간 트랜잭션은 지양하는 것이 좋다는 조언이 원칙처럼 여겨진다. 이 주제는 본서의 논의 범주를 벗어나며 『소프트웨어 아키텍처 The Hard Parts』(한빛미디어, 2022)에서 더 자세히 다룬다.

조정

조정coordination은 통신을 따라 모델링된 워크플로에 얼마나 많은 조정이 필요한지를 나타낸다. 마이크로서비스의 조정 패턴은 크게 **오케스트레이션**과 **코레오그래피**로 나뉜다. 단일 서비스가 요청에 응답하는 간단한 워크플로는 특별히 조정을 고려할 필요가 없다. 그러나 워크플로의 복잡도가 높아질수록 조정의 필요성도 증가한다.

통신, 일관성, 조정이라는 세 조건은 모두 아키텍트가 내려야 할 주요 결정에 영향을 미친다. 중요한 점은 아키텍트가 이들을 선택할 때 각각을 따로 떼어 고려하면 안 된다는 것이다. 이 조건들 사이에는 인력이 작용하고 있다. 가령 오케스트레이션 방식의 동기 아키텍처는 트랜잭션성을 달성하기 쉽다. 상대적으로, 최종 일관성과 코레오그래피 방식의 비동기 아키텍처는 높은 수준의 확장성을 갖추기 쉽다.

이렇듯 서로 연관된 세 방향의 힘이 작용한다고 가정하면 [그림 5-12]와 같은 3차원 공간이 성립된다.

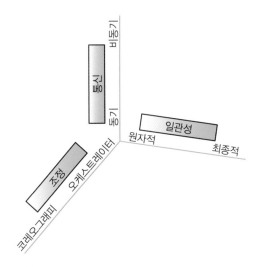

그림 5-12 동적 퀀텀 커플링의 차원 공간

[그림 5-12]는 서비스 통신에 작용하는 힘과 방향을 차원의 형태로 나타낸다. 아키텍트가 내리는 결정은 각 힘의 강도를 이용해 공간 상의 특정 위치로 나타낼 수 있다. 결합된 힘 중 한 가지를 변경하면 다른 힘도 영향을 받는다. 이러한 영향력을 조사하고 메트릭 형태로 취합한다면 그래프의 실용성이 한층 높아질 것이다.

5.3 계약

계약contract은 소프트웨어 아키텍처에 지속적으로 영향을 미치며 아키텍트의 거의 모든 결정에 관여하는 상존 요소다. 여기서 계약이란 아키텍처를 이루는 각 부분이 서로 연결되는 방식을 포괄적으로 의미한다. '계약'의 사전적 정의[8]는 다음과 같다.

계약

고용, 매매, 임차 등에 관한 법적 이행을 목적으로 작성된 문서, 또는 구두로 이루어진 합의

소프트웨어에서 계약은 사전적 의미보다 포괄적이며 아키텍처의 통합 지점 등을 묘사하는 용도로 쓰인다. 소프트웨어 개발 설계 프로세스에 쓰이는 계약의 형식은 매우 다양하다. SOAP, REST, gRPC, XML-RPC 등 각양각색의 약어로 이름 붙여진 계약들이 즐비하다. 그러나 이 책은 계약의 정의를 다음과 같이 확장하고 더욱 일관성 있게 사용할 것이다.

계약

아키텍처의 일부에서 정보 또는 의존성을 전달하는 용도로 쓰이는 일정한 양식

이러한 정의는 시스템의 각 부분을 '서로 엮을 때wire together' 사용되는 모든 기술을 포괄한다. 프레임워크 및 라이브러리의 전이 의존성, 내부 및 외부 통합 지점, 캐시, 통신 등이 모두 계약에 포함된다.

소프트웨어 아키텍처의 계약들은 [그림 5-13]과 같이 엄격함과 느슨함 사이의 넓은 범위에 걸쳐 다양하게 분포한다.

---

8 https://oreil.ly/bJa12

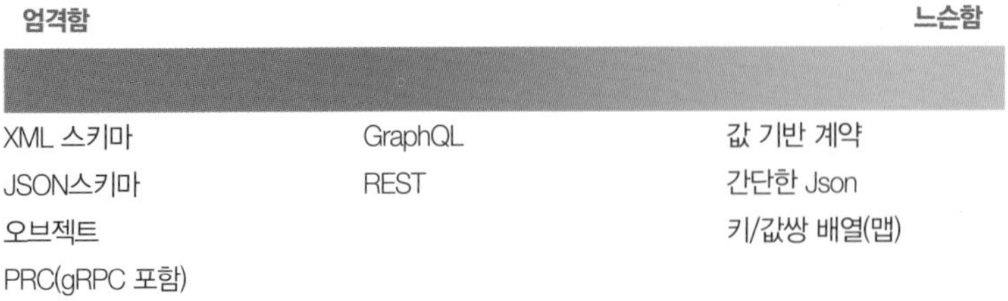

엄격함		느슨함
XML 스키마	GraphQL	값 기반 계약
JSON스키마	REST	간단한 Json
오브젝트		키/값쌍 배열(맵)
PRC(gRPC 포함)		

그림 5-13 엄격함과 느슨함 사이의 다양한 계약 유형

[그림 5-13]은 설명을 돕기 위해 몇 가지 계약 유형을 예시로 나열하고 있다. 엄격한 계약은 이름, 타입, 순서, 기타 모든 세부 규칙을 준수하며 모호한 구석을 남기지 않아야 한다. 소프트웨어의 계약 중 가장 엄격한 사례는 자바 RMI 등의 플랫폼 메커니즘을 이용하는 원격 메서드 호출이다. 이러한 원격 호출은 마치 내부 메서드를 호출하듯 이름, 매개변수, 타입, 기타 모든 세부 항목을 그대로 본뜬다.

엄격한 계약 형식은 메서드 호출의 의미 체계를 모방하곤 한다. 대부분의 개발자는 RPC를 변형한 다양한 프로토콜에 익숙하다. 전통적으로 RPC는 원격 프로시저 호출Remote Procedure Call의 약어로 쓰여 왔기 때문이다. gRPC[9]는 엄격한 계약을 기본으로 채택한 대표적인 원격 호출 프레임워크다.

많은 아키텍트가 엄격한 계약을 선호하는 이유는 이러한 계약이 내부 메서드 호출 동작을 의미론적으로 모델링하기 때문이다. 그러나 엄격한 계약은 통합 아키텍처의 취약점으로 발전할 위험이 있으므로 가급적 피하는 것이 좋다. 5.4절에서 다시 설명하겠지만, 동시다발적으로 빈번하게 변경되는 요소를 아키텍처의 여러 부분에서 사용하면 문제가 발생하기 쉽다. 계약은 분산 아키텍처에서 각 부분을 연결하는 역할을 하므로 이러한 조건에 부합한다. 계약이 자주 변경될수록 더 많은 문제가 다른 서비스로 전파된다. 따라서 아키텍트는 엄격한 계약을 채택할 의무가 없으며 그로 인한 이득이 있을 경우에만 사용해야 한다.

JSON[10]처럼 겉으로 느슨해 보이는 형식도 엄격한 계약으로 사용할 수 있다. [코드 5-1]은 엄격한 JSON 계약의 예시며 키/값 쌍으로 간단하게 스키마 규칙을 지정했다.

---

9 https://grpc.io
10 https://www.json.org/json-en.html

코드 5-1 엄격한 JSON 계약

```
{
    "$schema": "http://json-schema.org/draft-04/schema#",
    "properties": {
      "acct": {"type": "number"},
      "cusip": {"type": "string"},
      "shares": {"type": "number", "minimum": 100}
    },
    "required": ["acct", "cusip", "shares"]
}
```

[코드 5-1]에서 첫 번째 행은 JSON을 검증할 스키마 정의를 지정한다. 이어서 acct, cusip, shares라는 세 가지 프로퍼티를 해당 타입과 함께 정의하고, 마지막 줄은 셋 중 필수 속성을 정의한다. 이러한 방식으로 필수 필드와 타입이 지정된 엄격한 계약을 생성할 수 있다.

REST[11]와 GraphQL[12] 형식은 조금 더 느슨한 계약의 예시다. 이들은 서로 매우 다른 형식이지만 RPC 기반 형식보다 더 느슨한 커플링을 생성한다는 점에서 유사하다. REST의 경우 아키텍트는 메서드 또는 프로시저의 엔드포인트가 아닌 리소스를 모델링하는 방식으로 계약의 취약성을 낮춘다. 예를 들어 좌석을 조회하는 용도로 비행기 일부를 묘사하는 RESTful 리소스를 구축한다면, 나중에 엔진의 세부 정보가 리소스에 추가된다 해도 조회 쿼리는 여전히 잘 작동할 것이다. 즉 REST는 추가 정보가 기존 정보를 깨뜨리지 않는다.

마찬가지로, GraphQL은 분산 시스템의 각종 집계 데이터를 읽기 전용으로 제공한다. 광범위한 서비스를 호출하며 많은 비용을 소비하는 오케스트레이션 호출보다 효율적이다. Profile 계약을 두 가지 방식으로 표현한 [코드 5-2]와 [코드 5-3]의 GraphQL을 살펴보자.

코드 5-2 고객의 Wishlist Profile 표현형

```
type Profile {
    name: String
}
```

---

11 https://oreil.ly/3PFvE
12 https://graphql.org

```
type Profile {
    name: String
    addr1: String
    addr2: String
    country: String
    . . .
}
```

[코드 5-2]와 [코드 5-3]은 모두 프로필 정보를 표현하지만 각각이 담고 있는 값은 다르다. 이 코드의 시나리오에서 고객의 Wishlist는 고객명에 접근할 권한이 없으며 고유한 식별자만 알고 있다. 따라서 이 식별자를 이용해 고객 Profile을 매핑하고 고객명을 구해야 한다. 고객 Profile은 name 외에도 많은 정보를 담고 있다. 그러나 Wishlist가 Profile에서 관심을 두는 정보는 name뿐이다.

언젠가 필요할 것이라는 짐작만으로 Wishlist 계약에 처음부터 모든 정보를 포함시킨다면, 이는 스탬프 커플링stamp coupling[13]이라는 흔한 안티패턴의 함정에 빠지는 길이다. 스탬프 커플링은 불필요한 변경 지점을 만들어 아키텍처의 취약성을 높이지만 그에 반해 얻는 이득은 거의 없다. Wishlist가 Profile에서 고객명만 필요함에도 불구하고 (만일을 대비해) Profile의 모든 필드가 계약에 지정되어 있다면, Wishlist와 상관없는 Profile의 변경 사항으로 인해 계약은 깨지고 조정은 불가피해진다.

'알아야 할 것'만 아는 수준으로 계약을 유지한다면 의미론적 커플링과 필수 정보 사이에서 균형을 유지할 수 있을 뿐만 아니라 통합 아키텍처 취약점을 노출할 위험까지 방지할 수 있다.

계약 커플링의 스펙트럼 가장자리에는 YAML[14]이나 JSON처럼 극단적으로 느슨한 계약이 자리잡고 있다. [코드 5-4]는 이름/값 쌍으로 표현된 JSON 계약의 예시다.

코드 **5-4**. JSON의 이름/값 쌍

```
{
    "name": "Mark",
    "status": "active",
```

----

13 https://oreil.ly/Fk9tx
14 https://yaml.org

```
  "joined": "2003"
}
```

[코드 5-4]는 날것의 정보 외에는 아무 것도 없다. 메타데이터, 타입 정보 등의 추가 항목 없이 오로지 이름/값 쌍만 있다.

이렇듯 느슨한 계약을 활용하면 마이크로서비스 아키텍처의 주요 목표인 극도로 분리된 시스템을 구축할 수 있다. 그러나 느슨한 계약은 확신과 검증의 부재, 애플리케이션 로직 증가 등의 트레이드오프를 동반한다. 이러한 이유로 계약과 관련된 문제는 피트니스 함수를 이용해 대처하는 경우가 많다.

5.3.1 [사례 연구] 진화적 마이크로서비스 아키텍처

마이크로서비스 아키텍처는 아키텍처 요소들 사이에 물리적 경계 콘텍스트를 정의하며 변경 가능성이 있는 모든 부분을 캡슐화한다. 이러한 설계의 목표는 점진적인 변화를 수용하는 것이다. 마이크로서비스 아키텍처에서 경계 콘텍스트는 퀀텀 경계 역할을 겸하며 데이터베이스 서버 등의 의존 컴포넌트를 포함한다. 또한 검색 엔진이나 보고서 기능 같은 아키텍처 컴포넌트도 포함할 수 있다. 다시 말해 서비스의 전달 기능에 기여하는 모든 요소가 경계 콘텍스트 안에 담긴다. [그림 5-14]를 살펴보자.

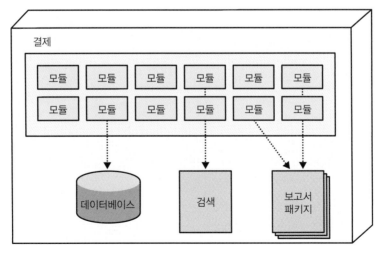

그림 5-14 서비스와 모든 의존 요소를 포함하는 마이크로서비스의 아키텍처 퀀텀

[그림 5-14]에서 서비스는 코드 컴포넌트, 데이터베이스 서버, 검색 엔진 컴포넌트를 포함한다. 마이크로서비스의 경계 콘텍스트 철학은 서비스를 구성하는 모든 요소를 운영화하는 것이다. 이러한 개념은 현대의 데브옵스 관행에 근간을 두고 있다. 이제부터 일반적인 아키텍처 패턴과 각각의 전형적인 퀀텀 경계를 알아볼 것이다.

과거에 서로 단절되어 있던 아키텍트와 운영은 진화적 아키텍처를 추구하기 위해 반드시 협력해야 한다. 아키텍처는 운영화되기 전까지 추상적인 상태에 머물러 있을 뿐이다. 그러므로 개발자들은 자신들의 컴포넌트가 실제 세계에서 어떻게 서로 맞물리는지 주의 깊게 지켜봐야 한다. 한편, 개발자들이 선택한 아키텍처 패턴과 무관하게 아키텍트는 명시적으로 퀀텀의 크기를 정의해야 한다. 작은 퀀텀은 작은 범위와 신속한 변경을 의미한다. 일반적으로, 작은 부품은 큰 부품보다 다루기 쉬운 법이다. 퀀텀의 크기는 아키텍처 내부에서 발생할 점진적 변화의 하한을 결정한다.

지속적 전달의 엔지니어링 관행과 경계 콘텍스트의 물리적 분할 원리를 조합하면 마이크로서비스 스타일과 더불어 아키텍처 퀀텀 개념의 철학적 토대가 형성된다.

계층 아키텍처는 주로 애플리케이션의 기술적 차원과 작동 원리에 초점을 맞춘다. 퍼시스턴스, UI, 비즈니스 원칙 등이 여기에 속하며 대부분의 소프트웨어 아키텍처 또한 이러한 차원에 주로 집중한다. 그러나 조금 다른 관점도 있다. 예를 들어 애플리케이션의 경계 콘텍스트 중 결제라는 중요한 요소가 있다고 가정해보자. 계층 아키텍처에서 이 콘텍스트는 어느 위치에 자리잡고 있을까? 기술 계층으로 나뉘어진 아키텍처에서 결제 같은 도메인 개념은 아키텍처의 여러 계층에 걸쳐 존재하게 된다. 이러한 아키텍처는 도메인 차원에 대응하는 명확한 개념이 존재하지 않는다. [그림 5-15]는 이를 잘 나타낸다.

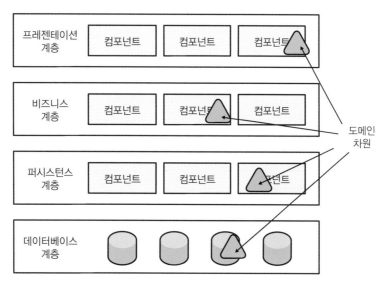

그림 5-15 기술적 아키텍처에 내장된 도메인 차원

[그림 5-15]에서 **결제**의 일부는 UI에서, 다른 일부는 비즈니스 계층에서, 퍼시스턴스는 퍼시스턴스 계층에서 처리된다. 계층 아키텍처는 도메인 개념을 수용하도록 설계되지 않았기에, 도메인 차원의 변경 사항이 발생하면 개발자는 그에 관련된 모든 계층을 수정해야 한다. 도메인 관점에서 본 계층 아키텍처는 발전 가능성이 전혀 없다. 결합도가 높은 아키텍처를 변경하기 어려운 이유는 개발자가 변경할 부분들이 강하게 결합되어 있기 때문이다. 그러나 대부분의 프로젝트에서 변경 사항의 공통 단위는 도메인 개념을 중심으로 뭉친다. 소프트웨어 개발팀이 계층 구조와 유사한 형태로 격리되어 있다면 **결제**를 변경하기 위해 여러 팀이 조정을 거쳐야 한다.

반면, [그림 5-16]처럼 **도메인** 차원이 기본 분리 조건으로 설계된 아키텍처를 살펴보자.

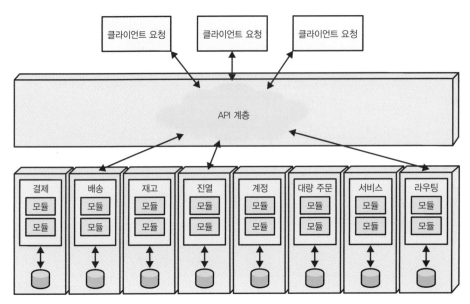

그림 5-16 도메인 경계로 분할되며 기술 아키텍처를 내장하는 마이크로서비스 아키텍처

[그림 5-16]에서 각 서비스는 DDD 개념에 입각해 정의된다. 또한 기술 아키텍처와 의존 컴포넌트(데이터베이스 등)를 경계 콘텍스트 내부에 캡슐화해서 결합도가 매우 낮은 아키텍처를 구축한다. 각 서비스는 경계 콘텍스트의 모든 요소를 '소유own'하고 REST나 메시지 큐 등을 통해 다른 경계 콘텍스트와 통신한다. 따라서 어떤 서비스도 다른 서비스의 세부 구현 정보(데이터베이스 스키마 등)를 알 수 없으며 부적절한 결합도 맺을 수 없다. 운영 면에서 이러한 아키텍처의 목표는 하나의 서비스를 새로운 서비스로 교체하는 동안 다른 서비스에 지장을 주지 않는 것이다.

마이크로서비스 아키텍처는 일반적으로 다음과 같은 7가지 원칙을 따른다.

1 비즈니스 도메인 중심 모델링

마이크로서비스 설계 원리는 기술 아키텍처가 아닌 비즈니스 도메인에 방점을 찍는다. 자연히 아키텍처 퀀텀도 경계 콘텍스트를 반영한다. 경계 콘텍스트가 Customer 등의 단일 엔티티를 나타낸다고 생각하는 개발자도 있지만 이는 잘못된 이해다. 실제로 경계 콘텍스트는 CatalogCheckout 등의 비즈니스 콘텍스트나 워크플로와 더 잘 어울린다. 마이크로서비스의 목표는 단순히 작은 서비스를 만드는 것이 아니라 쓸모 있는 경계 콘텍스트를 만드는 것이다.

마이크로서비스의 기술 아키텍처는 비즈니스 도메인을 기준으로 세워진 서비스 경계 내부에 캡슐화된다. 각 도메인은 물리적인 경계 콘텍스트를 형성한다. 서비스는 데이터베이스 스키마 등의 상세한 내부 정보를 노출할 필요 없이 메시지 또는 리소스를 주고받으며 서로 통합한다.

3 자동화 문화

마이크로서비스 아키텍처는 지속적 전달 기술을 수용한다. 배포 파이프라인을 거치며 엄격하게 코드를 테스트하고 머신 프로비저닝과 배포 등의 작업을 자동화한다. 특히 테스트 자동화는 환경의 변화가 급격할수록 유용하다.

4 고도의 분산성

마이크로서비스는 공유 요소가 전혀 없는 아키텍처를 추구하며 결합은 최대한 줄이는 것을 목표로 한다. 따라서 일반적으로 결합보다 중복을 선호한다. 예를 들면 CatalogCheckout 및 ShipToCustomer 서비스는 공통적으로 Item이라 불리는 개념을 보유한다. 이름이 같고 속성이 비슷한 개념이 두 곳에 있으므로 개발자는 이를 하나로 만들어 두 서비스에서 재사용하고 시간과 노력을 절약하려 한다. 그러나 이렇게 하면 공유 컴포넌트를 사용하는 모든 팀에 변경 사항이 전파되어야 하므로 오히려 노력이 더 들게 된다. 또한 서비스를 변경할 때마다 개발자는 공유 컴포넌트를 신경 써야 한다. 반면에 각 서비스가 자체적인 Item을 갖고 CatalogCheckout와 ShipToCustomer에 필요한 정보를 커플링 없이 전달할 수 있다면, 각 컴포넌트는 독립적으로 변경할 수 있다.

5 배포 독립성

개발자와 운영자는 다른 서비스나 인프라와 무관하게 각 서비스 컴포넌트를 독립적으로 배포함으로써 경계 콘텍스트를 물리적으로 표현한다. 한 서비스를 다른 서비스와 무관하게 배포할 수 있는 능력은 이 아키텍처 스타일의 중요한 이점 중 하나다. 게다가 개발자들은 통상적으로 병렬 테스트와 지속적 전달을 포함한 모든 배포와 운영 작업을 자동화한다.

6 장애 격리 *isolate failure*

개발자는 마이크로서비스의 콘텍스트 내부 장애와 서비스 조율 과정의 모든 장애를 격리해야 한다. 각 서비스는 에러 상황을 합리적으로 처리하고 가능하면 복구시켜야 한다. 서킷 브레이커Circuit Breaker 패턴, 벌크헤드bulkhead 패턴 등 데브옵스의 우수한 많은 관행이 이러한 아키텍처 환경에서 등장한다. 특히 마이크로서비스 아키텍처는 더욱 견고한 시스템을 만들기 위한 운영 원칙인 반응형 선언Reactive Manifesto[15]을 따르는 경우가 많다.

⑦ 높은 관찰 가능성 highly observable

개발자는 수백 또는 수천 개의 서비스를 일일이 모니터링할 수 없다. 한 명의 개발자가 관찰할 수 있는 멀티캐스트 SSH 터미널 세션이 최대 몇 개나 될까? 결국 모니터링과 로깅은 아키텍처의 최우선 관심사가 되어야 한다. 운영팀이 모니터링하지 못하는 서비스가 있다면 그 서비스는 사실상 존재하지 않는 것이나 마찬가지다.

마이크로서비스의 주요 목표는 물리적인 경계를 통해 도메인을 격리하고 문제 도메인을 이해하는 역량을 강조하는 것이다. 따라서 마이크로서비스의 아키텍처 퀀텀은 곧 서비스이며 이것이 마이크로서비스가 진화적 아키텍처의 훌륭한 표본인 이유다. 하나의 서비스가 발전하는 과정에서 데이터베이스를 변경해도 다른 서비스는 영향을 받지 않는다. 데이터베이스 스키마 같은 세부 구현 정보를 알 수 없도록 제한되기 때문이다. 물론 서비스를 변경하는 개발자는 서비스 통합 지점을 통해 이전과 동일한 정보를 전달해야 한다. 이를 소비자 주도 계약consumer-driven contract 등의 피트니스 함수로 보호하면 더욱 좋다. 변경된 서비스를 호출하는 서비스 개발자는 변경 사항에 대한 무지가 주는 행복을 만끽할 수 있다.

마이크로서비스가 진화적 아키텍처의 모범 사례라는 점을 감안하면 진화적 견지에서 좋은 점수를 얻는 것도 당연한 이치다.

점진적 변화

마이크로서비스 아키텍처는 점진적 변화의 두 요건을 쉽게 달성할 수 있다. 각 서비스는 도메인 개념에 맞추어 경계 콘텍스트를 형성하므로 변경 사항의 영향 범위가 해당 콘텍스트로 한정된다. 또한 마이크로서비스 아키텍처는 자동화된 지속적 전달 기술에 크게 의존하므로 배포 파이프라인과 현대적인 데브옵스 관행이 뒷받침되어야 한다.

---

15 http://www.reactivemanifesto.org

마이크로서비스 아키텍처는 원자, 전체 피트니스 함수를 손쉽게 구축할 수 있다. 각 서비스는 경계가 명확히 정의되어 있으므로 하나의 서비스 컴포넌트를 다양한 수준으로 테스트할 수 있다. 서비스들은 통합 단계에서 함께 조율해야 하며 마찬가지로 테스트가 필요하다. 마이크로서비스 개발 기술이 발전함에 따라 정교한 테스트 기술들이 함께 성장했다.

마이크로서비스 스타일에 명확한 이점이 있음에도 왜 개발자들은 일찍이 이 기술을 받아들이지 않았을까? 머신 프로비저닝 자동화는 몇 년 전까지만 해도 불가능한 작업이었다. 가상 머신(VM) 기술이 있었지만 수작업이 들어가야 했으며 시간도 오래 걸렸다. 운영체제는 라이선스를 구매해야 했으며 자동화 기능은 미미한 수준이었다. 실제 세계에 존재하는 예산상의 제약은 아키텍처에도 영향을 미친다. 이는 개발자들이 기술 계층을 나누고 점점 복잡한 공유 리소스 아키텍처를 구축하는 이유 중 하나다. 운영 비용이 많이 들고 작업이 번거롭다면 아키텍트는 운영 위주로 아키텍처를 구축하게 된다. 엔터프라이즈 서비스 버스를 중심으로 서비스 지향 아키텍처^{enterprise service bus-driven service-oriented architecture}를 구축할 때도 마찬가지다.

지속적 전달과 데브옵스 기술은 동적 균형을 흔드는 새로운 무게추를 더했다. 이제는 머신 정의까지 버전 제어에 포함되며 자동화 수준은 극한을 향해 고도화되고 있다. 배포 파이프라인은 지속적 배포의 안정성을 높이기 위해 병렬적 다중 테스트 환경을 구축한다. 소프트웨어 스택에서 오픈 소스의 비중이 높아지며 라이선스가 아키텍처에 미치는 영향은 현저히 줄어든다. 이렇듯 소프트웨어 개발 생태계에 새로운 기술과 가능성이 부상하자 기술 커뮤니티는 도메인에 더욱 집중된 아키텍처 스타일을 구축하는 방식으로 화답했다.

마이크로서비스 아키텍처에서 도메인은 아키텍처의 기술적 및 비기술적 요소를 모두 캡슐화시켜 도메인 차원의 진화를 촉진한다. 아키텍처를 바라보는 '올바른^{correct}' 관점은 따로 있지 않다. 프로젝트에 반영된 개발자의 목표를 바라보는 관점이 있을 뿐이다. 아키텍처의 기술적인 면에만 오롯이 초점을 맞추면 기술적 차원의 변경 사항은 손쉽게 적용할 수 있을지도 모른다. 그러나 도메인을 외면한 아키텍처는 도메인 진화의 관점에서 볼 때 커다란 진흙 공보다 나을 것이 없다.

5.4 재사용 패턴

산업적인 측면에서 보면 개발자는 다른 이들이 구축한 프레임워크와 라이브러리를 재사용하며 많은 혜택을 얻었다. 이러한 도구들은 대부분 오픈 소스이며 무료로 이용할 수 있다. 코드 재사용은 분명히 훌륭한 발상이다. 그러나 대부분의 훌륭한 아이디어가 그렇듯, 많은 기업이 이를 남용하면서 문제가 생기기 시작했다. 기업이 보기에 소프트웨어는 전자 부품처럼 조립할 수 있는 물건이며, 코드 역시 부품처럼 재사용하기를 원한다. 그러나 진정한 모듈형 소프트웨어가 어딘가에 존재한다는 믿음은 과거부터 지금까지 늘 우리를 속여왔다.

> 소프트웨어 재사용은 레고 블록 조립이 아닌 장기 이식에 가깝다.
>
> —존 D. 쿡 John D. Cook

언어를 설계하는 전문가들은 오래 전부터 레고 블록을 준다고 약속했지만 실제로 개발자들은 여전히 장기를 다루고 있는 듯하다. 소프트웨어 재사용은 쉬운 작업이 아니며 자동으로 진행되지도 않는다. 낙관적인 관리자들은 본질적으로 개발자들이 작성한 모든 코드가 재사용 가능하다고 간주하지만, 항상 그렇지만은 않다. 많은 회사가 실제로 재사용 가능한 코드를 작성하려 시도하고 또 일부는 성공한다. 그러나 이러한 코드는 저절로 얻어지는 것이 아니며 성공 확률도 낮다. 개발자는 재사용 가능한 모듈을 만들기 위해 많은 시간을 들이지만 결과물의 실질적인 재사용성은 그리 높지 않은 경우가 많다.

일반적으로 서비스 지향 아키텍처 service-oriented architecture (SOA)는 공통점을 찾아 최대한 재사용하는 것을 권장한다. 예를 들어 한 회사에 Checkout과 Shipping이라는 두 콘텍스트가 있다고 가정하자. SOA 아키텍트는 두 콘텍스트가 모두 Customer 개념을 포함한다는 사실을 확인하고, 두 Customer 서비스를 하나로 통합하도록 장려한다. 결과적으로 Checkout과 Shipping 서비스는 통합된 Customer 서비스와 각각 커플링을 생성한다. 이 예시에서 아키텍트는 SOA의 목표, 즉 궁극적인 정식성 canonicality을 추구한다. SOA에서 모든 서비스는 단 하나의 (공유된) 본거지 home를 갖는다.

역설적이게도, 개발자들이 코드의 재사용성을 높이기 위해 노력할수록 사용성은 낮아진다. 이상한 이야기지만 사실이다. 코드의 재사용성을 높이려면 다양한 사용 사례에 대응하기 위한 옵션과 판단 조건을 추가할 수밖에 없다. 재사용 조건을 활성화시킬 훅 hook을 추가할 때마다 코드의 기본적인 사용성 usability은 점점 더 큰 침해를 입는다.

다시 말해, 코드의 사용성은 코드의 재사용성과 반비례하는 경우가 많다. 재사용 가능한 코드를 작성하는 개발자는 최종적으로 그 코드를 사용하게 될 다른 개발자들을 고려해야 한다. 따라서 무수히 다양한 코드 사용 방식을 수용하는 기능을 일일이 추가할 수밖에 없다. 이런 방식으로 장래를 보장$^{future-proofing}$하기 위해 작성한 코드는 더 이상 하나의 목적으로 사용하기 어렵다.

마이크로서비스는 코드 재사용을 자제하며 커플링보다 중복을 선호하는 철학을 따른다. 재사용은 커플링을 의미하며, 마이크로서비스는 커플링을 극한까지 해체한 아키텍처다. 그러나 마이크로서비스의 진정한 목표는 중복 코드를 늘리는 것이 아니라 도메인 내부의 엔티티들을 서로 격리하는 것이다. 공통 클래스를 공유하는 서비스는 더 이상 독립적일 수 없다. 마이크로서비스에서 Checkout과 Shipping은 내부에서 자신만의 방식으로 Customer를 표현한다. 만약 두 서비스가 고객 정보를 매개로 협업한다면 관련 정보를 서로에게 전달해야 한다. 마이크로서비스 아키텍트는 두 서비스의 각기 다른 Customer 버전을 조정하고 통합하려 하지 않는다. 재사용성을 활용해 얻는 이득은 허상에 불과하며 그로 인한 커플링의 단점은 명백하다. 따라서 아키텍트는 중복도가 높아지는 단점을 이해하면서도 지나친 커플링이 유발하는 아키텍처 손상과 그로 인한 국지적 피해를 계산한 다음 양쪽을 상쇄시킨다.

코드 재사용은 편리한 자산인 동시에 잠재적인 책무이기도 하다. 코드를 재사용하며 도입한 커플링 지점이 아키텍처의 다른 목표와 상충하지 않는지 항상 확인해야 한다. 마이크로서비스 아키텍처에서 서비스 일부를 결합할 때는 일반적으로 서비스 메시의 도움을 받는다. 모니터링, 로깅 등의 아키텍처 관심사를 통합할 때 특히 유용하다.

5.4.1 효과적인 재사용 = 추상화 + 낮은 변동성

오늘날 많은 아키텍트가 직면한 공통의 과제는 완전한 재사용과 경계 콘텍스트 분리라는 두 기업 목표를 조율하는 것이다. 후자는 DDD에서 영감을 받은 목표다. 대규모 조직은 당연히 자신들의 생태계 전반에 걸쳐 재사용의 이점을 최대한 누리기를 원한다. 재사용하는 코드의 분량이 많을수록 새로 작성하는 코드의 분량은 줄어든다. 그러나 재사용은 많은 아키텍트가 기피하는, 지나치게 멀리까지 확장된 커플링을 낳는다.

5.4.2 사이드카 및 서비스 메시: 직교 운영 커플링

마이크로서비스 아키텍처의 설계 목표 중 하나는 높은 수준의 분리도다. 이 목표는 종종 '중복이 결합보다 낫다'는 금언으로 표현되곤 한다. PenultimateWidgets의 두 서비스를 예로 들어보자. 이 두 서비스는 모두 고객 정보를 전달하며, 도메인 주도 설계의 경계 콘텍스트 원칙에 따라 서비스의 세부 구현 사항을 내부에서 비공개로 유지한다. 이 경우 일반적으로 각 서비스는 내부에서 고유하게 **Customer** 엔티티를 표현하며 느슨하게 결합된 형식으로 전달한다. JSON의 이름/값 쌍을 생각하면 쉽다. 이러한 방식으로 각 서비스는 통합을 저해하지 않고 내부의 고객 표현과 기술 스택을 자유롭게 변경할 수 있다. 일반적으로 아키텍트는 중복 코드를 보며 눈쌀을 찌푸리곤 한다. 중복은 동기화, 의미론적 변화^{semantic drift} 등 기타 여러 문제를 유발하기 때문이다. 그러나 중복보다 더 해로운 힘이 작용할 때가 있는데, 마이크로서비스 아키텍처의 커플링이 바로 그런 존재에 해당한다. '이 기능은 중복과 커플링 중 어느 쪽에 적합한가'에 대한 대답은 상황에 따라 다르다. 마이크로서비스 스타일의 아키텍처는 중복을, SOA 기반 아키텍처는 커플링을 채택할 가능성이 높다.

마이크로서비스를 설계하는 아키텍트는 커플링을 지양하기 위해 현실적으로 중복 구현과 타협해야 한다. 그러나 모니터링, 로깅, 인증, 권한 관리, 서킷 브레이커 등의 기능도 마찬가지일까? 이들은 커플링을 이용하는 편이 이득인 운영 기능들이다. 각 팀이 이러한 의존성을 직접 관리하도록 허용하면 오히려 혼란을 야기할 수 있다. 예를 들어 PenultimateWidgets가 다양한 서비스를 쉽게 운영할 수 있도록 공통 모니터링 솔루션을 표준화한다고 가정해보자. 서비스 모니터링을 각 팀이 직접 구현한다면 운영팀은 그것을 어떻게 확인할 수 있을까? 또한 통합 업그레이드 등의 문제는 어떻게 처리해야 할까? 전사적으로 모니터링 도구를 업그레이드하는 경우 각 팀은 이를 어떻게 조율해야 할까?

몇 년 전 마이크로서비스 생태계에 등장한 사이드카 패턴^{sidecar pattern}은 이러한 문제를 우아하게 해결할 수 있는 대응책이다. 이 패턴은 알리스테어 콕번^{Alistair Cockburn}이 정의했으며 [그림 5-17]에 보이는 육각형 아키텍처^{Hexagonal architecture} 형태를 띤다.

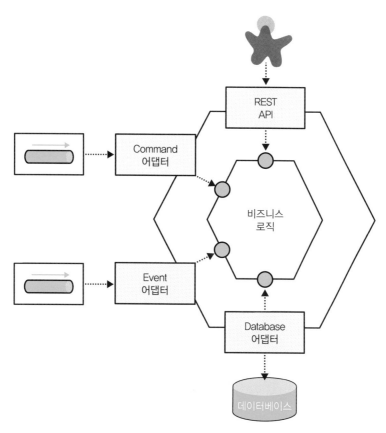

그림 5-17 도메인 로직을 기술적 커플링에서 분리하는 육각형 패턴

[그림 5-17]의 아키텍처는 현재 우리가 도메인 로직이라 부르는 부분이 육각형의 중심에 놓이며 나머지 생태계의 접점과 어댑터가 주위를 둘러싼다. 실제로 이 패턴은 **포트 및 어댑터 패턴**Port and Adpater pattern이라고도 부르며 마이크로서비스보다 몇 년 앞서 등장했다. 둘은 비슷한 부분도 있지만 데이터 정확성fidelity 면에서 가장 큰 차이를 보인다. 육각형 아키텍처에서 데이터베이스는 다른 요소와 마찬가지로 어댑터를 통해 끼워 넣는다. 그러나 DDD의 통찰에 의하면 데이터 스키마와 트랜잭션 또한 여타 마이크로서비스처럼 서비스 내부에 두어야 한다.

사이드카 패턴은 도메인 로직과 기술적(인프라) 로직을 분리한다는 점에서 육각형 아키텍처와 비슷하다. [그림 5-18]에 보이는 두 개의 마이크로서비스를 살펴보자.

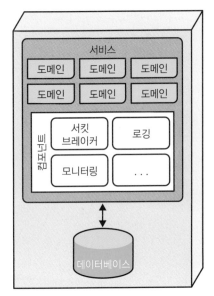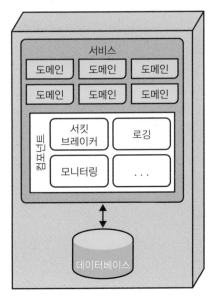

그림 5-18 동일한 운영 기능을 공유하는 두 개의 마이크로서비스

[그림 5-18]에서 각 서비스는 운영 관심사와 도메인 관심사를 포함한다. 전자는 그림 하단의 '컴포넌트' 영역에 있으며 후자는 그 위 여러 '도메인'들로 나타난다. 만일 아키텍트가 운영 기능의 일관성을 우선시한다면 분리 가능한 부분들을 모아 사이드카로 이동시켜야 한다. 사이드카라는 이름은 모터사이클에 부착하는 추가 좌석에서 유래했다. 이 구현체는 여러 팀이 공동으로 책임을 지고 관리하거나 중앙 집중식 인프라 조직에서 관리하는 것이 보통이다. 모든 서비스가 사이드카를 포함할 수 있다는 전제하에 아키텍트는 [그림 5-19]와 같이 서비스 플레인service plane을 통해 일관적인 운영 인터페이스를 구성할 수 있다.

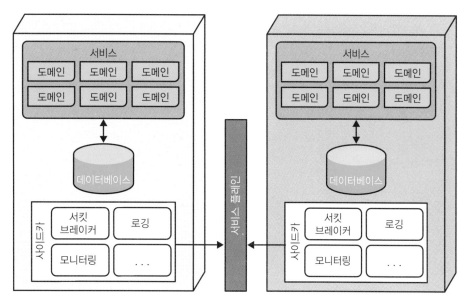

그림 5-19 공통 컴포넌트를 연결해 일관적 제어를 가능하게 한 마이크로서비스

아키텍트와 운영자는 피트니스 함수를 통해 모든 서비스가 사이드카 컴포넌트를 포함하도록 강제할 수 있다. 사이드카 컴포넌트가 공통적으로 탑재되면 [그림 5-20]처럼 서비스 메시^{service} ^{mesh}가 형성된다. 그림에서 각 상자들의 오른쪽 부분이 '메시'를 형성하는 내부 연결부에 해당한다.

메시가 갖춰지면 아키텍트와 데브옵스가 대시보드를 만들고 확장성 등의 운영 특성을 제어하거나 다양한 기능을 구현할 수 있다.

엔터프라이즈 아키텍트 그룹처럼 거버넌스를 담당하는 조직은 사이드카 패턴을 활용해 무분별한 폴리글랏^{polyglot} 환경의 난립을 합리적으로 제한할 수 있다. 마이크로서비스의 장점 중 하나는 공통 플랫폼이 아닌 통합에 의존한다는 것이다. 각 서비스를 담당하는 팀은 각자에게 맞는 복잡도와 기능을 선택할 수 있다. 그러나 플랫폼이 급격히 늘어나면 통합 거버넌스의 난이도도 급상승한다. 이런 경우 팀은 서비스 메시의 일관성을 동력으로 삼아 여러 이기종 플랫폼 사이에서 벌어지는 인프라 문제 및 교차 관심사를 함께 지원한다. 만일 엔터프라이즈 아키텍트가 서비스 메시 없이 공통 모니터링 솔루션을 통합한다면, 모든 팀은 플랫폼마다 사이드카를 하나씩 구축해야 할 것이다.

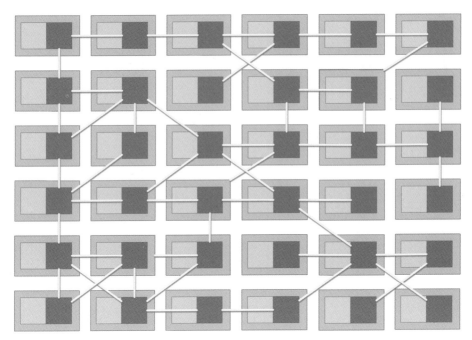

그림 5-20 서비스 메시는 서비스 간 운영 링크의 집합이다

사이드카 패턴은 도메인에서 운영 기능을 분리하는 해법일 뿐만 아니라 직교 커플링을 교정하는 **직교 재사용 패턴**orthogonal reuse pattern이기도 하다. 도메인과 운영의 커플링을 취급했던 방금 사례에서 보이듯, 아키텍처 솔루션은 다양한 유형의 커플링을 필요로 한다. 직교 재사용 패턴은 아키텍처에 존재하는 하나 이상의 연결부와 반대되는 측면을 재사용하는 방식을 의미한다. 예를 들어 마이크로서비스 아키텍처는 각 도메인을 중심으로 구성되지만 운영과 관련된 커플링은 도메인들을 가로지르며 형성되어야 한다. 사이드카를 사용하면 아키텍처 전체를 관통하는 관심사를 하나의 일관성 있는 계층으로 고립시킬 수 있다.

> **직교 결합**
>
> 직교의 수학적인 정의는 두 직선이 직각으로 교차한다는 뜻이다. 수학 외적으로는 독립성을 의미하기도 한다. 소프트웨어 아키텍처를 이루는 두 요소도 직교 결합하는 경우가 있다. 목적은 서로 다르지만 완전한 솔루션을 형성하기 위해 서로 교차해야만 하는 부분들이 이런 방식으로 결합한다. 이를 가장 단적으로 드러내는 예시는 모니터링 등의 운영 관심사다. 모니터링은 카탈로그나 결제 등의 도메인 행동과 달리 독립적으로 필요한 존재다. 아키텍트가 직교 결합을 제대로 이해하면 여러 관심사 사이에서 가장 간섭이 적은 교차점을 찾아낼 수 있다.

사이드카 패턴과 서비스 메시를 이용하면 여러 종류의 교차 관심사를 분산 아키텍처 전반에 효과적으로 분배할 수 있다. 또한 단순한 운영 커플링 도구 이상으로 활용하는 것도 가능하다. 이러한 패턴은 『GoF의 디자인 패턴』(프로텍미디어, 2015)에서 설명하는 데코레이터 패턴decorator pattern[16]에 해당한다. 이 기법을 통해 아키텍트는 일반적인 연결과 무관하게 독립적으로 분산 아키텍처의 동작을 '장식decorate'할 수 있다.

5.4.3 데이터 메시: 직교 데이터 커플링

분산 아키텍처의 동향을 주시하던 세막 데그하니Zhamak Dehghani와 몇몇 혁신가들은 마이크로서비스의 도메인 기반 디커플링에서 한 가지 아이디어를 떠올렸다. 서비스 메시와 사이드카 패턴을 데이터 분석 분야에 적용하는 것이었다. 이전 절에서 설명했다시피 사이드카 패턴은 서비스를 서로 엮지 않으면서nonentangling 직교 커플링을 구성하는 수단이다. 운영 데이터와 분석 데이터도 비슷한 원리로 커플링을 맺을 수 있지만 단순한 운영 커플링보다는 조금 더 복잡하다.

데이터 메시의 정의

데이터 메시는 분산 처리 개념을 적용해 분석 데이터를 공유, 접근, 관리하는 기법이다. 보고서, ML 훈련 모델, 인사이트 도출 등의 분석 활용 사례에 두루 적용된다. 데이터 메시는 과거와 달리 데이터의 아키텍처 및 소유권이 비즈니스 도메인과 일치하며 P2Ppeer-to-peer 방식으로 소비할 수 있다.

데이터 메시는 다음과 같은 원칙을 기반으로 성립된다.

> **데이터의 도메인 소유권**
>
> 데이터의 소유권은 데이터와 가장 친숙한 도메인이 가진다. 즉 데이터의 출처 또는 데이터의 일급first-class 소비자가 데이터를 소유하고 공유한다. 데이터 웨어하우스warehouse 또는 데이터 레이크lake의 중앙 집중식 저장소는 중간 변환 단계를 거쳐 데이터를 제공한다. 그러나 데이터 메시 아키텍처는 여러 도메인에서 P2P 방식으로 데이터를 분산 공유하거나 접근할 수 있다.

---

16 https://oreil.ly/BSM1F

제품으로서의 데이터 *data as a product*

데이터의 고립을 방지하고 공유를 장려하기 위해 데이터 메시는 데이터에 제품의 개념을 도입한다. 도메인은 조직의 데이터를 소비하는 사용자에게 긍정적인 경험을 주는 방식으로 데이터를 제공해야 한다. 또한 여기에 필요한 조직의 역할을 정의하고 성공 지표를 수립한다. 이러한 원칙은 데이터 제품 퀀텀이라는 새로운 아키텍처 퀀텀을 이끌어낸다. 데이터 제품 퀀텀의 목표는 안전하고 품질 높은 데이터를 적시에 제공하는 한편 소비자가 쉽게 발견하고 이해할 수 있도록 관리하는 것이다. 이번 장은 데이터 제품 퀀텀의 구조적 측면을 소개한다.

자가 서비스 데이터 플랫폼 *self-serve data platform*

도메인팀이 데이터 제품을 구축하고 유지 관리할 수 있도록 데이터 메시는 자가 서비스 플랫폼 기능을 제공한다. 이 기능은 데이터 제품 개발자와 소비자의 경험을 개선하는 데 중점을 둔다. 데이터 제품의 선언적 생성, 검색 및 브라우징을 이용한 메시 전체 데이터의 검색 가능성, 데이터 계보 등의 지능형 그래프 생성이 이러한 기능들에 속한다.

전산 연합 거버넌스 *computational federated governance*

이 원칙은 데이터의 분산된 소유권을 극복하고 조직 전체의 거버넌스 요구 사항이 모든 도메인에서 일괄적으로 충족되도록 보장한다. 컴플라이언스, 보안, 개인 정보 보호, 데이터 품질, 데이터 제품의 상호 운용성 등의 관심사가 모두 이 원칙의 관리 대상이다. 데이터 메시는 도메인 데이터 제품 소유자로 구성된 연합 의사 결정 모델을 도입한다. 이들이 공식적으로 채택한 정책은 자동화를 거쳐 모든 데이터 제품에 코드로 내장된다. 이러한 거버넌스 방식은 아키텍처 면에서 데이터 제품 퀀텀에 사이드카를 더하는 방식으로 구현된다. 사이드카는 정책을 저장하고 실행하며 데이터를 읽고 쓰는 접근 지점이 된다.

데이터 메시는 광범위한 주제며 『Data Mesh』(O'reilly, 2022)에서 더 자세히 다루고 있다. 이번 장은 핵심 아키텍처 요소인 데이터 제품 퀀텀에 초점을 맞춘다.

데이터 제품 퀀텀

데이터 메시의 핵심 원리는 마이크로서비스로 대표되는 현대적 분산 아키텍처를 전제로 세워진다. 서비스 메시와 마찬가지로 데이터 제품 퀀텀 data product quantum (DPQ)은 서비스에 인접한 거리에서 서비스와 커플링을 이룬다. 이러한 구조가 [그림 5-21]에 표현되어 있다.

[그림 5-21]의 알파 서비스는 행동 및 트랜잭션(운영) 데이터를 모두 포함하고 있다. 이 서비스가 소속된 도메인은 데이터 제품 퀀텀도 포함하며, 데이터 제품 퀀텀은 시스템 전체의 분석 및 보고서 인터페이스 역할을 하는 코드와 데이터를 담고 있다. DPQ는 독립적으로 운영되지만 강하게 결합된 행동과 데이터로 이루어진다.

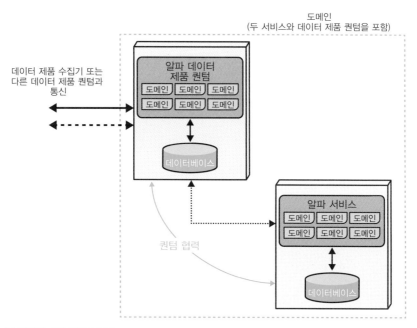

그림 5-21 데이터 제품 퀀텀의 구조

현대의 아키텍처는 일반적으로 다음과 같은 유형의 DPQ를 보유한다.

원천 DPQ*Source-aligned (native) DPQ*

협업 대상 아키텍처 퀀텀을 대신해 분석 데이터를 제공한다. 협업 대상은 주로 마이크로서비스이며, 협력 퀀텀이라고도 부른다.

집계 DPQ*aggregate DPQ*

집계 DPQ는 동기 또는 비동기 방식으로 여러 입력으로부터 데이터를 집계한다. 비동기 요청으로 집계해도 상관없는 데이터도 있지만, 그렇지 않을 경우 집계 DPQ는 원천 DPQ에 동기 쿼리 방식으로 데이터를 조회하기도 한다.

분석 보고서, 비즈니스 인텔리전스, 머신 러닝 등의 특정 요구 사항에 대응하는 맞춤형 DPQ.

하나의 도메인은 다양한 분석 유형과 아키텍처 특성에 따라 여러 DPQ를 포함할 수 있다. 가령 일부 DPQ는 다른 것들보다 특별히 성능이 좋아야 한다.

[그림 5-22]의 도메인은 각각 분석 및 비즈니스 인텔리전스에 기여하는 DPQ를 포함한다.

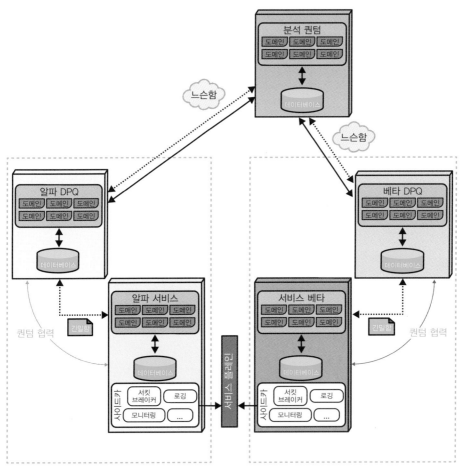

그림 5-22 데이터 제품 퀀텀은 서비스와 독립적이지만 강하게 결합된 부속품

[그림 5-22]에서 DPQ는 서비스를 구현하는 도메인팀에 소속된 컴포넌트다. DPQ의 정보는 데이터베이스에 저장된 정보와 일부 중첩되며 외부 도메인과 비동기적으로 상호작용한다. 데이터 제품 퀀텀은 분석 및 비즈니스 인텔리전스용 데이터를 보유할 뿐만 아니라 직접 행동을 하는 경우도 있다.

각 데이터 제품 퀀텀은 서비스의 협력 퀀텀이기도 하다.

협력 퀀텀 *cooperative quantum*

운영적으로 분리된 퀀텀이며 비동기 및 최종 일관성 방식으로 협력 대상과 통신한다. 일반적으로 협력 대상과는 견고한 계약을, 분석 퀀텀과는 느슨한 계약 결합을 맺는 경우가 많다. 분석 퀀텀은 보고서, 분석, 비즈니스 인텔리전스 등을 담당한다.

두 협력 퀀텀은 독립적으로 운영되며 데이터의 양면을 각각 나타낸다. 한쪽은 서비스의 운영 데이터, 다른 한 쪽은 데이터 제품 퀀텀의 분석 데이터다.

시스템의 일부는 분석 및 비즈니스 인텔리전스를 책임지며 자신만의 도메인과 퀀텀을 형성한다. 이러한 분석 퀀텀은 개별 데이터 제품 퀀텀과 정적 퀀텀 결합을 생성해 정보를 수집하며, 요청 형식에 따라 동기 또는 비동기 방식으로 DPQ를 호출한다. 예를 들어 일부 DPQ는 분석 DPQ가 동기 쿼리를 수행할 수 있도록 SQL 인터페이스를 제공한다. 여러 DPQ에 걸쳐 정보를 집계하는 경우도 있다.

데이터 메시는 마이크로서비스 아키텍처와 분석 데이터가 혁신적 메시업을 이룬 놀라운 사례인 동시에 분산 아키텍처에서 직교 결합을 관리기 위한 훌륭한 로드맵이다. 사이드카와 협력 퀀텀의 개념을 통해 아키텍트는 하나의 아키텍처 위에 다른 아키텍트를 선택적으로 '포갤 overlay' 수 있다. 또한 도메인을 원하는 대로 모델링(DDD)할 수 있으며 관심사를 분리하고 필요에 따라 적절히 관리할 수 있다.

요약

아키텍처 구조가 소프트웨어 시스템 발전에 미치는 영향을 이해하는 것은 아키텍트의 핵심 역량이다. 다양하게 이름 붙여진 아키텍처 스타일이 많지만 진화성을 결정하는 최우선 과제는 결국 커플링 제어다. 동조성의 지역 속성, DDD의 경계 콘텍스트, 어느 쪽의 영감을 받았든 마찬가지다. 구현 커플링의 범위를 통제하는 것이야 말로 진화 가능한 아키텍처를 구축하는 핵심 원리다.

긴밀한 커플링 지점이 없더라도 아키텍처의 각 부분은 계약을 통해 서로 통신할 수 있다. 느슨하게 정의된 커플링 지점, 유연한 계약, 계약 피트니스 함수 등을 적절히 활용한다면, 아키텍트는 요구 사항을 충족시키는 동시에 변화와 거버넌스를 거스르지 않는 시스템을 정의할 수 있다.

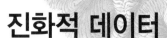

CHAPTER 6

진화적 데이터

관계형이든 아니든 데이터 저장소는 현대 소프트웨어 프로젝트의 기본 사양이 되었다. 그러나 데이터는 아키텍처 커플링보다 더 골치 아픈 결합 구조를 형성하곤 한다. 일반적으로 데이터를 관장하는 팀은 단위 테스트나 점진적인 개선 또는 리팩터링 등의 엔지니어링 관행에 익숙하지 않다. 게다가 데이터베이스가 통합 지점에 자리 잡은 경우 잠재적인 파급효과를 우려해 더욱 소극적인 태도로 변화에 대처하는 경우가 많다.

데이터는 진화적 아키텍처 설계에서 매우 중요하게 다루는 차원이다. 특히 마이크로서비스 아키텍처는 데이터 파티셔닝, 의존성, 트랜잭션성 등을 더욱 심도 깊게 고려해야 한다. 이들은 모두 전통적으로 데이터팀의 관할 영역에 국한되었던 분야다. 본서에서 진화적 데이터베이스 설계의 모든 면을 다루기는 어렵다. 그러나 프라모드 사달게이와 스콧 앰블러^{Scott Ambler}는 『리팩터링 데이터베이스』(위키북스, 2007)라는 훌륭한 저서를 집필했었다. 진화적 아키텍처에 관련된 데이터베이스 설계는 본서에서, 그 외의 주제는 해당 도서를 참고하면 좋다.

6.1 진화적 데이터베이스 설계

진화적 데이터베이스 설계란 요구 사항의 변화에 따라 발전하는 데이터베이스를 구축하는 것이다. 데이터베이스 스키마의 추상화 개념은 클래스 계층 구조와 유사하다. 개발자와 데이터팀은 데이터베이스 설계를 통해 실제 세계를 추상화시킨다. 실제 세계에서 발생하는 변화는 반드시 이 추상화에 반영되어야 한다. 그렇지 않으면 추상화는 점점 실제 세계와 유리된 존재로 전락하고 말 것이다.

6.1.1 진화적 스키마

변화에 따라 진화하는 시스템을 구축하는 동시에 관계형 데이터베이스 같은 기성 도구도 함께 사용하려면 어떻게 해야 할까? 진화적 데이터베이스 설계의 핵심은 진화하는 스키마이며, 이는 코드를 통해 실현할 수 있다. 지속적 전달은 외부로부터 고립되어 있던 과거의 데이터 취급 관행을 현대적 소프트웨어 프로젝트의 피드백 순환 관행으로 전환하는 효과를 낸다. 개발자는 데이터베이스 변경 사항을 마치 소스 코드처럼 테스트하고, 버전을 매기고, 증분 형태로 관리해야 한다.

테스트

데이터팀과 개발자는 데이터 안정성을 확보하기 위해 데이터베이스 스키마의 변경 사항을 엄격하게 테스트해야 한다. 개발자가 객체 관계형 매퍼 object relational mapper (ORM) 등의 데이터 매핑 도구를 사용하는 경우, 피트니스 함수를 통해 매핑 코드와 스키마를 항상 동기화시키는 것이 좋다.

버전 관리

개발자와 데이터팀은 데이터베이스 스키마와 관련 코드에 버전을 지정해야 한다. 소스 코드와 데이터베이스 스키마는 공생 관계에 있으며 한쪽만으로 제 기능을 하지 못한다. 이러한 필연적인 결합을 인위적으로 분리하는 엔지니어링 관행은 불필요하며 비효율적이다.

증분 변경

시스템이 발전하며 소스 코드 변경 기록이 쌓이듯 데이터베이스 스키마의 변경 사항도 증분 방식으로 기록해야 한다. 데이터베이스 스키마를 다루는 최근의 엔지니어링 관행은 수동 업데이트를 지양하고 자동화된 마이그레이션 도구를 선호하는 추세다.

데이터베이스 마이그레이션 도구는 배포 파이프라인을 통해 증분 변경 작업을 자동으로 수행하는 유틸리티다. 간단한 명령줄 도구부터 정교한 프로토IDE^{proto-IDE}에 이르기까지 다양한 종류가 있다. 데이터베이스 마이그레이션은 [코드 6-1]처럼 간단한 스크립트에서 시작된다. 이러한 변경 단위를 델타^{delta}라 부르기도 한다.

코드 6-1 간단한 데이터베이스 마이그레이션

```
CREATE TABLE customer (
        id BIGINT GENERATED BY DEFAULT AS IDENTITY (START WITH 1) PRIMARY KEY,
        firstname VARCHAR(60),
        lastname VARCHAR(60)
);
```

마이그레이션 도구는 [코드 6-1]의 SQL 구문을 읽고 개발자의 데이터베이스 인스턴스에 자동으로 적용한다. 추후 이곳에 생년월일 항목을 추가하려면 [코드 6-2]처럼 원래 구조를 수정하는 마이그레이션 스크립트를 만들면 된다.

코드 6-2 기존 테이블에 생년월일을 추가하는 마이그레이션

```
ALTER TABLE customer ADD COLUMN dateofbirth DATETIME;
```

한 번 실행한 마이그레이션은 되돌릴 수 없다고 간주한다. 마이그레이션으로 인한 변경 사항은 복식 부기[1]처럼 다루어야 한다. 예를 들어 어느 개발자가 [코드 6-2]의 마이그레이션을 24번째 마이그레이션으로 작성하고 실행했다고 가정하자. 시간이 지나 개발자가 다시 dateofbirth 컬럼이 필요 없다는 사실을 깨닫는다 해도 이미 실행한 24번째 마이그레이션과 dateofbirth 컬럼을 간단히 제거할 수는 없다. 해당 마이그레이션을 실행한 이후의 모든 코드는 dateofbirth 컬럼이 있다는 전제로 작성되었기 때문이다. 소스 코드는 버그 수정 등의 이유로 과거 버전을 복구할 수 있어야 한다. 그러나 만일 24번째 마이그레이션을 제거해버리면 프로젝트 소스 코드를 되돌린다 해도 해당 시점 이후의 테이블 구조는 재현할 수 없다. 게다가 이러한 변경 사항을 이미 적용한 환경은 생년월일 컬럼이 존재하므로 환경 간에 스키마가 일치하지 않는 문제가 발생한다. 따라서 생년월일 컬럼은 새로운 마이그레이션을 추가하는 방식으로 제거해야 한다.

---

1 옮긴이_복식 부기의 대차평균원리, 자가검증기능 등의 특성은 증분 마이그레이션의 요건과 비슷한 면이 있다.

[코드 6-2]는 기존 스키마를 수정하고 신규 컬럼을 추가하는 스크립트다. 일부 마이그레이션 도구는 여기에 [코드 6-3]처럼 undo 작업을 추가한다. undo 기능을 이용해 개발자는 마이그레이션 전과 후로 스키마 버전을 이동시킬 수 있다. 예를 들어 프로젝트를 101 버전에서 95 버전으로 되돌린다고 가정해보자. 소스 코드는 버전 관리 시스템을 통해 간단히 95 버전으로 전환할 수 있다. 그러나 데이터베이스 스키마를 정확히 95 버전으로 되돌리려면 어떻게 해야 할까? undo 기능이 있다면 원하는 시점까지 역순서로 마이그레이션을 'undo'하며 95 버전의 데이터베이스 스키마를 복원할 수 있다.

코드 6-3 생년월일 추가 마이그레이션과 undo

```
ALTER TABLE customer ADD COLUMN dateofbirth DATETIME;
--//@UNDO

ALTER TABLE customer DROP COLUMN dateofbirth;
```

그러나 undo 기능은 세 가지 이유로 많은 팀에게 외면받았다. 첫째, 직전 버전으로 돌아가지 못한다 해도 지금까지의 모든 마이그레이션이 기록되어 있다면 개발자는 언제든 특정 시점의 데이터베이스를 구축할 수 있다. 방금 예시 상황에서 개발자가 버전 1부터 95까지 차례대로 빌드하면 undo 기능과 같은 결과를 얻는다. 둘째, 정방향과 역방향 변환의 정확성을 모두 보장해야 하는 부담이 있다. undo 기능이 온전히 제구실하려면 역방향 전환 테스트가 추가로 필요하며 개발자의 부담은 두 배로 늘어날 가능성이 크다. 셋째, 다양한 undo 기능에는 다양한 난제가 뒤따른다. 가령 테이블 삭제 마이그레이션 이후 undo 기능으로 데이터를 복구하려면 어떻게 해야 하는가? 테이블 삭제 시 DROPPED_ 접두사를 붙여 보존할 것인가? 설령 그렇게 한다 해도 다른 모든 테이블은 끊임없이 변경될 것이며 DROPPED 테이블 데이터는 이내 기존 데이터와의 연관성을 잃게 될 것이다.

데이터베이스 마이그레이션을 통해 DB 관리자와 개발자는 스키마와 코드의 변화를 증분 형식으로 관리할 수 있다. 스키마의 변경 사항은 이제 별개의 존재가 아닌 전체적인 변화의 일부로 취급된다. 또한 증분 변경은 배포 파이프라인 피드백 순환 과정에 통합된다. 따라서 각종 DB 작업과 초기 검증 절차를 프로젝트 빌드 주기에 맞추어 자동화할 수 있다.

6.1.2 공유 데이터베이스 통합

일반적으로 쓰이는 **공유 데이터베이스 통합** 패턴은 [그림 6-1]처럼 데이터베이스를 공유 메커니즘으로 사용하는 통합 패턴이다.

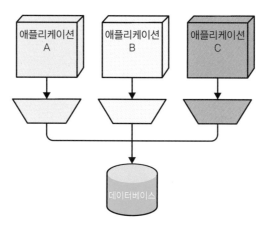

그림 6-1 통합 지점으로 쓰이는 데이터베이스

[그림 6-1]에서 세 개의 애플리케이션은 하나의 관계형 데이터베이스를 공유한다. 많은 프로젝트가 이러한 통합 스타일을 기본으로 채택한다. 관리의 편의성을 높이고자 모든 프로젝트가 하나의 관계형 데이터베이스를 사용함에도 불구하고, 프로젝트 사이에 데이터를 공유하지 말아야 할 이유가 있을까? 아키텍트는 이 질문에 즉시 대답할 수 있어야 한다. 데이터베이스를 통합 지점으로 활용하면 이를 공유하는 모든 프로젝트에서 스키마가 고착화될 우려가 있다.

DB를 중심으로 결합된 애플리케이션 중 하나가 기능을 개선하기 위해 스키마를 변경하면 어떻게 될까? 만일 애플리케이션 A가 스키마를 변경하면 다른 두 애플리케이션은 잠재적인 장애 위험에 처한다. 이렇듯 문제의 소지가 있는 커플링을 해소하는 일반적인 리팩터링 패턴이 바로 **확장/수축 패턴**expand/contract pattern이다. [그림 6-2]는 데이터베이스 작업 과정의 전환 단계transition phase를 묘사한다. 많은 데이터베이스 리팩터링 기법이 이러한 전환 단계를 두어 리팩터링 타이밍 문제를 해결한다.

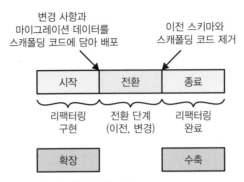

그림 6-2 데이터베이스 리팩터링에 사용되는 확장/수축 패턴

확장/수축 패턴에서 리팩터링 작업은 시작 상태와 종료 상태 사이에 **이전** 상태와 **변경** 상태가 동시에 존재한다. 전환 기간 동안 이전 버전과의 호환성을 보장하면, 엔터프라이즈 시스템의 여러 부분이 해당 변경 사항을 수용하기까지 충분한 시간 여유가 생긴다. 이러한 전환 상태는 조직의 규모에 따라 며칠에서 몇 달까지 지속되기도 한다.

확장/수축의 예시를 살펴보자. PenultimateWidgets는 마케팅 용도로 사용하는 name 컬럼을 firstname과 lastname으로 분리하려 한다. 비교적 평범한 축에 드는 이러한 진화적 변경 사항은 [그림 6-3]과 같은 시작, 확장, 수축 상태에 따라 진행된다.

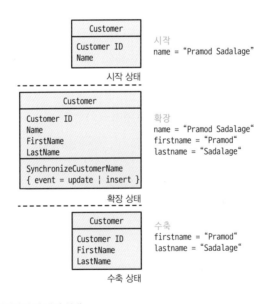

그림 6-3 확장/수축 리팩터링의 세 가지 상태

[그림 6-3]의 초기 상태는 전체 name을 하나의 컬럼에 저장한다. 전환이 진행되는 동안 PenultimateWidgets 데이터팀은 데이터베이스 통합 지점이 손상되지 않도록 두 버전을 모두 유지해야 한다. name 컬럼을 firstname과 lastname으로 분할하는 구체적인 방법은 상황 조건에 따라 조금씩 다르다.

조건 1: 통합 지점 없음, 레거시 데이터 없음

이 경우 개발자는 다른 시스템을 고려하거나 기존 데이터를 관리할 필요가 없으므로 [코드 6-4]와 같이 신규 컬럼을 추가하고 이전 컬럼을 삭제하면 된다.

코드 6-4 통합 지점이 없고 레거시 데이터가 없는 단순한 조건

```
ALTER TABLE customer ADD firstname VARCHAR2(60);
ALTER TABLE customer ADD lastname VARCHAR2(60);
ALTER TABLE customer DROP COLUMN name;
```

이렇듯 리팩터링 과정은 매우 간단하다. 데이터팀은 관련 작업을 마치고 바로 상시 업무로 복귀할 수 있다.

조건 2: 레거시 데이터 존재, 통합 지점 없음

이 시나리오는 기존 데이터를 신규 컬럼으로 마이그레이션하지만 외부 시스템은 염려할 필요가 없다. [코드 6-5]처럼 기존 컬럼에서 정보를 추출하는 기능을 구현해 데이터를 마이그레이션해야 한다.

코드 6-5 레거시 데이터가 존재하며 통합 지점은 없는 조건

```
ALTER TABLE Customer ADD firstname VARCHAR2(60);
ALTER TABLE Customer ADD lastname VARCHAR2(60);
UPDATE Customer set firstname = extractfirstname (name);
UPDATE Customer set lastname = extractlastname (name);
ALTER TABLE customer DROP COLUMN name;
```

기존 데이터를 추출하고 마이그레이션하는 부분이 있지만, 이번 시나리오도 간단하게 처리할 수 있다.

조건 3: 기존 데이터 존재, 통합 지점 존재

가장 복잡한 동시에 불행히도 가장 일반적인 시나리오다. name 컬럼에 의존하는 외부 시스템이 존재하며 각 시스템 담당 부서가 적시에 변경 사항을 반영하지 못하는 상황이다. 이러한 상황을 고려해 기존 데이터를 신규 컬럼으로 마이그레이션해야 한다. [코드 6-6]의 SQL을 살펴보자.

코드 6-6 레거시 데이터 및 통합 지점이 존재하는 복잡한 조건

```
ALTER TABLE Customer ADD firstname VARCHAR2(60);
ALTER TABLE Customer ADD lastname VARCHAR2(60);

UPDATE Customer set firstname = extractfirstname (name);
UPDATE Customer set lastname = extractlastname (name);

CREATE OR REPLACE TRIGGER SynchronizeName
BEFORE INSERT OR UPDATE
ON Customer
REFERENCING OLD AS OLD NEW AS NEW
FOR EACH ROW
BEGIN
  IF :NEW.Name IS NULL THEN
    :NEW.Name := :NEW.firstname¦¦' '¦¦:NEW.lastname;
  END IF;
  IF :NEW.name IS NOT NULL THEN
    :NEW.firstname := extractfirstname(:NEW.name);
    :NEW.lastname := extractlastname(:NEW.name);
  END IF;
END;
```

[코드 6-6]은 외부 시스템이 기존 데이터를 동일하게 사용할 수 있도록 트리거를 추가한다. 이 트리거는 name 컬럼이 입력됐을 경우 firstname과 lastname 컬럼으로 나누고, firstname 과 lastname이 입력됐을 경우 둘을 결합해 name 컬럼에 입력한다. 결과적으로 스키마 변경 전과 후 어느 쪽이든 문제없이 데이터에 접근할 수 있다.

추후 모든 외부 시스템이 새로운 스키마 구조(이름이 둘로 나뉜)에 접근하도록 변경되면 다음과 같이 컬럼을 삭제하며 수축 단계를 완료할 수 있다.

```
ALTER TABLE Customer DROP COLUMN name;
```

데이터의 양이 많고 컬럼 삭제 시간이 오래 걸릴 때는 다음과 같이 해당 컬럼을 '미사용' 상태로 설정하는 방법도 있다. 이 기능은 데이터베이스에 따라 다르다.

```
ALTER TABLE Customer SET UNUSED name;
```

레거시 컬럼 삭제 후 기존 값을 조회하고 싶다면 조회용 컬럼을 만들면 된다. 다음과 같이 함수형 컬럼을 만들고 읽기 권한을 설정하면 레거시 컬럼의 값을 확인할 수 있다.

```
ALTER TABLE CUSTOMER ADD (name AS
        (generatename (firstname,lastname)));
```

이렇듯 각 시나리오마다 데이터팀과 개발자는 데이터베이스 기본 기능을 활용해 진화 가능한 시스템을 구축할 수 있다.

확장/수축은 병렬 변경 parallel change[2] 패턴의 일종이다. 이번 절의 예시는 하위 호환을 보장하지 않는 인터페이스 변경 작업이다. 병렬 변경 패턴은 이런 종류의 작업을 안전하게 완수하는 기법을 폭넓게 일컫는다.

6.2 부적절한 데이터 얽힘

데이터와 데이터베이스는 대부분의 현대 소프트웨어 아키텍처에서 핵심부에 자리잡고 있다. 아키텍처를 발전시키고자 하는 개발자는 이러한 핵심 요소를 무시해서는 안 된다.

데이터베이스 또는 데이터팀은 통상적인 수준보다 뒤처진 개발 도구와 엔지니어링 관행을 따르는 경우가 많다. 이로 인해 데이터팀은 특수한 문제 상황에 처하곤 한다. 예를 들어 데이터팀은 개발자의 IDE에 비해 매우 원시적인 도구를 일상적으로 사용한다. 리팩터링 지원, 컨테이너 외부 테스트, 단위 테스트, 의존성 추적, 린팅, 모킹, 스터빙 등, 개발자가 일반적으로 사용

---

2   https://oreil.ly/yd8FR

하는 기능을 데이터팀은 활용할 수 없다.

데이터 구조는 애플리케이션 코드와 커플링을 이루는 경우가 많다. 따라서 데이터베이스는 데이터 구조를 이용하는 당사자가 참여하지 않는 한 섣불리 리팩터링할 수 없다. 애플리케이션 개발자, ETL^{Extract, Transform, Load} 개발자, 보고서 개발자 등은 모두 데이터베이스 이용자다. 여러 팀의 관계, 자원 배분, 프로덕션 팀의 필요성 등의 요건이 복잡하게 얽혀 데이터베이스 리팩터링은 우선순위에서 멀어지곤 한다. 데이터베이스 구조와 추상화의 최적화 또한 요원한 일이 되고 만다.

데이터팀, 벤더, 도구 선택

데이터의 세계가 소프트웨어 개발 세계의 엔지니어링 관행보다 발전 수준이 뒤처진 이유는 무엇일까? 데이터팀의 요구 사항은 테스트, 리팩터링처럼 개발자와 비슷한 면이 많다. 그러나 개발자의 도구가 계속 발전하는 동안 데이터 세계는 동일한 수준의 혁신을 겪지 못했다. 도구가 없어서 사용하지 못하는 것이 아니다. 발전된 엔지니어링을 지원하는 서드 파티 도구가 이미 나와 있지만 잘 팔리지 않는다. 어째서일까?

데이터베이스 업체들과 소비자 사이에 형성된 관계는 자못 흥미로운 형태를 띤다. 예를 들어 데이터베이스벤더 X^{DatabaseVendorX}를 이용하는 데이터팀은 해당 벤더에 비합리적인 수준의 충성심을 보이는 경향이 있다. 이들의 다음 직장을 결정하는 요인은 그간의 경력이 아닌, 이들이 데이터베이스벤더 X에 공인된 팀이라는 사실에 일정 부분 기인하기 때문이다. 데이터베이스 업체는 이런 방식으로 전 세계 기업 내부에서 암약하는 군대를 양성한다. 이들의 충성심이 모회사가 아닌 DB 벤더를 향하는 상황에서, 데이터팀은 그들의 본대가 제공하지 않는 도구와 개발 아티팩트를 무시할 수밖에 없다. 그 결과 엔지니어링 관행은 혁신적인 수준의 침체를 겪는다.

데이터팀은 데이터베이스 벤더를 우주의 모든 열과 빛의 근원으로 간주하며, 우주에 존재하는 다른 암흑 물질에는 관심이 없다. 이러한 행태의 가장 불행한 부작용은 개발자 도구에 비해 데이터베이스 도구 발전이 정체된다는 점이다. 함께 사용하는 공통 엔지니어링 기술이 없기에, 결과적으로 개발자와 데이터팀 간의 임피던스는 점점 더 크게 어긋난다. 데이터팀이 지속적 전달 기술을 채택하도록 설득하려면 새로운 도구를 제안해야 한다. 그러나 새로운 도구를 사용한다면 그들의 본대와 멀어질 우려가 있기에, 쉽사리 수락하려 들지 않을 것이다.

다행히도, 오픈 소스와 NoSQL 데이터베이스가 저변을 넓히며 데이터베이스 벤더의 이러한 헤게모니는 점차 무너지고 있다.

6.2.1 2단계 커밋 트랜잭션

아키텍트가 커플링을 논할 때는 일반적으로 클래스, 라이브러리 등의 아키텍처 기술이 화제로 등장한다. 그러나 대부분의 프로젝트는 아키텍처 기술 외에도 트랜잭션을 비롯해 다양한 커플링 구조를 포함한다. 이는 모놀리식 아키텍처와 분산 아키텍처에 모두 해당하는 사실이다.

트랜잭션은 특수한 형태의 커플링이며, 전통적인 기술 아키텍처 중심 도구는 트랜잭션의 동작을 드러내지 못한다. 아키텍트는 다양한 도구를 사용해 클래스 사이의 입출력 커플링을 쉽게 감별할 수 있다. 그러나 트랜잭션 콘텍스트의 범위를 결정하는 것은 훨씬 더 어렵다. 스키마의 커플링이 진화를 방해하듯, 트랜잭션 커플링은 컴포넌트를 구체적인 방식으로 결합시키며 진화를 방해하는 요인이 된다.

비즈니스 시스템에서 트랜잭션을 사용하는 이유는 다양하다. 첫째, 트랜잭션의 개념은 비즈니스 분석가들의 사랑을 받는다. 특정한 상황에서 일시적으로 세상을 멈추는 능력은 기술적인 과제를 떠나 그 자체로 매력적이기 때문이다. 복잡한 시스템은 전역적으로 제어하기 어렵고, 트랜잭션은 바로 그 난해한 작업의 일종이다. 둘째, 트랜잭션의 경계를 조사하면 비즈니스적 개념이 실제 구현과 어떻게 결합되어 있는지 확인할 수 있다. 셋째, 트랜잭션 콘텍스트를 데이터 팀이 관할하고 있다면 아키텍처의 기술적 커플링과 마찬가지로 데이터의 결합 역시 분리하기 쉽지 않다.

5장에서 아키텍처의 퀀텀 경계 개념을 논의한 바 있다. 아키텍처 퀀텀은 가장 작은 아키텍처 배포 단위이며, 응집도에 대한 전통적인 인식과 달리 데이터베이스 등의 의존 컴포넌트까지 포함하는 개념이다. 트랜잭션은 대부분 비즈니스 프로세스의 작동 방식을 따라 정의되므로, 데이터베이스 바인딩은 트랜잭션 경계에서 발생하는 커플링보다 더 강압적으로 형성되는 경향이 있다. 아키텍트는 비즈니스에 어울리는 자연스러운 수준보다 더 세분화된 아키텍처를 구축하려는 실수를 범하곤 한다. 마이크로서비스 아키텍처는 과도한 트랜잭션이 발생하는 시스템에 어울리지 않는다. 이러한 시스템은 목표 서비스 퀀텀의 크기가 지나치게 작기 때문이다.

아키텍트는 애플리케이션의 모든 커플링 특성을 고려해야 한다. 클래스, 패키지, 네임스페이스, 라이브러리, 프레임워크, 데이터 스키마, 트랜잭션 콘텍스트 등, 커플링을 형성하는 요소는 매우 다양하다. 이러한 차원들의 상호작용을 무시하면 아키텍처의 진화 과정에 문제가 발생한다. 물리학에서 강한 핵력 strong nuclear force은 원자를 결합시키는 가장 강력한 힘으로 알려져 있다. 트랜잭션 콘텍스트는 아키텍처 퀀텀 세계에서 강한 핵력과 같은 역할을 한다.

시스템에서 트랜잭션은 불가피한 존재인 경우가 많다. 그러나 아키텍트는 트랜잭션 콘텍스트를 가급적 제한해야 한다. 트랜잭션 콘텍스트는 견고한 커플링을 형성하며 일부 컴포넌트나 서비스를 변경할 때 다른 요소에 파급효과가 미치게 되는 부작용을 낳는다. 더욱 중요한 점은, 아키텍처의 변화를 고려할 때 트랜잭션 경계까지 추가로 염두에 두어야 한다는 것이다.

9장의 조언을 미리 빌리자면, 모놀리식 아키텍처를 세분화된 스타일로 마이그레이션할 때는 규모가 큰 서비스를 몇 개 정도 골라 출발점으로 삼는 것이 좋다. 또한 그린필드[3] 마이크로서비스 아키텍처를 구축하는 개발자들은 서비스와 데이터 콘텍스트의 규모를 주의 깊게 제한해야 한다. 그러나 '마이크로서비스'라는 용어를 지나치게 문자 그대로 해석하면 곤란하다. 서비스의 크기를 줄이는 것보다 유용한 경계 콘텍스트를 포착하는 것이 더 중요하다.

기존 데이터베이스 스키마를 재구성하는 작업은 적정 세분성을 달성하기 어려운 경우가 많다. 오랜 시간 데이터베이스 스키마를 덧대 온 데이터팀은 그 과정을 거슬러 올라가는 것에는 관심이 없다. 개발자가 만드는 서비스의 세분화 정도는 대체로 비즈니스를 지원하는 트랜잭션 콘텍스트가 결정한다. 세분성을 높이고자 하는 아키텍트의 염원은 데이터에 대한 고려가 없는 한 부적절한 커플링을 낳는 헛된 노력으로 전락할 가능성이 크다. 아키텍처 구축 과정과 개발자의 문제 해결 과정이 상충하는 상황은 손상된 메타워크 개념으로 설명할 수 있다. 이 주제는 7.5절에서 더 자세히 다룬다.

6.2.2 데이터의 연식과 품질

데이터와 데이터베이스에 대한 맹목적 숭배는 대기업에서 흔히 드러나는 역기능 중 하나다. 몇몇 CTO는 '애플리케이션의 수명은 짧다. 영원히 살아남는 데이터 스키마가 훨씬 더 귀중하다'라고 공공연하게 주장한다. 스키마가 코드보다 드물게 변경되는 것은 사실이다. 그러나 데이터베이스 스키마가 실제 세계를 추상화시킨 존재라는 것도 사실이다. 불편한 진실일지라도, 현실 세계는 시간이 흐르면 변하기 마련이다. 스키마가 불변의 존재라 믿는 데이터팀은 현실을 부정하고 있는 셈이다.

---

3   옮긴이_미개발 상태의 초기 시스템 인프라. 상대적인 개념은 브라운필드라 한다.

현실의 스키마가 변경될 때 데이터베이스를 리팩터링하지 않는다면 어떻게 해야 새로운 추상화 요건을 반영할 수 있을까? 안타깝게도 이런 경우 조인 테이블을 추가하는 방식으로 스키마 정의를 확장하는 곳이 많다. 기존 시스템을 손상시킬 위험을 감수하며 스키마를 변경하는 대신, 신규 테이블을 추가하고 관계형 데이터베이스의 특기를 활용해 원본과 조인한다. 이 방식은 단기적으로 효과를 내지만 실제로는 본래의 추상화 구조를 난독화시키는 결과를 초래한다. 본래의 추상화란 단 하나의 엔티티로 여러 사물을 표현한다는 뜻이다. 오랜 기간 스키마를 재구성하지 않은 데이터팀은 복잡한 그룹화byzantine grouping와 다발성bunching 전략에 매몰되며 점차 화석화된 세계를 구축한다. 데이터팀이 데이터베이스를 재구성할 의지가 없다는 것은 귀중한 기업 자원을 방치하고 있다는 말과 같다. 그저 조인 테이블을 추가하며 매번 중첩되는 모든 스키마 버전의 구체화된 잔해를 남기고 있을 뿐이다.

레거시 데이터의 품질은 또 다른 측면에서 큰 문제를 야기한다. 여러 세대의 소프트웨어를 거쳐 살아남은 데이터는 제각기 고유한 퍼시스턴스 문제에 시달린다. 시간이 지나면 이러한 데이터는 일관성을 잃는 정도를 넘어 최악의 경우에는 쓰레기 수준으로 전락하는 최후를 맞는다. 과거부터 지금까지의 모든 데이터 조각을 보존하려면 아키텍처 또한 과거와 결합되어야 하며, 여러 모로 정교한 해결책이 뒷받침되어야 원하는 결과를 얻을 수 있다.

진화적 아키텍처가 관여하기에 앞서 개발자가 먼저 데이터 스키마와 품질을 함께 발전시키는 것이 좋다. 열악한 구조는 리팩터링으로 바로잡아야 하며, 구체적인 리팩터링 작업 계획은 데이터의 품질을 기준으로 수립된다. 이러한 교정 절차는 전용 메커니즘을 구축해 지속적으로 처리하기보다는 문제 발견 즉시 조기에 해결하는 것이 더 바람직하다.

레거시 스키마와 데이터는 그만한 가치가 있는 자산이다. 그러나 이들은 마치 진화 역량에 부과된 세금처럼 부담스럽게 느껴진다. 아키텍트, 데이터팀, 비즈니스 담당자는 자신들의 조직이 추구하는 가치에 대해 진솔한 대화를 나눌 필요가 있다. 레거시 데이터의 영구적 보존과, 혁신적인 변화를 도모하는 역량 사이에서 올바른 방향을 선택해야 한다. 진정한 가치를 지닌 데이터는 살피고 보존하는 한편 낡고 쓸모없는 데이터는 참고용으로 전환해 진화의 본류에서 배제하는 것이 좋다.

> TIP 스키마 리팩터링을 게을리하거나 낡은 데이터를 제때 폐기하지 않으면 아키텍처 또한 리팩터링 불가능한 과거에 머물러 있을 수밖에 없다.

6.2.3 [사례 연구] PenultimateWidgets의 라우팅 진화

PenultimateWidgets는 페이지 라우팅 체계를 개편하고 브레드크럼^{breadcrumb[4]} 형식의 탐색 정보를 사용자에게 제공하기로 결정했다. 이에 따라 자체 프레임워크를 사용해 페이지 라우팅 방식을 변경해야 한다. 신규 라우팅 메커니즘을 구현하려면 오리진, 워크플로 등의 콘텍스트 정보를 페이지에 추가해야 한다. 따라서 저장할 데이터도 늘어난다. PenultimateWidgets의 라우팅 서비스 퀀텀은 단일 테이블에 페이지 경로 정보를 저장한다. 신규 버전을 구현하며 개발자는 더 많은 정보를 필요로 하므로 해당 테이블의 구조도 더 복잡해질 것이다. [그림 6-4]는 이러한 작업의 시작 단계를 묘사하고 있다.

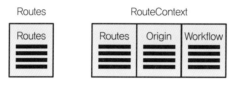

그림 6-4 신규 라우팅 구현 작업의 시작점

PenultimateWidgets의 모든 페이지가 동시에 라우팅을 개편하는 것은 아니다. 페이지마다 비즈니스 부서가 다르며 작업 속도도 제각각이기 때문이다. 따라서 라우팅 서비스는 이전 버전과 새 버전을 모두 지원해야 한다. 라우팅은 7장에서 더 자세히 설명하며, 이번 예시는 라우팅의 데이터 측면에 중점을 둔다.

개발자는 확장/수축 패턴을 이용해 새로운 라우팅 구조를 만들고 서비스를 통해 호출할 수 있다. 두 라우팅 테이블의 route 컬럼은 모두 트리거가 걸려 있으며 [그림 6-5]와 같이 한 쪽의 변경 사항이 다른 쪽 테이블에 자동으로 복제된다.

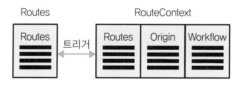

그림 6-5 두 버전의 라우팅을 모두 지원하는 전환 상태

---

4   옮긴이_흔히 1차메뉴>2차메뉴>3차메뉴 등으로 표현하는 네비게이션 UI

[그림 6-5]의 구조를 이용해 라우팅 서비스는 두 API를 모두 지원하며, 개발자는 필요한 기간 동안 이전 서비스 버전을 유지할 수 있다. 이 상태에서 애플리케이션은 본질적으로 두 가지 버전의 라우팅 정보를 동시에 제공하고 있다.

이전 서비스 버전이 더 이상 필요하지 않게 되면 개발자는 [그림 6-6]처럼 구형 테이블과 트리거를 제거할 수 있다.

그림 6-6 라우팅 테이블의 종료 상태

[그림 6-6]은 모든 서비스가 신규 라우팅 기능으로 마이그레이션되었으며 이전 서비스를 제거할 수 있는 상태를 나타낸다. 이 과정을 전체적으로 보면 [그림 6-2]에 묘사된 작업 흐름과 일치한다.

지속적 통합, 소스 관리 등의 우수한 엔지니어링 관행을 개발자들이 적용하는 한, 데이터베이스도 아키텍처와 나란히 올바르게 진화할 수 있다. 데이터베이스 스키마를 원하는 대로 변경하는 역량은 이러한 진화에서 결정적인 역할을 한다. 데이터베이스의 구조는 실제 세계를 바탕으로 추상화되므로 언제든 예상치 못한 변화가 발생할 수 있다. 추상화된 데이터는 변화에 대응하기보다 저항하려는 성향이 강하지만, 반드시 진화해야 한다는 것만은 틀림없는 사실이다. 아키텍트는 데이터를 진화적 아키텍처의 주요 관심사로 취급해야 한다.

데이터베이스 리팩터링은 데이터팀과 개발자가 함께 연마해야 할 중요한 기술이자 소양이다. 데이터는 많은 애플리케이션의 근간에 자리잡고 있다. 진화 가능한 시스템을 구축하기 위해 개발자와 데이터팀은 현대적인 여러 엔지니어링 관행과 더불어 효과적인 데이터 취급 관행을 받아들여야 한다.

6.3 네이티브에서 피트니스 함수로

소프트웨어 아키텍처를 설계하며 내리는 결정은 생태계의 다른 부분에 영향을 미치곤 한다. 아키텍트가 마이크로서비스 아키텍처를 채택하고 경계 콘텍스트당 하나의 데이터베이스를 배정하면, 데이터팀이 데이터베이스를 바라보는 전통적인 관점에 변화가 생긴다. 기존 데이터팀은 하나의 관계형 데이터베이스를 상대하는 데 익숙하며 부수적인 도구와 모델이 제공하는 편의를 누려 왔다. 그렇기에 데이터팀은 데이터가 구조적으로 연결되는 지점의 정확성을 유지하기 위해 참조 무결성에 세심한 주의를 기울인다.

이러한 상황에서 아키텍트가 서비스마다 자체적인 데이터를 보유하도록 데이터베이스를 쪼갤 수 있을까? 마이크로서비스의 장점을 취하기 위해 데이터팀이 신봉하는 메커니즘을 일부 포기하도록 설득할 수 있을까? 그들의 회의적인 시각을 긍정적인 방향으로 전환시키려면 어떻게 해야 할까?

이러한 고민을 구체화시키면 결국 거버넌스의 형태가 드러난다. 그러므로 아키텍트가 데이터팀을 안심시키는 수단은 바로 피트니스 함수다. 빌드 과정에 피트니스 함수를 적용해 중요 지점의 무결성을 보장하고 다양한 작업을 처리할 수 있다.

6.3.1 참조 무결성

참조 무결성referential integrity은 아키텍처 커플링이 아닌 데이터 스키마 수준에서 형성되는 거버넌스의 일종이다. 그러나 아키텍트의 관점에서 보면 둘 다 커플링을 늘리며 애플리케이션의 진화 능력에 지장을 주는 방해물이다. 데이터팀이 테이블을 서로 다른 DB에 나누는 것을 꺼리는 이유는 참조 무결성을 지키기 위해서다. 그러나 이렇게 생성된 커플링은 데이터와 관련된 모든 서비스의 변화를 가로막는다.

데이터베이스의 참조 무결성은 기본 키primary key와 연결 관계에 근거해 형성된다. 또한 분산 아키텍처에 관련된 여러 팀은 고유 식별자를 이용해 엔티티에 접근한다. 고유 식별자는 GUID 또는 임의의 시퀀스로 표현되는 경우가 많다. 따라서 아키텍트는 정보 소유자가 특정 항목을 삭제했을 경우 이를 참조하는 다른 서비스에 삭제 사실을 전파하는 피트니스 함수를 작성해야 한다. 이벤트 기반 아키텍처는 주로 이러한 작업을 백그라운드에서 처리하는 여러 패턴으로 구성된다. [그림 6-7]은 이벤트를 통해 참조 무결성을 보장하는 아키텍처의 예시다.

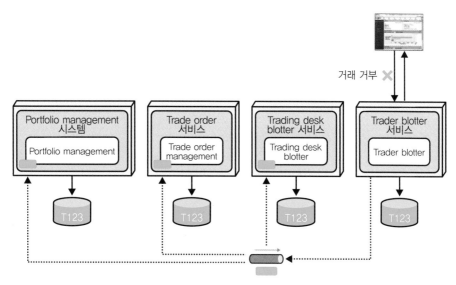

그림 6-7 이벤트 기반 데이터 동기화를 이용한 참조 무결성 처리

[그림 6-7]에서 Trade blotter 서비스의 사용자 인터페이스가 거래 거부 명령을 전달하면 해당 정보가 지속성 메시지 큐durable message queue로 전파된다. 이 메시지 큐는 거래와 관련된 모든 서비스가 모니터링하며 필요에 따라 변경 정보를 갱신하거나 삭제한다.

참조 무결성은 데이터베이스를 강화하는 특성이지만, 바람직하지 않은 커플링을 생성하는 부작용을 낳는다. 참조 무결성을 우선시하기에 앞서 이러한 득과 실을 반드시 저울질해야 한다.

6.3.2 데이터 중복

하나의 관계형 데이터베이스만 다루다 보면 읽기와 쓰기라는 두 작업이 별개라는 사실을 잊게 되는 경우가 많다. 그러나 마이크로서비스 아키텍처를 다루려면 정보를 기록하는 서비스와 정보를 열람하는 서비스를 신중하게 구별할 필요가 있다. [그림 6-8]은 마이크로서비스를 처음 경험하는 팀이 자주 접하는 일반적인 시나리오를 묘사한다.

Reference, Audit, Configuration, Customer 테이블 등은 시스템의 핵심부다. 다수의 서비스가 이러한 공통 데이터에 접근하려면 어떻게 해야 할까? [그림 6-8]은 모든 서비스가 테이블을 공유하는 방식으로 문제를 해결한다. 그러나 이 방법이 편리한 만큼 단점도 뚜렷하다. 공통 데이터베이스와 서비스 사이에 커플링을 생성하지 않아야 한다는 마이크로서비스 아키텍처 원칙을 위반하기 때문이다. 공유 테이블 스키마의 변경 사항은 결합된 서비스에 영향을 미치며 결과적으로 각 서비스를 변경하도록 강요할 것이다.

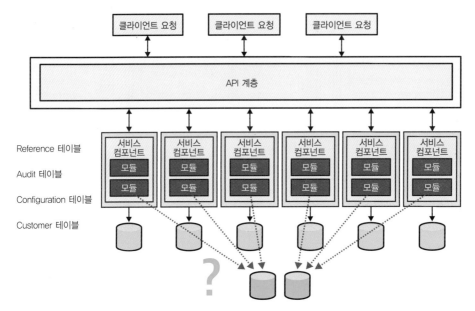

그림 6-8 분산 아키텍처의 공유 정보 관리

[그림 6-9]는 다른 공유 데이터 접근 방식을 보여준다.

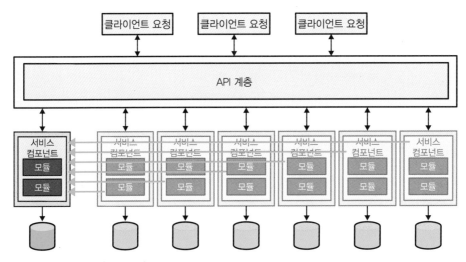

그림 6-9 서비스로 모델링된 공유 정보

[그림 6-9]는 마이크로서비스 철학에 입각해 각 공유 정보 비트를 별도의 서비스로 모델링한다. 그러나 이 방법은 마이크로서비스의 고질적 문제를 유발할 위험이 있다. 서비스 간 통신이 폭증하면 성능에 영향을 준다.

이러한 단점은 데이터를 소유(갱신)할 사용자와 데이터 일부를 조회할 사용자를 세밀하게 구별하는 방식으로 해소할 수 있다. [그림 6-10]은 읽기 전용 호출에 인프로세스^{in-process} 캐싱을 사용하는 해결책을 제시한다.

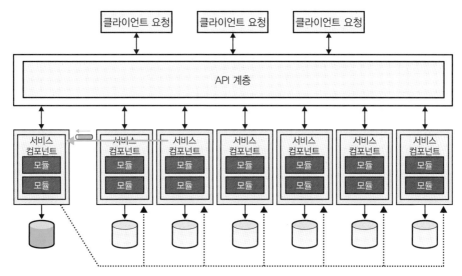

그림 6-10 읽기 전용 액세스 캐싱 사용

[그림 6-10]에서 좌측의 서비스 컴포넌트는 데이터를 '소유'한다. 그 외 서비스는 시작 단계에서 자신들에게 필요한 데이터를 조회하고 업데이트 주기 정보와 함께 캐시에 담는다. 우측 서비스 중 한 곳이 공유 정보를 수정하려면 데이터 소유 서비스에 갱신 요청을 보내고 소유 서비스는 변경 사항을 다시 게시한다.

아키텍트는 데이터 접근과 갱신을 관리하기 위해 다양한 기법을 활용한다. 변경 관리, 연결 관리 확장성, 내고장성^{fault tolerance}, 아키텍처 퀀텀, 데이터베이스 타입 최적화, 트랜잭션, 데이터 관계 등의 최신 기술들은 『소프트웨어 아키텍처 The Hard Parts』(한빛미디어, 2022)에서 더 자세히 다룬다.

6.3.3 트리거 및 저장 프로시저 대체

저장 프로시저^{stored procedures}는 데이터팀이 자주 애용하는 기술 중 하나다. 각 데이터베이스의 네이티브 SQL로 작성하며 탁월한 데이터 조작 능력과 우수한 성능으로 한때 각광받았다. 그러나 저장 프로시저는 현대적 소프트웨어 엔지니어링 관행을 만나며 몇 가지 난관에 봉착했다. 프로시저는 단위 테스트로 검증하기 어렵고, 리팩터링 난도가 높으며, 소스 코드의 동작과 분리된 별도의 동작을 수행한다는 문제가 있다.

아키텍처를 마이크로서비스로 마이그레이션하면 데이터는 더 이상 단일 데이터베이스에 상주하지 않는다. 따라서 저장 프로시저 또한 리팩터링할 필요가 있으며 일반적으로 데이터팀이 이를 담당한다. 프로시저의 동작을 코드로 옮기려면 데이터 볼륨 제어, 전송 처리 등의 문제를 해결해야 한다. 근래 NoSQL 데이터베이스는 데이터의 변화를 감지하고 트리거를 발동시키거나 서버리스 함수를 실행할 수 있다. 이러한 모든 기능에 포함된 데이터베이스 코드가 리팩터링 대상이다.

저장 프로시저의 동작을 애플리케이션 코드로 추출하는 과정도 확장/수축 패턴에 대입할 수 있다. [그림 6-11]은 확장 수축 단계로 구성한 데이터베이스에서 마이그레이션하는 메서드 패턴⁵을 나타낸다.

확장 단계에서 개발자는 **위젯 관리 서비스**에 대체 메서드를 추가하고, 다른 서비스가 위젯 관리 서비스를 호출하도록 리팩터링한다. 초기에는 대체 메서드가 기존 저장 프로시저의 역할을 대행하며 다른 팀은 면밀한 테스트를 바탕으로 프로시저 호출부를 서비스로 대체한다. 이 기간 동안 애플리케이션은 서비스와 저장 프로시저로 호출을 모두 지원한다. **수축** 단계에서 아키텍트는 피트니스 함수를 이용해 프로시저 호출이 모두 서비스 호출로 마이그레이션됐는지 확인한 다음 최종적으로 프로시저를 삭제할 수 있다. 이러한 과정은 교살자 무화과나무 패턴^{Strangler} ^{Fig pattern6}의 데이터베이스 버전이라 할 수 있다.

---

5 https://oreil.ly/afabK
6 https://oreil.ly/BhDNV

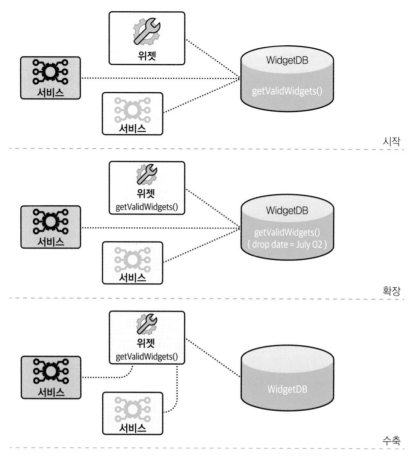

그림 6-11 데이터베이스 코드를 서비스로 추출

저장 프로시저를 리팩터링하지 않는 대안도 있다. [그림 6-12]는 더욱 넓은 데이터 콘텍스트를 구축해 저장 프로시저를 유지하는 방법을 묘사한다.

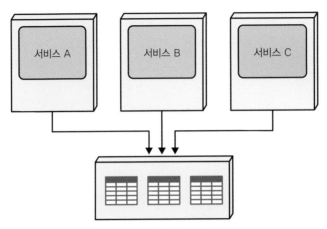

그림 6-12 저장 프로시저를 보존하는 광범위한 데이터 콘텍스트 구축

[그림 6-12]는 트리거와 저장 프로시저를 코드로 대체하는 대신 더 큰 서비스 세분성을 도입한 구조를 나타낸다. 이러한 구조는 일반화시킬 수 없으므로 각 사례를 별도로 분석하고 트레이드오프를 평가해야 한다.

6.3.4 [사례 연구] 관계형에서 비관계형으로의 진화

PenultimateWidgets를 비롯해 많은 조직은 모놀리식 애플리케이션으로 서비스를 시작한다. 이러한 전략은 출시 시기, 단순성, 시장 불확실성 등 여러 면에서 유리한 점이 있다. 모놀리식 애플리케이션은 일반적으로 단일 관계형 데이터베이스로 구성된다. 이는 오랜 기간 업계의 표준이었다.

모놀리식 아키텍처를 분해하는 작업은 퍼시스턴스 기능을 재고하기 좋은 기회다. 예를 들어, 분석 데이터를 분류하고 정리할 때는 그래프 데이터베이스가 적합하다. 이름/값 쌍 데이터베이스를 쓰면 특정 도메인의 문제가 해결되는 경우도 있다. 마이크로서비스처럼 고도로 분산된 아키텍처의 장점 중 하나는 아키텍트가 필요에 따라 퍼시스턴스 메커니즘을 선택할 수 있다는 것이다. 이러한 능력을 통해 아키텍트는 비표준 상황에서 발생하는 다양한 문제에 대처한다. 모놀리스를 마이크로서비스로로 마이그레이션하는 과정은 [그림 6-13]처럼 나타낼 수 있다.

[그림 6-13]의 모놀리식 애플리케이션은 카탈로그, 분석 데이터(시장 예측, 비즈니스 인텔리전스), 운영 데이터(판매 상태, 거래 정보)를 모두 하나의 데이터베이스에 저장한다. 이러한 구조는 관계형 데이터베이스의 올바른 사용 방식을 왜곡시킬 위험이 있다. 마이크로서비스 전

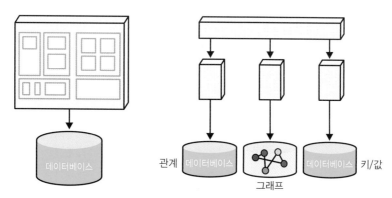

그림 6-13 PenultimateWidgets의 모놀리식과 마이크로서비스 마이그레이션

환은 이러한 모놀리식 데이터를 다양한 유형에 맞추어 구분할 수 있는 좋은 기회다. 가령 일부 데이터는 엄격한 관계형 데이터베이스보다 키/값 쌍에 더 적합하다. 관계형 데이터베이스에서 몇 시간 내지 며칠이 걸리는 문제를 그래프 데이터베이스에서 몇 초만에 해결하는 것도 가능하다.

그러나 단일 데이터베이스를 여러 데이터베이스로 이관하는 작업은 설령 데이터 유형이 같다 해도 문제 발생의 여지가 많다. 소프트웨어 아키텍처의 모든 요소는 트레이드오프를 동반한다. 퍼시스턴스를 여러 데이터 저장소에 분담시키려면 데이터팀의 협력과 이해가 필요하다. 이러한 아키텍처 요구 사항을 관철시키기 위해 아키텍트는 각 사안에 내재된 트레이드오프를 명확히 제시할 수 있어야 한다.

요약

진화적 아키텍처의 정의는 명백히 '다양한 차원'을 강조한다. 데이터는 아키텍처 외적인 영역에서 소프트웨어 시스템 진화에 가장 큰 영향을 미치는 요소다. 마이크로서비스로 대표되는 현대적 분산 아키텍처의 등장으로 인해, 아키텍트는 지금까지 데이터팀의 소관이었던 문제까지 떠안게 되었다. 경계 콘텍스트를 기반으로 아키텍처를 재구성하는 것은 곧 데이터의 분할을 의미하며, 이는 자체적인 트레이드오프를 동반한다.

아키텍트는 데이터가 아키텍처에 미치는 영향력을 부단히 연구하는 한편, 개발자에 못지 않을 만큼 데이터팀과 긴밀히 협업해야 한다.

Part 3

영향력

역학과 구조를 1부와 2부로 나누어 설명했지만 실제 시스템에서 이 둘은 서로 자유롭게 상호작용한다. 3부는 1부에서 살펴본 엔지니어링 사례와 2부에서 논의한 구조적 고찰이 서로 교차하는 지점을 다룬다.

CHAPTER 7

진화 가능한 아키텍처 구축

지금까지 진화적 아키텍처의 두 가지 주요 측면인 역학과 구조를 각각 살펴봤다. 이제 우리는 이 둘을 하나로 묶기 충분한 지식을 갖춘 상태다.

앞서 논의한 많은 개념은 새로운 아이디어라기보다 새로운 시각으로 바라본 오래된 아이디어라 할 수 있다. 테스트는 오래전부터 존재했지만 아키텍처 검증과 피트니스 함수에 주목한 것은 근래의 일이다. 지속적 전달은 배포 파이프라인을 정의했지만 아키텍트는 파이프라인 자동화에 거버넌스를 더하며 진화적 아키텍처를 추구한다.

많은 조직은 소프트웨어 개발의 엔지니어링 효율을 높이기 위해 지속적 전달 관행을 도입하고 따른다. 개발 효율성은 그 자체로 가치 있는 목표지만 우리는 여기에 그치지 않고 다음 단계를 향해 나아갈 것이다. 지속적 전달 역량을 강화하면 더욱 고차원적인 결과를 창출할 수 있다. 그것은 바로 실제 세계와 함께 진화하는 아키텍처다.

그렇다면 개발자가 기존 및 신규 프로젝트에 이러한 기법을 적용하려면 어떻게 해야 할까?

7.1 진화적 아키텍처의 원리

진화적 아키텍처의 메커니즘과 구조를 함께 아우르는 다섯 가지 대원리가 있다. 이제부터 각각을 차례로 살펴보자.

7.1.1 책임이 따르는 마지막 순간

애자일 개발 세계는 '책임이 따르는 마지막 순간last responsible moment'의 가치를 오랫동안 강조해왔다. 중요한 결정은 가능한 한 미루되, 더 이상 미룰 수 없는 시점을 넘기면 안 된다. 성급하게 내린 결정은 과도한 엔지니어링을 낳고, 적시를 놓친 결정은 아키텍처가 지향하는 목표를 가로막는다.

결정의 순간은 불필요하게 지연되어서는 안 된다. 아키텍트가 의사 결정 시기의 변곡점을 정확히 포착할수록 가용 정보는 극대화된다. 결국 아키텍트의 직무는 트레이드오프 분석을 근간에 두고 있기에 정보가 결정적인 역할을 한다. 정보는 트레이드오프를 판단하는 근거 자료다. 정보가 많을수록 올바른 결정을 내릴 수 있다.

결정이 너무 일찍 내려지면, 아키텍트는 선택의 여지를 남겨둔 채 일반화된 해결책을 선택하기 마련이다. 이렇듯 일반화된 솔루션은 구현하기 매우 복잡한 데 비해 상대적인 이점도 별로 없다.

그러므로 결정을 내리기에 앞서 객관적인 기준을 먼저 수립하고, 그에 따라 결정의 우선순위를 매기는 것이 바람직하다.

7.1.2 진화성을 높이는 설계 및 개발

아키텍트는 진화성evolvability을 아키텍처의 최우선 목표로 여겨야 한다. 이는 아키텍처 특성을 분석하는 객관적인 척도가 필요하다는 뜻이다. 또한 커플링의 적합성을 고려하고 아키텍처의 취약점을 보완할 수단을 강구할 필요가 있다.

6장에서 설명했듯이 데이터 등의 외부 통합 지점, 즉 아키텍처 퀀텀의 정적 커플링 지점은 아키텍트가 가장 중요하게 여기는 설계 요소다. 따라서 데이터팀은 코드와 같은 방식으로 데이터베이스 변경 사항을 지속적으로 통합하며, 아키텍트는 데이터 의존성을 코드 의존성과 동일선상에 두고 취급해야 한다.

이러한 원칙을 아키텍처 전반에 관철시키는 한편, 소프트웨어 개발 프로세스와 각종 도구에 마찬가지로 적용해야 한다. 이를 통해 아키텍처를 향한 저항을 최소화하고 피드백 수준은 극대화할 수 있다.

7.1.3 포스텔의 법칙

자신의 것은 보수적으로 행하고, 다른 이의 것은 관대하게 받아들이도록 하라.

— 존 포스텔Jon Postel

포스텔의 법칙Postel's Law은 5.3절에서 설명한 '계약'과 연관 짓기 좋은 주제다. 계약의 관점으로 바라본 포스텔의 법칙은 커플링의 견고함을 완화시키는 일반 원리로 작용한다. 이 원리를 계약과 통신에 적용하면 진화를 이끄는 가이드라인이 나타난다.

자신의 것은 보수적으로 하달하라

불필요하게 많은 정보를 전송하지 않도록 주의해야 한다. 협력 서비스가 전화번호만 필요로 한다면 전화번호가 포함된 포괄적 데이터 구조를 전송할 필요가 없다. 커플링 지점은 계약 정보를 최대한 이용하려 하므로, 계약에 포함된 정보가 많을수록 계약은 불필요하게 강화된다.

다른 이의 것은 관대하게 수용하라

소비하는 것보다 많은 정보를 받아들여도 좋다. 추가 데이터가 있다 해도 꼭 필요한 정보만 사용하면 된다. 전화번호가 필요한 경우, 주소까지 포함된 프로토콜을 구축할 필요 없이 전화번호만 검증하도록 한다. 이러한 원칙을 지키면 정보 전달 또는 커플링 지점의 결합도를 낮출 수 있다.

계약을 해제할 때는 버전을 관리하라

아키텍트는 통합 아키텍처의 계약을 존중해야 한다. 특히 자동화된 소비자 주도 계약은 통합 아키텍처에서 중요한 역할을 하기 때문이다. 계약을 존중한다는 것은 서비스 기능의 진화에 주의를 기울이고 있음을 의미한다.

아키텍처 기술 세계에 포스텔의 법칙을 언급한 자료가 많은 데에는 그만한 이유가 있다. 포스텔의 법칙은 디커플링 개념에 잘 어울리는 훌륭한 조언이며, 결과적으로 진화적 아키텍처의 충실한 조력자 역할을 한다.

7.1.4 테스트성과 아키텍트

자신의 아키텍처는 유독 테스트하기 어렵다며 불만을 호소하는 아키텍트가 많다. 어찌 보면 당연한 결과다. 아키텍처를 설계하며 테스트성^{testability}을 우선적으로 고려하는 경우는 많지 않기 때문이다. 반대로, 처음부터 테스트를 고려해 아키텍처를 설계하면 이후 아키텍처의 각 부분을 독립적으로 테스트할 수 있는 길이 열린다. 마이크로서비스 생태계는 테스트를 구현하는 많은 방법론과 도구가 존재하며, 이들은 모두 전반적인 진화성 향상에 기여한다. 테스트하기 어려운 시스템과 유지, 개선하기 어려운 시스템 사이에는 일반적으로 상관관계가 존재한다.

테스트하기 용이한 아키텍처의 대표적인 특성은 단일 책임 원칙^{single responsibility principle} 준수다. 우수한 시스템은 각 부분이 저마다 하나의 책임을 진다. 과거에 흔히 목격할 수 있었던 안티패턴을 떠올려보자. 한때 개발자들은 엔터프라이즈 서비스 버스^{enterprise service bus}를 사용하며 비즈니스 로직과 메시징 인프라를 한곳에 두곤 했다. 이처럼 서로 다른 관심사가 뒤섞이면 각각의 동작을 독립적으로 테스트하기 어렵다는 사실을 이제는 모두가 경험적으로 알고 있다.

7.1.5 콘웨이의 법칙

소프트웨어 개발은 의외의 부분에서 의외의 커플링이 발생하는 작업이다. 조직과 팀의 구조 또한 이러한 의외성에 일조한다. 진화적 아키텍처를 구축하려면 팀 구조 또한 주의 깊게 살펴야 한다. 팀 구조가 아키텍처에 미치는 영향은 콘웨이의 법칙^{Conway's Law}으로 설명할 수 있으며, 이는 9.1.1절에서 더 자세히 설명한다.

7.2 역학

아키텍트는 진화적 아키텍처 구축 기술을 세 단계에 걸쳐 운영화한다.

7.2.1 [1단계] 진화의 영향을 받는 차원 식별

첫째, 아키텍트는 아키텍처가 진화하는 동안 보호해야 할 아키텍처 차원을 식별해야 한다. 여기에는 아키텍처의 기술적인 특성뿐만 아니라 데이터 설계, 보안, 확장성 등, 아키텍트가 선정한 '~성(-ilities)'이 포함된다. 식별 과정은 반드시 각 특성에 관련된 팀과 함께 진행해야 한다. 비즈니스, 운영, 보안 등을 담당하는 여러 팀이 각각의 특성에 영향을 미친다. 9.1.1절에서 설명하는 역 콘웨이 전략Inverse Conway Maneuver은 팀의 다중역할을 장려하므로 이 단계에서 특히 도움이 된다. 일반적으로 아키텍트는 프로젝트를 시작하는 단계에서 아키텍처의 특성을 식별한다.

7.2.2 2단계 각 차원의 피트니스 함수 정의

하나의 차원이 여러 피트니스 함수를 보유하는 경우도 있다. 가령 컴포넌트의 순환 의존성은 매우 중요한 특성이다. 코드베이스와 관련된 이러한 아키텍처 특성을 관리하기 위해, 아키텍트는 다양한 코드 메트릭을 배포 파이프라인에서 활용한다. 또한 아키텍트는 지속적으로 관리할 차원을 선별하고 위키 등의 간단한 양식을 이용해 문서화한다. 그리고 각 차원의 진화 과정에 드러나는 불필요한 행동을 식별한 다음 최종적으로 피트니스 함수를 정의한다. 피트니스 함수는 자동화 또는 수동으로 실행하지만, 간혹 독창적인 방식으로 실행하는 경우도 있다.

7.2.3 3단계 배포 파이프라인을 이용한 피트니스 함수 자동화

마지막으로, 아키텍트는 프로젝트의 변화가 증분 변경incremental change으로 진행되도록 장려해야 한다. 이를 위해 배포 파이프라인에 피트니스 함수 적용 단계를 정의하고 머신 프로비저닝, 테스트, 데브옵스 작업 등의 배포 절차를 관리해야 한다. 증분 변경은 진화적 아키텍처에 동력을 공급하는 엔진이다. 증분 변경은 배포 파이프라인에서 피트니스 함수를 통해 선제적으로 검증할 수 있으며, 배포 등의 일상 작업이 시야에서 사라질 만큼 높은 수준의 자동화를 가능하게 한다. 지속적 전달의 엔지니어링 효율성을 측정하는 척도는 순환 주기다. 진화적 아키텍처 프로젝트에 참여한 개발자는 적절한 순환 주기를 유지해야 할 의무가 있다. 순환 주기는 증분 변경의 효과를 잘 드러내는 특성이며, 다양한 지표를 파생시키는 정보다. 일례로 아키텍처가 세대를 전환하는 속도는 순환 주기와 비례한다. 다시 말해 순환 주기가 길어지면 프로젝트가 새로운 세대를 등장시키는 속도가 둔화되며 진화성을 저해하는 요인이 된다.

아키텍처 차원과 피트니스 함수 식별은 프로젝트 시작 단계에 속하는 활동이지만, 신규 프로젝트와 기존 프로젝트 모두에서 상시 진행되는 활동이기도 하다. 소프트웨어는 항상 알려지지 않은 미지의 문제에 시달린다. 개발자가 만사를 예측하는 것은 불가능하다. 개발 과정에서 아키텍처 일부가 문제의 조짐을 보일 때, 피트니스 함수를 구축해두면 문제의 확산을 방지할 수 있다. 피트니스 함수는 프로젝트 시작 단계에서 자연스럽게 등장하지만, 아키텍처가 압박 상황에 부닥치기 전까지 모습을 드러내지 않는 경우도 많다. 따라서 아키텍트는 비기능적 요구 사항이 처리되는 현황과 장애를 주시하고 피트니스 함수로 아키텍처를 개선하며 미래의 문제를 방지해야 한다.

7.3 그린필드 프로젝트

신규 프로젝트에 진화성을 구축하는 것은 기존 프로젝트를 개조하는 것보다 훨씬 쉽다. 첫째, 프로젝트 시작 단계에서 배포 파이프라인을 구축하면 개발자가 처음부터 증분 방식으로 변경 사항을 적용할 수 있다. 게다가 피트니스 함수는 코드가 없는 상태에서 더 쉽게 식별하고 설계할 수 있다. 따라서 아직 기초 구조가 없는 신규 프로젝트는 복잡한 피트니스 함수도 저항 없이 수용할 수 있다. 둘째, 기존 프로젝트를 개선하려면 그간 프로젝트에 발생한 커플링 지점들을 해체해야 한다. 그러나 신규 프로젝트는 그럴 필요가 없다. 또한 아키텍트는 향후 아키텍처의 무결성을 보존할 메트릭 검증 지점을 프로젝트 초기부터 확보할 수 있다.

신규 프로젝트는 예기치 않은 변화에 대비하기도 쉽다. 개발자가 진화적 아키텍처에 적합한 아키텍처 패턴과 엔지니어링 관행을 선택할 수 있기 때문이다. 특히 마이크로서비스는 결합도가 극단적으로 낮고 증분 변경의 용이성은 매우 높다. 이러한 특유의 스타일은 진화적 아키텍처를 구현하기 유리한 조건인 동시에, 마이크로서비스가 독보적인 인기를 누리는 요인이기도 한다.

7.4 기존 아키텍처 개조

기존 아키텍처에 진화성을 더하는 작업은 세 가지 조건에 의해 결정된다. 컴포넌트 커플링, 엔지니어링 실무 성숙도, 개발자의 피트니스 함수 제작 용이성 등이다.

7.4.1 커플링과 응집도

컴포넌트 커플링component coupling은 주로 기술 아키텍처의 진화성을 결정한다. 그러나 데이터 스키마의 경직도가 높고 화석화가 진행된 상태라면 진화성이 아무리 높은 기술 아키텍처도 불행한 최후를 맞게 될 것이다. 깔끔하게 나뉘어 있는 시스템은 진화에 유리하지만 난립하는 커플링의 서식처는 진화를 방해한다. 진정으로 진화 가능한 시스템을 구축하기 위해, 아키텍트는 아키텍처의 영향을 받는 모든 차원을 고려해야 한다.

아키텍트는 기술적 커플링뿐만 아니라 시스템 컴포넌트의 기능적 응집도를 방어해야 한다. 기능적 응집도는 아키텍처를 마이그레이션할 때 재구성되는 컴포넌트의 최종적인 세분성을 결정한다. 응집도를 방어한다는 것은 컴포넌트를 분해하면 안 된다는 뜻이 아니라, 컴포넌트의 크기를 문제 콘텍스트에 적합하게 유지한다는 뜻이다. 적정한 결합도의 수준은 비즈니스마다 다르다. 가령 트랜잭션 규모가 큰 시스템은 상대적으로 결합도가 높다. 이러한 시스템에 극단적으로 결합도가 낮은 아키텍처를 구축하려 시도한다면 생산성이 저하되는 부작용이 생긴다.

엔지니어링 관행은 아키텍처가 얼마나 진화할 수 있는지 가늠하는 기준이다. 지속적 전달 관행이 진화적 아키텍처를 보장하지는 않는다. 그러나 지속적 전달 기술 없이 진화적 아키텍처를 구축하기란 사실상 불가능하다. 많은 팀이 효율성 향상을 목표로 엔지니어링을 개선하려 노력한다. 이렇게 개선된 관행이 한 번 정착되면, 진화적 아키텍처 같은 고도화된 기능을 개발하는 빌딩 블록의 역할을 하게 된다. 따라서 진화적 아키텍처를 구축하는 능력은 효율성 향상에 동반되는 부가 혜택이라 할 수 있다.

많은 기업은 과거와 현재의 관행이 혼재하는 과도기에 머물러 있다. 지속적 통합처럼 비교적 가까이 있는 목표는 손쉽게 달성했으나 여전히 모든 테스트를 수동으로 실행하는 기업도 많다. 이러한 수동 절차는 실행 주기에서 다소 손해를 보더라도 배포 파이프라인에 포함시키는 것이 좋다. 우선 애플리케이션 빌드 단계를 파이프라인 진행 단계와 일치시키고, 이어서 배포 과정을 점진적으로 자동화시킨다. 이 과정에서 수동 단계도 자연스럽게 자동화 처리로 전환한다. 마지막으로 각 단계를 명확하게 설명하고 빌드의 역학 구조를 주변에 인식시키면, 피드백의 선순환을 일으키며 개선 의욕을 고취시키는 효과를 낼 수 있다.

진화적 아키텍처 구축을 가로막는 가장 큰 장애물은 운영의 까다로움이다. 개발자가 변경 사항을 손쉽게 배포할 수 있는 환경이 갖춰지지 않으면 피드백 주기 전체가 지장을 받는다.

아키텍트는 과거의 임시방편을 포함한 모든 종류의 아키텍처 검증을 피트니스 함수로 치환하는 사고방식에 익숙해져야 한다. 대부분 아키텍처는 확장성에 관한 서비스 수준 계약과 테스트를 수반하며, 보안 규정과 검증 메커니즘을 마련한다. 아키텍트는 종종 이 둘을 별개의 범주로 구별하곤 하지만 양쪽 모두 목적은 동일하다. 그것은 바로 아키텍처 기능 일부를 검증하는 것이다. 모든 아키텍처 검증을 피트니스 함수로 구현하면, 자동화처럼 유익한 시너지를 내는 각종 상호작용을 한층 일관성 있게 정의할 수 있다.

> ### 리팩터링 vs 재구성
>
> 개발자는 가끔 그럴싸해 보이는 용어를 한 가지 골라 광의의 동의어로 격상시키곤 한다. 리팩터링이 그 대표적인 사례다. 마틴 파울러의 정의에 따르면 리팩터링은 외부로 드러나는 행동을 그대로 둔 채 기존 컴퓨터 코드를 재구성하는 프로세스다. 리팩터링과 변화를 동의어로 여기는 개발자가 많지만 둘 사이에는 중요한 차이점이 있다.
>
> 아키텍처를 리팩터링하는 일은 거의 없다. 그보다는 재구성restructure을 통해 구조와 행동 모두에 실질적인 변화를 일으키는 경우가 많다. 아키텍처 패턴은 애플리케이션을 대표하는 아키텍처 특성을 부여하는 역할도 한다. 아키텍처 교체는 이러한 대표 특성의 변화를 의미하며, 리팩터링과는 다르다. 예를 들어 아키텍트가 확장성에 중점을 두고 이벤트 주도 아키텍처를 선택했다고 가정하자. 이후 개발팀이 아키텍처 패턴을 교체하면 이전과 같은 수준의 확장성을 유지하지 못할 가능성이 높다.

7.4.2 상용 소프트웨어(COTS)

생태계의 모든 구성 요소를 개발자가 관장하는 조직은 많지 않다. 많은 기업에 널리 보급된 상용 소프트웨어commercial off-the-shelf(COTS)와 패키지 소프트웨어는 진화적 시스템을 구축하는 아키텍트가 난관에 부딪히는 원인 중 하나다.

COTS 시스템 또한 다른 애플리케이션과 마찬가지로 함께 진화해야 한다. 그러나 불행히도 이러한 시스템은 진화를 지원하지 못하는 경우가 많다. 일반적으로 COTS 시스템에서 제대로 지원하지 못하는 진화적 아키텍처의 특성은 다음과 같다.

증분 변경incremental change

대부분의 상용 소프트웨어는 자동화 및 테스트 수준이 업계 표준에 크게 못 미친다. 그러나 아키텍트와 개발자는 통합 지점 사이에 논리적 장벽을 구축하고 가능한 한 모든 테스트를 구축해야 한다. 테스트 환경에서 전체 시스템이 블랙박스 상태라고 간주하는 경우도 많다.

개발팀은 배포 파이프라인, 데브옵스 등의 현대적인 관행을 통해 민첩성을 높일 수 있으며, 이를 위해 다양한 과제를 해결해야 한다.

적정 커플링 appropriate coupling

커플링 측면에서 바라본 패키지 소프트웨어는 만악의 근원이다. 패키지 시스템은 일반적으로 내부를 확인할 수 없으며 개발자는 사전에 정의된 API를 이용해 시스템을 통합한다. 이러한 API는 개발자에게 쓸모 있을 만큼 유연하지만 자유롭게 가공할 수는 없다는 태생적인 한계가 있다. 이 문제는 8.1.1절에서 더 자세히 설명한다.

피트니스 함수 fitness function

피트니스 함수를 추가하기 어렵다는 점은 패키지 소프트웨어의 진화성을 가로막는 큰 장애물일 것이다. 일반적으로 이러한 도구는 단위 또는 컴포넌트 테스트를 할 수 있을 만큼 내부를 노출하지 않는다. 따라서 통합 테스트가 최후의 수단이 된다. 이러한 테스트는 조악해지기 쉽고 실행 환경도 복잡하기에 일반적으로는 권장되지 않는다.

> **TIP** 통합 지점 integration point은 아키텍트의 재량에 맞게 부단히 관리해야 한다. 그렇지 않으면 향후 개발자가 시스템 일부를 자의적으로 변경하는 상황을 감수해야 할 것이다.

불투명한 데이터베이스 생태계는 패키지 소프트웨어 벤더가 불러들인 또 다른 커플링 지점이다. 패키지 소프트웨어가 데이터베이스의 상태를 완전히 관리하고 통합 지점을 통해 올바른 값을 노출시킨다면 그나마 다행이다. 최악의 경우 벤더 전용 데이터베이스는 시스템의 나머지 부분과 통합 지점을 형성하며 API를 사이에 둔 양쪽의 변화를 모두 방해한다. 이런 경우 아키텍트와 데이터베이스 관리자(DBA)는 미래의 진화성을 확보하기 위해 패키지 소프트웨어로부터 데이터베이스 제어 권한을 완전히 몰수해야 한다.

만일 꼭 필요한 패키지 소프트웨어를 사용해야 한다면, 견고한 피트니스 함수를 대거 동원해 가능한 한 모든 실행 과정을 자동화시켜야 한다. 소프트웨어 내부에 접근할 권한이 충분치 않다면 대안적인 테스트 기법이 필요할 수도 있다.

7.5 아키텍처 마이그레이션

많은 회사가 기존의 아키텍처 스타일을 다른 스타일로 마이그레이션한다. 신생 IT 업체의 아키텍트는 이해하기 쉽고 간단한 아키텍처를 선택하는 경우가 많다. 예를 들면 계층화된 모놀리스 아키텍처가 이런 상황에 어울린다. 회사가 성장기에 접어들면 아키텍처는 변화의 압력을 받고 전환을 검토하게 된다. 이때 아키텍처 마이그레이션의 가장 일반적인 경로는 모놀리식에서 출발해 서비스 기반 아키텍처에서 마무리된다. 이 과정에서 아키텍처를 바라보는 관점과 사고는 도메인 중심으로 재편된다. 물론 아키텍트에게 가장 매력적인 선택지는 고도의 진화성을 지닌 마이크로서비스다. 그러나 현존하는 커플링을 고려하면 마이그레이션하기 매우 어려운 경우가 많다. 마이크로서비스 전환 사례는 5.3.1절에서 자세히 다루었다.

아키텍트가 아키텍처 마이그레이션을 고려할 때는 일반적으로 클래스와 컴포넌트의 커플링 특성부터 고민하기 시작한다. 그러나 데이터처럼 진화의 영향을 받는 다른 차원을 간과하면 안 된다. 가령 트랜잭션 커플링은 클래스 커플링과 마찬가지로 실재하는 장애물이며 아키텍처 재구성 과정에서 근절하기 어려운 요소다. 기존 모듈을 지나치게 작은 조각으로 분리하려 한다면 이러한 커플링 지점들이 매우 부담스러운 존재로 작용할 것이다.

많은 시니어 개발자는 동일한 유형의 애플리케이션을 반복적으로 구축하는 지루함 속에 살아가고 있다. 그렇기에 대부분 개발자는 프레임워크를 사용해 쓸모 있는 것을 만들기보다 프레임워크를 직접 만드는 것을 더 선호한다. 다시 말해, 메타워크가 일상 업무보다 더 흥미롭다. 지루하고 단조롭고 반복적인 본업에 비해, 무언가 새로운 것을 만드는 일은 당연히 훨씬 흥미진진한 법이다.

이러한 경향은 두 가지 효과를 일으킨다. 첫째, 시니어 개발자들이 다른 개발자가 사용할 인프라를 직접 만들기 시작한다. 오픈 소스 등의 기성 소프트웨어가 있지만 사용하지 않는다. 필자가 한때 같이 일했던 한 고객은 최첨단 수준의 기술을 보유하고 있었다. 그들은 자체 애플리케이션 서버, 자바 웹 프레임워크 등 거의 모든 인프라를 직접 구축했다. 한번은 그들에게 운영체제도 직접 구축했는지 물어본 적이 있다. 그들이 "아니오"라고 대답하자, 필자는 되물었다. "왜죠? 여러분들은 모든 것을 직접 만드는 것 아니었나요?"

돌이켜보면 그 회사에 필요했던 기능은 개발 당시에는 존재하지 않았다. 해당 기능을 가진 오픈 소스 도구가 등장했을 때는 이미 그들이 정성스럽게 직접 개발한 인프라가 구축되어 있었다. 늦게라도 오픈 소스로 전환해 기술 스택을 표준화시켜야 했지만, 사용 방식이 약간 다르다는 핑계로 자체 스택을 고수했다. 10년 후, 인프라를 구축했던 최고의 개발자들은 온전히 유지보수 업무에 투입되어 애플리케이션 서버 수정, 웹 프레임워크 기능 추가 등의 일상적인 잡무를 수행한다. 더 나은 애플리케이션을 구축하며 혁신을 일구는 대신 영원한 배관공이 되는 길을 선택한 것이다.

흥미로워 보이는 일이나 경력을 돋보이게 할 만한 작업에 이끌리는 것은 아키텍트도 별반 다르지 않다. 프레임워크나 라이브러리처럼 중요도가 높은 결과물을 구축하는 것이 일상적인 비즈니스 문제를 처리하는 것보다 당연히 즐겁다. 생업이란 본래 재미가 없는 법이다.

> **CAUTION** 메타워크는 일보다 재미있다.

구현을 위한 구현이라는 함정에 빠지지 않도록 주의하기 바란다. 되돌아갈 수 없는 길로 들어서기 전에 먼저 모든 트레이드오프를 고려하고 저울질했는지 확인해야 한다.

7.5.1 마이그레이션 단계

마이그레이션은 많은 아키텍트가 직면하는 과제다. 특히 낡은 모놀리식 애플리케이션을 현대적인 서비스 기반 애플리케이션으로 전환하는 경우가 많다. 숙련된 아키텍트는 애플리케이션에 수많은 커플링 지점이 존재한다는 것을 익히 안다. 코드베이스를 해체하는 첫 단계는 코드베이스를 이루는 요소가 결합되는 방식을 이해하는 것이다. 모놀리스를 분해할 때 건축가는 커플링과 응집도를 고려하며 적절한 균형을 유지해야 한다. 마이크로서비스 아키텍처 스타일의 가장 엄격한 제약 조건 중 하나는 데이터베이스가 서비스의 경계 콘텍스트 내부에 있어야 한다는 원칙이다. 클래스는 원하는 만큼 작은 조각으로 나눌 수 있을지 몰라도, 트랜잭션 콘텍스트까지 비슷한 수준으로 분할하는 것은 극복 불가능한 난제인 경우가 많다.

결국 대부분의 아키텍트는 모놀리식 애플리케이션을 서비스 기반 아키텍처로 마이그레이션하는 해결책을 선택한다. [그림 7-1]은 초기의 모놀리식 아키텍처를 나타낸다.

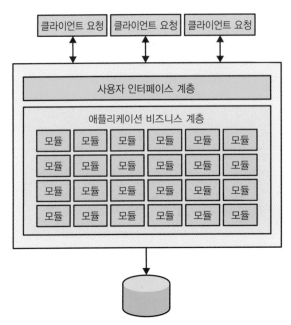

그림 7-1 마이그레이션의 시작 상태인 모놀리식 아키텍처, 일명 '다 함께 공유' 아키텍처

신규 프로젝트는 처음부터 세분성이 높은 서비스를 구축할 수 있다. 그러나 기존 서비스를 마이그레이션하며 세분성을 높이기는 쉽지 않다. 그렇다면 [그림 7-1]의 아키텍처를 [그림 7-2]의 서비스 기반 아키텍처로 마이그레이션하려면 어떻게 해야 할까?

[그림 7-1]에서 [그림 7-2]로 이어지는 마이그레이션은 여러 선결 과제를 동반한다. 서비스 세분성, 트랜잭션 경계, 데이터베이스 처리, 공유 라이브러리 취급 등 다양한 측면에 발생하는 문제를 해결해야 한다. 또한 아키텍트는 이러한 마이그레이션을 수행하는 이유를 설명할 수 있어야 한다. 단순히 '대세가 그렇기 때문'이라는 답변은 이유가 될 수 없다. 도메인으로 아키텍처를 분할하고, 팀 구조를 개선하고, 운영을 독립시키는 이유는 진화적 아키텍처의 핵심 빌딩 블록인 증분 변경 원칙을 따르기 위해서다. 그 순간부터 각 작업의 초점은 물리적인 작업 결과물에 대응하게 된다.

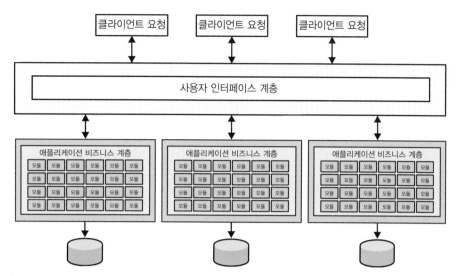

그림 7-2 서비스 기반 마이그레이션의 최종 결과, 일명 '최소한의 공유'

모놀리식 아키텍처를 분해할 때는 적정 수준의 서비스 세분성을 가늠하는 것이 중요하다. 서비스의 규모를 키우면 트랜잭션 콘텍스트와 오케스트레이션 문제를 해결하기 쉽지만, 모놀리스를 작은 조각으로 나누는 의미가 퇴색된다. 반대로, 컴포넌트를 지나치게 세분화시키면 과도한 오케스트레이션, 통신 오버헤드, 컴포넌트 상호 의존성 등의 문제가 발생한다.

아키텍처를 마이그레이션하는 첫 단계에서 개발자는 새로운 서비스의 경계를 식별해야 한다. 모놀리식 서비스는 다음과 같은 기준에 따라 분할할 수 있다.

비즈니스 기능 그룹

비즈니스는 IT 기능을 그대로 본떠 명확하게 구역을 나눌 수 있다. 비즈니스 통신 계층 구조를 모방하는 소프트웨어 구축 방식은 콘웨이의 법칙을 현실에 적용하는 명백한 사례다. 이 내용은 9.1.1절에서 더 자세히 설명한다.

트랜잭션 경계

엄격한 트랜잭션 경계를 준수해야 하는 비즈니스도 많다. 트랜잭션은 모놀리스를 분해할 때 가장 분리하기 어려운 커플링인 경우가 많다. 자세한 내용은 6.2.1절을 참고하기 바란다.

증분 변경 기능을 통해 개발자는 각기 다른 일정에 따라 선택적으로 코드를 릴리스할 수 있다. 가령 마케팅 부서는 재고 관리 부서보다 업데이트 주기가 훨씬 짧다. 릴리스 속도처럼 운영적 기준으로 서비스를 분할하려면 해당 기준의 중요도가 매우 높아야 한다. 확장성 등의 특성이 극단적으로 중요한 시스템도 비슷한 경우라 할 수 있다. 운영 목표를 중심으로 서비스를 분할하면 개발자가 피트니스 함수를 이용해 서비스의 상태와 운영 메트릭을 추적할 수 있다.

서비스 세분성이 낮을수록 마이크로서비스에 내재된 조정의 필요성은 줄어든다. 단일 서비스가 많은 비즈니스 콘텍스트를 보유하기 때문이다. 그러나 서비스의 규모가 커질수록 운영 난도는 높아지는 경향이 있다. 이는 일종의 아키텍처 트레이드오프라 할 수 있다.

7.5.2 모듈 상호작용의 진화

공유 모듈과 컴포넌트는 마이그레이션 과정에서 개발자가 자주 마주치는 장애물이다. [그림 7-3]의 구조를 살펴보자.

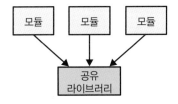

그림 7-3 원심성 및 구심성 커플링을 형성한 모듈

[그림 7-3]의 세 모듈은 모두 동일한 라이브러리를 공유한다. 그러나 아키텍트는 각 모듈을 별도의 서비스로 분리해야 한다. 이러한 의존성은 유지될 수 있을까?

일부 라이브러리는 각 모듈이 필요로 하는 기능을 유지한 채 깔끔하게 분리할 수 있다. [그림 7-4]를 살펴보자.

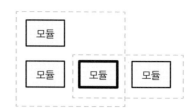

그림 7-4 공통 의존성을 지닌 모듈

[그림 7-4]에서 양쪽의 모듈은 모두 굵은 테두리로 표시된 중앙의 모듈을 필요로 한다. 운이 좋다면 양쪽이 필요로 하는 기능을 명확하게 구분할 수 있으며 [그림 7-5]처럼 각 의존성을 따라 공유 라이브러리를 분할할 수 있다.

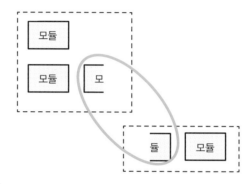

그림 7-5 공유 의존성 분할

아키텍트에게 쓸모 있는 코드 수준 메트릭은 많지 않지만 아주 없는 것은 아니다. Chidamber & Kemerer 메트릭 스위트[1]는 모듈의 분할 가능 여부나 LCOM[Lack of Cohesion in Methods][2] 적용 여부를 판단할 수 있는 유용한 메트릭을 포함한다. LCOM은 클래스 또는 컴포넌트의 구조적 응집도를 측정하는 지표이며, 조금씩 다른 방식의 LCOM1, LCOM2 등의 변형 지표가 존재한다. 모두 응집도 결핍을 측정한다는 기본 기능은 동일하다. [그림 7-6]에 나타난 세 가지 경우를 살펴보자.

----

1 https://oreil.ly/Gklqp
2 https://oreil.ly/EvhWN

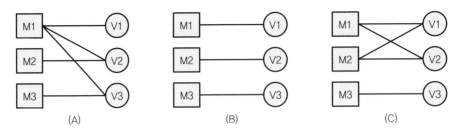

그림 7-6 응집도 수준이 다른 세 클래스

[그림 7-6]에서 M은 메서드를, V는 클래스 내부의 필드를 나타낸다. (A)는 응집도가 높은 클래스의 예시이며 상대적으로 많은 메서드에서 필드를 사용한다. 반면 (B)는 (A)보다 응집도가 낮고, 큰 어려움 없이 세 개의 클래스로 분할할 수 있다.

LCOM은 커플링 지점이 활용되지 않는 정도를 측정한다. 따라서 (B)는 응집도가 높은 (A)나 (C)보다 LCOM 점수가 더 높다.

LCOM 메트릭은 CK 메트릭 스위트를 지원하는 모든 플랫폼에서 사용할 수 있다. 자바로 구현된 오픈 소스는 ckjm[3]이다.

LCOM은 아키텍처 마이그레이션을 앞둔 아키텍트에게 유용한 메트릭이다. 마이그레이션 과정에서 공유 클래스나 컴포넌트를 처리하는 경우가 많기 때문이다. 모놀리스를 해체하면 아키텍트는 문제 도메인을 어떻게 분할할지 비교적 쉽게 결정할 수 있다. 그러나 부수적인 클래스와 기타 컴포넌트는 어떠한가? 이들은 얼마나 강하게 결합되어 있는가? 가령 모놀리스 내부 여러 곳에서 Address 개념을 사용하려 한다면 하나의 Address 클래스를 만들어 공유하는 것이 이치에 맞는다. 그러나 모놀리스를 해체하는 순간이 왔을 때 이러한 Address 클래스를 어떻게 처리해야 할 것인가? LCOM 메트릭은 특정 클래스가 애초부터 단일 클래스여야 하는지 판단하는 근거가 된다. 이 메트릭 점수가 높다면 클래스의 응집도가 낮다는 뜻이다. 반대로 LCOM 점수가 낮으면 아키텍트는 클래스 분리가 아닌 다른 접근 방식을 선택해야 한다.

선택지는 두 개가 있다. 첫째, 개발자는 [그림 7-7]과 같이 공유 모듈을 JAR, DLL, gem 등의 라이브러리로 추출하고 양쪽에서 동시에 사용할 수 있다.

---

3 https://oreil.ly/dPKf8

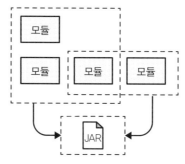

그림 7-7 JAR 파일을 통한 의존성 공유

공유는 커플링의 일종이며 마이크로서비스 아키텍처에서 사용하도록 권장되지는 않는다. 공유 라이브러리의 대안이자 두 번째 선택지는 복제replication다. [그림 7-8]을 살펴보자.

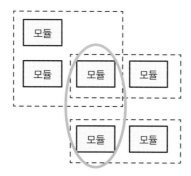

그림 7-8 공유 라이브러리 복제를 이용한 커플링 지점 제거

분산 환경에서는 메시징 또는 서비스 호출을 이용해 이와 비슷한 공유 기능을 구현할 수 있다.

서비스를 올바르게 분할했다면 다음 단계는 UI에서 비즈니스 계층을 분리하는 것이다. 마이크로서비스 아키텍처라 해도 UI는 모놀리식으로 구성하는 경우가 많다. 결국 개발자는 특정 시점에 이르러 통합된 UI를 보여주어야 한다. 따라서 일반적으로 마이그레이션 초기에 UI를 분리하고 UI 컴포넌트와 백엔드 서비스 사이에 매핑 프록시 계층을 생성한다. UI를 분리하고 손상방지 계층anticorruption layer 을 두면 아키텍처 변경 사항으로부터 UI가 분리된다.

다음 단계인 **서비스 디스커버리**service discovery는 서비스가 서로를 찾고 호출할 수 있는 기능이다. 아키텍처는 결국 다수의 서비스로 구성되며 이들은 반드시 조율 과정을 거쳐야 한다. 디스커버리 메커니즘을 초기에 구축하면 시스템을 부분적으로 서서히 마이그레이션할 수 있다. 서비스 디스커버리는 일반적으로 간단한 프록시 계층 형태로 구현한다. 각 컴포넌트는 프록시를 호출하고, 프록시는 특정 구현에 매핑된다.

> 컴퓨터 과학의 문제는 지나친 간접성 문제를 제외하면 모두 간접 계층을 만들어 해결할 수 있다.
>
> — 데이브 휠러 Dave Wheeler 와 케블린 헤니 Kevlin Henney

물론 간접 계층이 너무 많아지면 서비스 디스커버리가 있어도 서비스를 탐색하기 어렵다.

모놀리식 아키텍처를 서비스 기반 아키텍처로 마이그레이션할 때, 아키텍트는 기존 애플리케이션의 모듈이 서로 연결되는 방식을 주의 깊게 관찰해야 한다. 애플리케이션을 안일하게 분할하면 자칫 심각한 성능 문제가 발생할 위험성이 있기 때문이다. 애플리케이션의 연결 지점은 통합 아키텍처의 연결 지점으로 전환되며 대기 시간이나 가용성 등의 문제를 일으킨다. 따라서 전체 마이그레이션을 한 번에 완료하기는 쉽지 않다. 모놀리식 아키텍처는 트랜잭션 경계, 구조적 커플링 등의 내재적 특성을 고려해 개별 서비스로 분해해야 한다. 이러한 과정은 점진적으로 진행하는 것이 더 효과적이다. 먼저 모놀리스를 소수의 '애플리케이션 일부'로 쪼갠 다음, 각각의 통합 지점을 고친다. 그리고 이 작업을 반복한다. 이러한 점진적인 마이그레이션은 마이크로서비스 세계에서 선호되는 방식이다.

> 모놀리식을 마이그레이션할 때는 소수의 대형 서비스부터 구축하라.
>
> — 샘 뉴먼 Sam Newman, 『마이크로서비스 아키텍처 구축』(한빛미디어, 2023)

다음으로 개발자는 모놀리스에서 떼어낼 서비스를 선택하고 호출 지점을 수정한다. 피트니스 함수가 이 단계에서 중요한 역할을 한다. 개발자는 피트니스 함수를 구축하고, 신규 통합 지점이 변경되지 않도록 소비자 주도 계약을 추가해 보호해야 한다.

7.6 진화적 아키텍처 구축 가이드라인

이 책은 지금까지 여러 번에 걸쳐 생물학적 은유를 구사했으며, 이번 장도 마찬가지다. 인간의 뇌는 각 기능이 신중하게 구축되거나 깨끗하고 완벽한 환경에서 진화하지 않았다. 뇌를 이루는 여러 계층은 가장 깊은 곳에 있는 원시적인 계층을 기반으로 발전해왔다. 뇌 속에서 호흡, 섭식처럼 핵심적인 자율 행동을 관장하는 곳은 파충류의 뇌와 크게 다르지 않은 곳에 있다. 이처럼 진화는 핵심 메커니즘을 전체적으로 교체하기보다 새로운 계층을 쌓아 올리는 방식으로 진행된다.

엔터프라이즈 대기업의 소프트웨어 아키텍처도 비슷한 패턴을 따른다. 대부분은 각 기능을 새롭게 재구축하기보다 현존하는 모든 기능을 발전시키려 한다. 모두가 깨끗하고 이상적인 환경을 전제로 아키텍처를 논할 수 있다면 좋겠지만 실제 세계는 기술 부채, 이해 충돌, 한정된 예산 등의 문제로 혼란스럽다. 대기업의 아키텍처는 인간의 두뇌와 비슷한 방식으로 구축된다. 저수준 시스템은 여전히 핵심적인 세부 사항을 처리하지만 오래된 문젯거리를 짊어지고 있다. 기업은 일단 잘 작동하는 것을 그대로 두려 하는 습성이 있기에, 통합 아키텍처의 문제는 점점 심화된다.

기존 아키텍처를 개조해 진화성을 구축하는 것은 일종의 도전에 가깝다. 아키텍처를 변경하기 쉽도록 개발자가 미리 손쓰지 않은 이상 이러한 특성이 자생적으로 발현될 가능성은 거의 없다. 커다란 진흙 공을 현대적인 마이크로서비스 아키텍처로 빚어내려면 아무리 탁월한 아키텍트라 해도 각고의 노력이 필요하다. 다행히 전체 아키텍처를 교체하지 않고도 진화성을 높이는 방법이 있다. 이제부터 설명할 지침에 따라 기존 프로젝트에 유연성을 더하면 된다.

7.6.1 불필요한 변동성 제거

지속적 전달의 주요 목표 중 하나는 익히 알려진 좋은 소재를 이용해 안정성을 구축하는 것이다. 이 목표를 일반화시켜 표현하면 현대의 데브옵스가 추구하는 불변 인프라 구축의 정의가 된다. 1장에서 설명했다시피 소프트웨어 개발 생태계는 지속적인 동적 균형을 이루고 있다. 소프트웨어 의존성의 영향력을 이보다 명쾌하게 설명하는 방법은 없을 것이다. 소프트웨어 시스템은 기능을 업데이트하고, 서비스 팩을 추가하고, 일반적인 조율 과정을 거치며 지속적으로 변경된다. 끊임없는 변화를 감내하는 운영체제가 가장 대표적인 예다.

현대의 데브옵스는 눈송이 인프라snowflake infrastructure를 불변 인프라immutable infrastructure로 대체하는 방식으로 동적 균형 문제를 해결했다. 눈송이 인프라는 운영자가 손수 제작한 자산이며, 향후 모든 유지 관리 작업이 수작업일 것임을 나타내는 선언이다. 채드 파울러Chad Fowler는 〈Trash Your Servers and Burn Your Code: Immutable Infrastructure and Disposable Components〉라는 기고문에서 불변 인프라[4]라는 용어를 주조했다. 불변 인프라는 완벽하게

---

4 https://oreil.ly/5f7rT

프로그래밍 방식으로 정의된 시스템을 뜻한다. 시스템의 모든 변경 사항은 반드시 소스 코드를 통해 반영하며, 실행 중인 운영체제는 수정하지 않는다. 따라서 전체 시스템은 운영 관점에서 볼 때 불변의 존재다. 일단 시스템이 부트스트랩 단계를 지나면 변경 사항은 일절 발생하지 않는다.

불변성은 진화성을 부정하는 단어처럼 들리지만 실은 그 반대다. 소프트웨어 시스템은 제각기 움직이는 수천 개의 부품으로 구성되며 이들은 모두 긴밀한 의존 관계로 묶여 있다. 이러한 관계가 만들어내는 예기치 않은 부작용들은 항상 개발자를 괴롭혀 왔다. 예측할 수 없는 변화의 가능성을 제한하면 시스템이 취약해지는 요인을 제어할 수 있다. 이를 위해 개발자는 코드의 변수를 상수로 대체하고 변화를 유발하는 벡터를 줄이기 위해 노력한다. 데브옵스는 이 개념을 선언적으로 정의하고 운영에 반영한다.

이번 절의 조언처럼 불변 인프라는 불필요한 변수를 제거한다. 진화하는 소프트웨어 시스템을 구축한다는 것은 가능한 한 많은 미지의 요소를 제어한다는 뜻이다. 운영체제의 최신 서비스 팩이 애플리케이션에 미치는 영향은 사실상 피트니스 함수로 예측할 수 없다. 그 대신 개발자는 배포 파이프라인을 실행할 때마다 인프라를 새로 구축하며 최대한 적극적으로 변경 사항을 검증한다. 만일 개발자가 운영체제처럼 근본적이고 변경 가능한 요소를 배제할 수 있다면 테스트에 대한 부담도 줄어들 것이다.

아키텍트는 다양한 방법을 이용해 변수를 상수로 변환할 수 있다. 불변 인프라의 원칙을 개발 환경으로 확장하는 팀도 많다. '그렇지만 내 컴퓨터에서는 잘 된다고!'라는 외침을 더 이상 듣지 않기 위해서다. 모든 개발자가 정확히 동일한 이미지를 보유한다면 상당수의 불필요한 변수가 사라진다. 예를 들어 대부분의 개발팀은 리포지터리를 통해 개발 라이브러리를 자동으로 업데이트한다. 그러나 IDE 등의 도구 업데이트까지 그렇게 할 수 있을까? 개발 환경을 불변 인프라로 고정시키면 모든 개발자가 항상 동일한 기반 위에서 작업할 수 있다.

불변 개발 환경을 구축하면 유용한 도구를 프로젝트 전체로 전파할 수 있다. 애자일 엔지니어링을 채택한 개발팀은 일반적으로 페어 프로그래밍 기법을 도입한다. 페어 프로그래밍은 팀 구성원이 몇 시간에서 며칠 간격을 두고 정기적으로 교대하며 짝을 이루어 코딩하는 관행이다. 그러나 컴퓨터가 달라질 때마다 이전에 사용했던 도구를 사용할 수 없게 된다면 매우 불편할 것이다. 개발자가 사용할 시스템의 단일 원본을 구축해두면, 필요한 도구를 모든 시스템에 손쉽게 추가할 수 있다.

> **눈송이의 함정**
>
> 한 블로그에서 〈Knightmare: A DevOps Cautionary Tale〉[5]라는 제목을 붙인 사건은 눈송이 서버에 대한 경각심을 일깨우기 좋은 사례로 꼽힌다. 모 금융 서비스 회사는 과거에 PowerPeg라는 알고리즘으로 거래 정보를 처리했다. 이 코드는 최근 여러 해 동안 사용되지 않았지만 기능 플래그가 꺼진 상태로 여전히 코드에 남아 있었다. 새로운 규제가 시행됨에 따라 개발자들은 SMARS라는 거래 알고리즘을 구현했다. 다소 게을렀던 그들은 이전부터 PowerPeg에 지정되어 있던 기능 플래그를 재사용해 SMARS 코드를 구현했다. 2012년 8월 1일, 개발자는 신규 코드를 7개의 서버에 배포했다. 그러나 불행히도 시스템은 8개의 서버에서 실행되고 있었으며 그중 한 곳의 코드는 업데이트되지 않았다. 과거 PowerPeg에 연결되어 있던 기능 플래그를 켜는 순간 7개의 서버는 매도를 시작하고 다른 하나의 서버는 매수를 시작했다. 개발자의 단순한 실수에서 시작된 알고리즘은 이제 낮은 가격에서 판매하고 높은 가격에서 구매하는 최악의 마켓 시나리오로 둔갑했다. 신규 코드가 범인이라 확신한 개발자는 7개 서버에 배포된 코드를 모두 롤백했지만 기능 플래그는 여전히 켜진 상태로 남아 있었다. 신규 코드를 롤백하는 순간, 과거의 PowerPeg 코드가 모든 서버에서 실행되기 시작했다. 이 난리통을 수습하기까지 45분이 걸렸고 그동안 회사는 총 4억 달러 이상의 손실을 입었다. 다행히 엔젤 투자자가 나타나서 회사를 구했지만 그 대가는 회사 전체의 가치보다도 컸다.
>
> 이 이야기는 알려지지 않은 가변성이 일으키는 문제를 드러낸다. 낡은 기능 플래그를 재사용하는 행동은 매우 경솔하다. 기능 플래그를 다루는 올바른 방법은 목적을 달성하는 즉시 제거하는 것이다. 현대의 데브옵스 환경은 배포를 자동화하지 않는 것 자체를 무모한 시도로 간주한다. 중요한 소프트웨어는 반드시 자동화 시스템을 이용해 배포해야 한다.

7.6.2 결정과 번복

공격적으로 진화하는 시스템은 필연적으로 언젠가 예상치 못한 방식으로 실패할 수밖에 없다. 이러한 상황에서 개발자는 향후 동일한 문제가 발생하지 않도록 새로운 피트니스 함수를 제작할 수 있다. 그러나 이러한 시도를 되돌리려면 어떻게 해야 할까?

한번 내린 **결정을 되돌리는 방법**, 즉 실행 취소를 지원하는 데브옵스 기법은 여러가지다. 그중 하나인 **블루/그린 배포**는 동일한 생태계를 두 번 만드는 방식으로 배포 환경을 구성한다. 각 환경은 일반적으로 가상화 시스템으로 구현하며 현재의 프로덕션 시스템은 **블루**, 다음 릴리스를 배포할 시스템은 **그린**으로 지정한다. **그린** 릴리스가 준비되면 프로덕션을 일임하고 **블루**는 잠시 백업 상태로 전환한다. 이후 **그린**에 문제가 발생하면 큰 어려움 없이 **블루**로 되돌아갈 수 있

---

5   https://oreil.ly/vjZxI

으며 만일 **그린**이 정상적으로 가동되면 **블루**가 다음 릴리스의 스테이징 영역이 된다.

기능 토글feature toggle 또한 개발자의 결정을 되돌릴 수 있는 수단이다. 기능 토글을 두고 변경 사항을 배포하면 개발자는 일부 사용자에게 선택적으로 신기능을 릴리스할 수 있다. 이러한 릴리스를 카나리아 릴리스canary release[6]라 한다. 신기능이 원하는 대로 작동하지 않으면 개발자는 기능 토글을 이용해 해당 릴리스를 되돌리고 결함을 수정할 수 있다. 단, 쓸모없어진 기능 토글은 잊지 말고 제거해야 한다.

기능 토글을 사용하면 신기능 적용 시 위험 부담이 크게 줄어든다. 서비스 라우팅 또한 카나리아 릴리스 기법이다. 라우팅은 요청 콘텍스트를 기반으로 특정 서비스 인스턴스를 배정하는 기능을 의미한다.

7.6.3 예측성과 진화성

> 우리가 안다는 것을 아는 사실이 있고, 모른다는 것을 아는 사실이 있다. 그러나 세상에는 알려지지 않은 미지, 즉 우리가 모른다는 것조차 모르는 사실도 있다.
>
> — 도널드 럼즈펠드Donald Rumsfeld, 전 미국 국방장관

알려지지 않은 미지unknown unknowns는 소프트웨어 시스템의 천적이다. 많은 프로젝트는 **알려진 미지**의 목록을 작성하며 시작된다. 다시 말해 개발자는 자신이 배워야 할 도메인과 기술이 있다는 사실을 안다. 그러나 프로젝트는 가끔 **알려지지 않은 미지**의 희생양이 되곤 한다. 아무도 몰랐던 일이 아무도 예측하지 못한 형태로 발생하기 때문이다. Big Design Up Front(BDUF)[7] 소프트웨어를 구축하기 힘든 이유도 이와 같다. 알려지지 않은 미지의 요소를 설계할 수 있는 아키텍트는 없다.

> 모든 아키텍처는 알려지지 않은 미지 속에서 같은 과정을 되풀이한다. 애자일은 그저 이를 인식하고 더 빨리 반복할 뿐이다.
>
> — 마크 리처즈Mark Richards

---

6 `https://oreil.ly/oXXK4`
7 옮긴이_개발에 앞서 기획이나 설계가 선행되는 구축 방식

아키텍처는 미지의 환경에서 살아남을 수 없고, 동적 평형은 소프트웨어의 예측성을 무력화시킨다. 따라서 아키텍트는 진화성을 구축하는 방식으로 미지에 대항한다. 미래의 변화가 프로젝트에 쉽게 통합될 수 있다면 점술가의 수정 구슬은 필요치 않다. 아키텍처는 선행 작업만으로 이루어진 결과물이 아니며 프로젝트는 모든 생애에 걸쳐 명시적이고 예상치 못한 방식으로 끊임없이 변화한다. 변화로부터 자신을 격리하기 위해 개발자가 구축하는 일반적인 보호 장치는 손상방지 계층anticorruption layer이다.

7.6.4 손상방지 계층 구축

프로젝트는 메시지큐, 검색 엔진 등의 부가 기능 라이브러리와 결합한다. 추상화 방해 안티패턴abstraction distraction antipattern은 프로젝트가 외부 라이브러리(상용 또는 오픈 소스)와 과하게 '엮이는' 시나리오를 묘사한다. 이런 경우 애플리케이션 코드는 대부분 외부 라이브러리의 현재 추상화 구조를 기본 형태로 간주한다. 추후 개발자가 라이브러리를 업그레이드하거나 전환할 시점이 됐을 때는 이러한 활용 형태가 이미 굳어진 상태일 것이다. 손상방지 계층은 이러한 부작용을 방지하기 위해 도메인 주도 설계에 포함된 안전 장치다. 다음 단락부터 설명하는 실제 사례를 살펴보자.

애자일 아키텍트는 책임이 따르는 마지막 순간을 중요시한다. 너무 이른 시기에 프로젝트의 복잡도를 결정하는 실수를 범하지 않기 위해서다. 필자는 중고차 거래 업체의 관리 프로그램을 루비 온 레일즈ruby on rails 프로젝트로 구축한 적이 있다. 개발 완료 후 막상 애플리케이션을 실행하자 예상치 못한 워크플로가 발생했다. 중고차 딜러들의 차량과 사진이 대규모로 일괄 등록되기 시작한 것이다. 필자는 일반 대중이 중고차 딜러를 신뢰하지 않는 만큼 딜러들도 서로를 신뢰하지 않는다는 사실을 깨닫게 되었다. 그렇기에 중고차 딜러들은 각자가 보유한 차량의 모든 부분을 나사 하나까지 낱낱이 사진으로 찍어 올려야 했던 것이다. 그들은 대부분 일괄 업로드 기능을 필요로 했고 그 결과를 진행률 UI 또는 최종 처리 결과 형태로 확인하고 싶어 했다. 기술적인 용어로 표현하면, 이러한 요구 사항은 비동기식 업로드 기능이었다.

전통적으로 이러한 요구 사항에 대처하는 아키텍처 측면의 해결책은 메시지큐다. 필자와 개발 팀은 어떤 오픈 소스 큐를 선택해 아키텍처에 추가할지 논의했다. 많은 프로젝트가 이 단계에서 익숙한 함정에 빠지곤 한다. '나중에 가면 여러모로 메시지큐가 쓰일 테니, 가장 기능이 많은 것을 탑재하고 추후 확장하자'라는 태도가 바로 그 함정이다. 이러한 접근 방식이 낳는 가장 큰 폐해는 **기술 부채**technical debt다. 기술 부채란 프로젝트의 일부이며, 프로젝트에 있어서는 안 될 것인 동시에, 있어야 할 것의 자리를 차지하고 있는 무언가를 뜻한다. 낡은 실타래 같은 코드만이 기술 부채라 생각하는 개발자가 많다. 그러나 프로젝트는 때 이른 복잡성을 도입하며 초기부터 기술 부채를 떠안기도 한다.

프로젝트의 앞날을 위해, 아키텍트는 개발자에게 되도록이면 단순한 방법을 따를 것을 권유했다. 이때 한 개발자가 BackgrounDRb[8]를 발견했다. 관계형 데이터베이스를 이용해 단일 메시지큐를 구현하는 매우 단순한 오픈 소스 라이브러리였다. 아키텍트는 이 단순한 도구가 장래의 문제를 해결할 정도로 확장될 수 없음을 짐작했지만 달리 이의를 제기하지는 않았다. 미래의 사용 방식을 예측하려 하는 대신, 그저 API 후방에 배치해 교체 편의성을 높였다. **책임이 따르는 마지막 순간**이 오면 다음과 같은 질문에 답을 내려야 한다. '이 결정을 지금 내려야 하는가?', '일정을 늦추지 않으면서 결정을 미룰 수 있는 방법이 있는가?', '당장의 요건을 만족시키는 동시에, 추후 필요에 따라 자유롭게 바꿀 수 있는 선택지가 있는가?'

1주년을 전후로, 비동기 기술과 관련된 두 번째 요청이 기간제 판촉 이벤트라는 형태로 발생했다. 아키텍트는 문제 상황을 평가하고 BackgrounDRb의 인스턴스를 추가하면 충분하다고 판단한 뒤, 실행에 옮겼다. 2주년 기념일이 지나자 캐시와 요약 데이터를 지속적으로 업데이트하기 원하는 세 번째 요청이 등장했다. 개발팀은 현재의 시스템이 새로운 워크로드를 감당하기 어렵다는 사실을 깨달았다. 그러나 그들은 그간의 경험을 통해 이 애플리케이션에 어떠한 종류의 비동기 동작이 필요한지 파악하고 있었고, 단순하면서도 고전적인 메시지 대기열인 Starling[9]으로 프로젝트 라이브러리를 교체했다. 대기열 기능은 처음부터 인터페이스 뒤편에 격리되어 있었으므로 전환 작업은 매우 간단했다. 2명의 개발자가 일주일 만에 마무리하였으며 이는 해당 프로젝트에서 한 번의 개발 주기에 해당하는 기간이었다. 또한 다른 개발자의 작업에는 전혀 지장이 없었다.

인터페이스와 손상방지 계층을 제 위치에 배치한 덕분에, 일부 기능을 교체하는 작업이 기계적인 단순 업무로 그칠 수 있었다. 손상방지 계층은 아키텍트가 **API 구문**이 아닌 API의 **의미 체계**를 고민하도록 돕는 장치다. 그러나 이러한 장점이 **과도한 추상화**의 구실이 될 수는 없다. 모든 추상화 계층을 선제적으로 구축해야 한다고 주장하는 개발자 커뮤니티도 있다. 그러나 원격

---

8 https://oreil.ly/kwV4y
9 https://oreil.ly/Ub25x

인터페이스로 Thing에 접근하기 위해 Factory로 proxy를 호출할 때, 추상화는 이해하기 어려운 방해물이 된다. 다행히 최신 언어와 IDE 덕분에 개발자는 필요한 시점에 정확히 인터페이스를 추출할 수 있다. 프로젝트에 자리 잡은 낡은 라이브러리를 교체해야 한다면 IDE가 개발자를 대신해 인터페이스를 추출하고 JIT ^{Just In Time} 방식으로 손상방지 계층을 구축할 수 있다.

> **TIP** Just In Time 방식으로 손상방지 계층을 구축하고 라이브러리 변경에 대비하라.

외부 리소스와 애플리케이션이 결합한 커플링 지점을 효과적으로 제어하는 것은 아키텍트의 주요 임무다. 의존성은 최적의 시기를 잘 보고 도입해야 한다. 아키텍트에게 의존성은 편의와 제약을 동시에 제공하는 존재임을 명심하기 바란다. 의존성 업데이트, 관리 등에 들이는 비용보다 의존성에서 얻는 이익이 더 커야 한다.

> 개발자는 만사의 장점을 이해하면서 단점은 아무 것도 이해하지 못한다!
>
> — 리치 히키^{Rich Hickey}, Clojure의 창시자

아키텍트는 자신의 결정에 따르는 이득과 트레이드오프를 모두 이해하고, 그에 따라 엔지니어링 관행을 수립해야 한다.

손상방지 계층을 도입하면 진화성이 향상된다. 아키텍트는 미래를 예측할 수 없지만 적어도 변경 비용을 낮추고 부정적인 파급 효과를 예방할 수는 있다.

7.6.5 희생적 아키텍처 구축

프레드 브룩스^{Fred Brooks}는 그의 저서 『맨먼스 미신』(인사이트, 2015)에서, 새로운 소프트웨어 시스템을 구축할 때 '버리기 위한 계획 ^{Plan to Throw One Away}'[10]을 세우라고 조언한다.

> 우리가 해야 할 질문은 파일럿 시스템을 만든 다음에 '버릴 것이냐 말 것이냐가 아니다. 그 일은 '어차피' 일어날 것이다. […] 그러므로 버리기 위한 계획을 세우라. 어쨌거나 버리게 될 것이다.
>
> — 프레드 브룩스

----

10 https://oreil.ly/cCgfe

요점은, 일단 시스템을 구축하면 그전까지 몰랐던 미지의 문제를 파악할 수 있으며 처음에는 불확실했던 아키텍처 결정을 내릴 수 있게 된다는 것이다. 이러한 모든 경험적 교훈은 이후 버전의 밑거름이 된다. 개발자는 아키텍처 수준의 요구 사항과 특성을 파악하고 급격한 변화를 예측하려 애쓴다. 아키텍처를 선택하는 능력은 개념 증명이라는 절차를 통해 효과적으로 훈련할 수 있다. 개념 증명과 관련해 마틴 파울러는 희생적 아키텍처[11]라는 용어를 제시하고, '성공적으로 개념을 입증한 다음 버려지도록 설계된 아키텍처'라 정의했다. 일례로 1995년 펄^{Perl} 스크립트로 시작된 이베이^{eBay}는 1997년에 C++로 마이그레이션한 다음 2002년에 다시 자바로 마이그레이션했다. 분명 이베이는 시스템을 여러 번 재설계했음에도 불구하고 엄청난 성공을 거두었다. 이 개념을 성공적으로 활용한 또 다른 사례는 트위터^{Twitter}다. 트위터는 출시일을 앞당기기 위해 루비 온 레일즈를 이용해 개발됐다. 그러나 트위터 플랫폼은 트위터의 성장세를 감당하기에는 확장성이 부족했기에, 이후 빈번하게 장애를 일으키고 가용성은 저하되었다. 초창기 트위터 사용자는 [그림 7-9]에 나타난 고래 그림이 익숙할 것이다.

그림 7-9 트위터 장애 화면으로 유명한 고래

결국 트위터는 최초의 아키텍처를 재구축하고 더욱 강력한 백엔드로 교체해야만 했다. 그러나 결과적으로 이러한 전략은 트위터가 살아남을 수 있었던 비결이었다는 분석도 있다. 만일 트위터 엔지니어가 출시 전부터 최종적이고 견고한 플랫폼을 구축했다면 제때 시장에 진출하지 못했을 것이다. 만일 그랬다면 트위터가 지연된 만큼 Snitter 등의 단문 메시징 서비스가 먼저 등장해 시장을 선점했을지도 모를 일이다. 비록 성장통이 있긴 했지만 희생적 아키텍처를 선택한 것은 그만한 가치가 있었다.

희생적 아키텍처는 클라우드 환경과 결합하면 더욱 매력적이다. 개발자가 프로젝트 초기 버전

---

11 https://oreil.ly/sNPtz

을 클라우드에서 빌드하고 테스트하면 소프트웨어 릴리스 리소스가 크게 절감된다. 이 프로젝트가 성공적으로 안착되면 아키텍트는 더욱 피트니스가 높은 아키텍처를 구축하는 일에 시간을 할애할 수 있다. 개발자가 손상방지 계층을 마련하고 진화적 아키텍처의 관행에 관심을 기울이면 마이그레이션도 마냥 어려운 일만은 아니다.

많은 기업에서 시장의 존재를 가늠하기 위해 희생적 아키텍처를 기반으로 최소한의 기능을 갖춘 제품[12]을 만들어 투입한다. 이러한 전략은 분명 효과적이다. 그러나 언젠가는 시간과 자원을 들여 한 단계 더 견고한 아키텍처를 재구축해야 한다는 사실을 잊지 말아야 한다. 트위터보다 덜 요란하게 전환할 수 있다면 금상첨화다.

한편 기술 부채는 이제 막 성공 길에 오른 프로젝트의 장래에 영향을 미친다. 프레드 브룩이 두 번째 시스템 효과라 부른 이 부작용은, 작고 우아하며 뛰어난 시스템이 과장된 기대 속에서 거대한 만능 괴물로 진화하는 현상을 의미한다. 경영진은 멀쩡한 코드를 제거한다는 계획을 좀처럼 달가워하지 않는다. 그렇기에 아키텍트는 항상 추가하고, 절대 제거하지 않고, 폐기하는 것을 기피하게 된다.

기술 부채는 일종의 메타포로 해석해도 무리가 없다. 기술 부채는 프로젝트 경험을 은연중에 드러내며, 발생 원인과 무관하게 설계의 결함을 상징하기 때문이다. 또한 기술 부채는 부적절한 커플링을 한층 악화시킨다. 열악한 설계는 걸핏하면 병적인 커플링을 생산하며 각종 안티패턴과 결합해 코드 재구축을 방해한다. 개발자가 아키텍처를 재구축하는 첫 단계는 기술 부채로 굳어진 과거의 설계 타협점을 제거하는 것이어야 한다.

7.6.6 외부 변화 경감

모든 개발 플랫폼이 공통으로 지닌 기능들은 대부분 외부에 의존한다. 프레임워크, 라이브러리, 각종 도구 등이 이러한 외부 의존성에 해당하며, 그중에서도 특히 인터넷을 통해 업데이트되는 자산은 중요하게 취급할 필요가 있다. 과거로부터 쌓인 추상화는 하나의 거대한 탑을 이루고, 소프트웨어 개발은 이러한 추상화의 탑 꼭대기에서 진행된다. 예를 들어 운영체제는 개발자가 제어할 수 없는 대표적인 외부 의존성이다. 기업에서 운영체제와 지원 코드를 모두 자체 제작하지 않는 한, 외부 의존성은 필수 불가결한 요소다.

---

12 https://oreil.ly/SgSj8

대부분의 프로젝트는 수많은 서드파티 컴포넌트에 의지하며 빌드 도구를 통해 적용한다. 일단 쓰면 이득이라는 생각에 개발자는 대부분 호의적으로 의존성을 대한다. 그러나 의존성이 비용을 수반한다는 사실은 많은 개발자가 간과하는 사실이다. 서드파티 코드를 사용하는 개발자는 반드시 돌발 상황에 대비한 보호 수단을 스스로 마련해야 한다. 서드파티 코드는 중대한 변화가 갑자기 발생하거나 사전 공지 없이 일부분이 제거될 위험이 있다. 프로젝트의 외부 요소를 올바르게 관리하는 것은 진화적 아키텍처 구축의 핵심 과제다.

인터넷을 무너뜨린 11줄의 코드

2016년 초 자바스크립트 개발자들은 사소한 의존성이 얼마만큼 위험한 존재가 될 수 있는지 톡톡히 배우게 되었다. 사건은 다음과 같다. 소소하지만 다양한 유틸리티를 만들어 공유하던 한 개발자가 있었다. 어느 날 그는 자신의 모듈과 이름이 같은 상용 소프트웨어를 제공하는 업체로부터 해당 모듈의 이름을 변경해달라는 요청을 받았다. 이에 불만을 품은 개발자는 자신이 이제껏 개발한 250개 이상의 모듈을 리포지터리에서 모두 제거해버렸다. 그가 제거한 모듈 중 `leftpad.io`는 문자열을 0 또는 공백으로 채우는 11줄짜리 라이브러리였다. 11줄의 코드를 과연 '라이브러리'라 부를 수 있는지는 모르겠지만, 안타깝게도 node.js를 비롯한 자바스크립트 진영의 수많은 핵심 프로젝트는 이 라이브러리에 의존하고 있었다. 라이브러리가 사라지는 순간 모든 이의 자바스크립트 배포도 중단되고 말았다.

사태의 심각성을 깨달은 패키지 리포지터리 관리자는 망가진 생태계를 되돌리기 위해 코드 복원이라는 전례 없는 조치를 취하기에 이른다. 이러한 조치는 의존성 관리의 현안을 논의하고 다양한 지혜가 한 곳에 모이는 심도 깊은 대화를 촉발했다.

이 사례가 아키텍처에게 주는 귀중한 교훈은 두 가지다. 첫째, 외부 라이브러리는 이익을 주는 동시에 비용을 동반한다는 사실을 잊지 말아야 한다. 비용을 정당화시킬 만한 이익이 발생하는지 따져야 한다. 둘째, 빌드 안정성에 외력이 작용하지 않도록 차단해야 한다. 업스트림의 필수 의존성이 갑자기 사라진다면, 해당 변경 사항은 적용하지 말고 거부한다.

1968년 3월, 에츠허르 데이크스트라Edsger Dijkstra는 ACM 커뮤니케이션 편집자에게 〈고투 문의 해로움Go To Statement Considered Harmful〉이라는 서한을 보냈다. 컴퓨터 과학 분야의 전설적 대가인 그는 이 편지에서 그간 만연했던 구조화되지 않은 코딩의 모범 사례를 비판하고, 결과적으로 구조화된 코딩을 향한 혁명을 이끌어낸 것으로 유명하다. '~의 해로움considered harmful'은 이후 소프트웨어 개발 세계의 유명한 비유로 자리 잡았다.

전이적 의존성 관리는 '해로움'으로 간주할 만한 시점에 놓였다.

— 크리스 포드Chris Ford

이 발언의 함의는, 문제의 심각성을 인식하지 않는 한 해결책을 결정할 수 없다는 것이다. 이 책 또한 해결책을 제공하지는 못하지만, 진화적 아키텍처에 결정적인 영향을 미치는 문제이기에 짚고 넘어가지 않을 수 없다. 안정성은 지속적 전달과 진화적 아키텍처의 토대 중 하나다. 개발자는 불확실성이라는 토대 위에 반복적인 엔지니어링 관행을 수립해서는 안 된다. 서드파티가 핵심 의존성을 변경하도록 허용하는 것은 이러한 원칙에 위배된다.

개발자는 더욱 능동적인 자세로 의존성을 관리해야 한다. 권장할 만한 외부 의존성 관리 기법은 풀pull 모델이다. 먼저 내부에 버전 관리 리포지터리를 설정하고 서드파티 컴포넌트 저장소 역할을 맡긴다. 외부의 변경 사항은 이 리포지터리에 풀 요청이 발생한 것으로 취급한다. 변경 사항이 유익할 경우 생태계 내부로 받아들여도 좋다. 그러나 핵심 의존성이 갑자기 사라졌다면 불안정도를 높이는 변화로 간주하고 풀 요청을 거부해야 한다.

지속적 전달 기술 측면에서 이 문제에 접근하면, 서드파티 컴포넌트 리포지터리는 독립적인 파이프라인으로 처리해야 한다. 외부 컴포넌트가 업데이트되면 배포 파이프라인은 변경 사항을 통합하고, 관련 애플리케이션을 빌드한다. 빌드 결과는 스모크 테스트smoke test로 검증하고 테스트가 성공하면 해당 업데이트를 생태계에 적용한다. 이러한 과정을 통해 서드파티 의존성은 내부 개발 과정과 동일한 엔지니어링 및 메커니즘을 따르며, 내부 코드와 서드파티 의존성 사이의 불필요한 경계는 적절히 희석된다. 결과적으로, 모든 코드가 프로젝트 코드로 취급되는 것이다.

7.6.7 라이브러리 vs 프레임워크

아키텍트는 라이브러리와 프레임워크를 구분해서 바라보는 경향이 있다. 이러한 시각은 '개발자의 코드는 라이브러리를 호출하고 프레임워크는 개발자의 코드를 호출한다'는 표현으로 잘 드러난다. 개발자는 프레임워크를 상속받아 서브클래스를 만들고, 프레임워크는 자신으로부터 파생된 이러한 클래스를 다시 호출한다. 반면 라이브러리 코드는 일반적으로 클래스 또는 함수 집합 형태로 제공되며 개발자가 필요에 따라 호출한다. 프레임워크는 개발자의 코드를 호출하므로 자연히 개발자의 코드와 이루는 결합 수준도 높다. 이와 대조적으로 라이브러리 코드는 XML 파서, 네트워크 라이브러리처럼 일반적으로 더 실용적인 코드인 경우가 많으며 결합 수준도 낮다. 따라서 아키텍트는 라이브러리를 더 선호한다. 기술 아키텍처가 발전하는 과정에서 더 쉽게 교체할 수 있기 때문이다.

라이브러리와 프레임워크를 다르게 취급하는 주된 이유 중 하나는 엔지니어링 관행이다. 프레임워크에는 UI, 객체 관계 매퍼, 모델-뷰-컨트롤러 등의 기본 기능이 있다. 애플리케이션의 기본 기능을 프레임워크가 전담하면 결국 애플리케이션의 모든 코드는 프레임워크의 변경 사항에 영향을 받는다. 이러한 결합은 많은 개발자가 경험하는 근원적 고통의 원인이다. 어떠한 이유로든 기본 프레임워크의 메이저 업데이트를 두 번 이상 미뤘다면, 추후 이를 만회하기 위해 상상을 초월하는 노력과 고통이 뒤따를 것이다.

프레임워크는 애플리케이션의 토대가 되는 부분이므로 더욱 적극적인 자세로 업데이트해야 한다. 라이브러리는 일반적으로 프레임워크보다 덜 취약한 커플링 지점을 형성하므로 업그레이드를 대하는 마음가짐도 비교적 가볍다. 이러한 차이를 반영해 프레임워크 업데이트를 푸시 방식으로, 라이브러리 업데이트를 풀 방식으로 처리하는 거버넌스 모델도 있다. 기본 프레임워크가 업데이트됐을 때는 안정성이 확인되고 작업 시간을 확보하는 즉시 적용해야 한다. 여기서 기본 프레임워크는 구심성/원심성 커플링 수가 일정 기준 이상인 프레임워크를 의미한다. 기본 프레임워크 업데이트는 시간과 노력이 필요한 작업이다. 그러나 업데이트를 미뤘을 때 발생하는 비용과 비교하면, 조기 업데이트에 소요되는 시간은 지극히 일순간에 불과하다.

라이브러리는 대부분 실용적인 기능을 제공하므로 '필요한 경우 업데이트' 모델이 더 적합하다. 바라던 기능이 추가됐을 때 업데이트해도 늦지 않다.

7.6.8 서비스 버전 내재화

모든 통합 아키텍처의 서비스 엔드포인트는 행동의 변화가 생길 때마다 반드시 버전을 지정해야 한다. 개발자가 엔드포인트에 버전을 지정하는 일반적인 패턴은 버전 번호 방식과 내부 응답 방식으로 나뉜다. 버전 번호가 지정된 엔드포인트에 중대한 변경 사항이 발생하면 새로운 엔드포인트를 만들어 처음부터 버전을 매기는 경우가 많다. 그 결과 레거시 버전은 구형 통합 지점을, 신규 버전은 최신 통합 지점을 호출하게 된다. 새로운 엔드포인트를 만들고 싶지 않다면 내부 응답 방식이 대안이 될 수 있다. 내부 응답 방식은 호출자의 콘텍스트를 확인하고 올바른 버전을 반환하는 로직을 엔드포인트에 구축한다. 이러한 방식으로 엔드포인트 이름을 항구적으로 유지하면, 호출 애플리케이션이 특정 버전의 엔드포인트에 덜 얽매이게 된다는 장점이 있다.

두 방식 모두 버전의 총 개수는 엄격히 제한해야 한다. 버전이 많을수록 테스트 및 엔지니어링 측면에 부담이 늘어난다. 동시에 지원하는 버전은 일시적으로 두 개까지 허용하고, 평상시에는 한 개만 유지할 것을 권장한다.

> TIP 서비스 버전을 관리할 때는 버전 번호보다 내부 응답 방식이 더 편리하다. 동시 지원 버전을 두 개로 제한하기 쉽기 때문이다.

7.6.9 사례 연구 PenultimateWidgets 별점 서비스의 진화

PenultimateWidgets는 마이크로서비스 아키텍처로 구축되어 있으며 개발자는 아키텍처 일부의 변경 사항을 직접 반영할 수 있다. 3장에서 설명했던 별점 기능 업그레이드 과정을 다시 한번 살펴보자. [그림 7-10]은 현재 PenultimateWidgets의 별점 서비스 내부를 나타낸다.

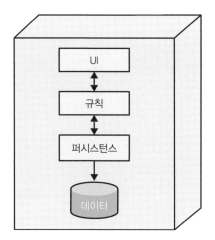

그림 7-10 PenultimateWidgets의 StarRating 서비스 내부

[그림 7-10]에 보이듯 별점 서비스는 퍼시스턴스, 비즈니스 규칙, UI가 포함된 계층 아키텍처와 데이터베이스로 구성된다. PenultimateWidgets의 모든 마이크로서비스에 UI가 포함되어 있는 것은 아니다. 주로 정보를 제공하는 서비스가 있으며 별점 기능처럼 서비스의 동작과 밀접하게 결합된 UI를 보유한 서비스도 있다. 이곳의 데이터베이스는 통상적인 관계형 데이터베이스이며 별점 대상 항목의 ID를 특정 컬럼에 저장한다. 개발팀은 별점 서비스에 반 등급 기능을 추가하고 기존 서비스를 [그림 7-11]과 같이 변경했다.

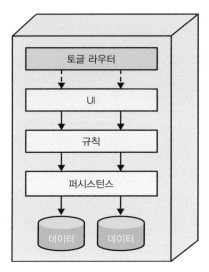

그림 7-11 두 가지 유형을 지원하는 StarRating 서비스의 전환 단계

[그림 7-11]에서 개발팀은 새로운 데이터를 처리하기 위해 데이터베이스에 컬럼을 추가했다. 이 컬럼은 반 등급 지정 여부를 나타낸다. 또한 아키텍트는 서비스 경계에서 반환 데이터를 구분하기 위해 프록시 컴포넌트를 추가한다. 호출하는 측에서 버전 번호를 '이해'하도록 강제하는 대신 별점 서비스 쪽에서 요청 유형을 확인하고 요청 형식에 맞게 응답을 내보낸다. 따라서 이 예시는 라우팅을 진화 메커니즘으로 활용하는 사례다. 기존 방식으로 별점을 매기는 서비스는 계속 그 상태를 유지할 수 있다.

기존 별점 기능에 의존하는 서비스가 더 이상 존재하지 않게 됐을 때, 개발자는 [그림 7-12]와 같이 기존 코드의 실행 경로를 제거할 수 있다. 이때 프록시 계층은 코드 경로와 함께 제거할 수 있으며, 추후 또 다른 진화를 지원하기 위해 그대로 두는 경우도 있다.

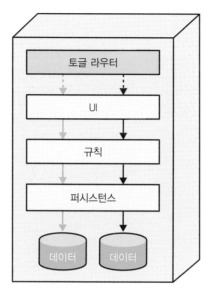

그림 7-12 새로운 서비스 유형만 지원하는 **StarRating**의 종료 상태

이번 예시는 개발자가 변경 사항을 처리할 수 있었기에 데이터 진화 관점에서 보면 크게 어렵지 않은 작업이었다. 다시 말해, 기존 스키마에 컬럼만 추가했을 뿐 데이터베이스를 바꿀 필요는 없었다. 신기능을 구현하기 위해 데이터베이스까지 교체한다면 어떻게 해야 할까? 6장 '진화적 데이터'에서 지침을 얻을 수 있을 것이다.

7.7 피트니스 함수 주도 아키텍처

기능을 구현하기 전에 단위 테스트부터 작성하는 **테스트 주도 개발**test-driven development은 애자일 소프트웨어 개발의 일반적 관행이다. 아키텍처도 이와 비슷한 프로세스를 적용할 수 있다. 특히 애플리케이션의 성공 여부가 특정 핵심 기능의 엄밀한 구현 여부에 달려 있을 때 유용하다. 핵심 기능을 관리하는 피트니스 함수를 구축하고 관리하면 다른 부분을 설계할 때도 해당 기능을 우선적으로 고려하게 된다.

LMAX 아키텍처[13]는 이러한 접근 방식의 대표적인 성공 사례로 유명하다. 당시 영국은 시장

---

13 https://oreil.ly/8YJ92

규제 법안의 변화에 따라 일반인도 특별한 자격 요건 없이 온라인으로 시장에 참여해 매수 및 매도 거래를 열 수 있게 되었다. 그러나 이러한 거래 시스템이 제대로 작동하려면 초당 수백만 건의 트랜잭션을 관리할 수 있어야 했다. 개발자들이 선택했던 기술 플랫폼은 자바였으나 자바는 이러한 규모를 감당할 만한 확장성이 검증되지 않은 상태였다. 따라서 그들은 트랜잭션 속도를 측정하는 피트니스 함수를 제일 먼저 구축하고, 극단적인 목표를 달성하기 위한 실험적인 설계에 착수했다. 처음 시도한 방법은 스레드였으나 원하는 수준에 미치지 못했다. 다음으로 액터 모델[14]을 여러 방식으로 구현했지만 역시 목표를 달성하기에는 역부족이었다. 시스템의 모든 부분을 측정하고 나서야, 개발자들은 전체 실행 시간 중 비즈니스 로직이 차지하는 부분이 극히 일부라는 사실을 깨달았다. 나머지 시간은 콘텍스트 전환에 소비되고 있었다.

이러한 지식을 바탕으로 개발자들은 입력 및 출력 디스럽터input and output disruptor[15]라 불리는 아키텍처 패턴을 설계했다. 단일 스레드와 링 버퍼를 이용해 초당 600만 개 이상의 트랜잭션을 처리할 수 있는 아키텍처였다. LMAX 아키텍처는 `https://martinfowler.com/articles/lmax.html`에서 자세히 설명하며, 구현 기술 중 많은 부분은 오픈 소스로 공개되어 있다.

한편 LMAX 아키텍처는 **기계적 교감**mechanical sympathy이라는 용어를 널리 알린 계기가 되었다. 아키텍트 중 한 명이 포뮬러 원의 열성팬이었던 덕분이다. F1 해설자들은 흔히, 진정으로 탁월한 드라이버는 자신의 차와 '기계적 교감'을 나눈다고 표현한다. 이들은 자동차의 각 부품이 어떻게 작동하는지 이해하고 각각의 상태가 좋거나 나쁘다고 '느낄' 수 있다. 소프트웨어 분야에서 기계적 교감이란 추상화를 이루는 계층들을 파악하고 각 부분이 어떻게 작동하는지 온전히 이해하고 있다는 뜻이다. 이러한 이해는 성능 최적화로 이어진다. 요청/응답이 이루어지는 순차적인 단계와 각 호출이 네트워크 계층에 도달하기까지의 모든 과정을 이해한다면, 시간이 많이 소요되는 지점도 쉽게 파악할 수 있기 때문이다.

기계적 교감은 피트니스 함수를 필요로 한다. 도전적인 목표를 정의하기 위해, 또한 변화에 맞서 요구 사항을 엄격하게 관리하기 위해서다. LMAX 팀은 초기 목표를 달성한 뒤에도 피트니스 함수를 그대로 유지했다. 솔루션의 나머지 부분을 구축하며 다양한 접근 방식을 시도하고, 피트니스 함수와 충돌할 때마다 수시로 방향을 전환했다.

많은 개발팀이 피트니스 함수 주도 아키텍처를 채택하기 시작했다. 특히 방금 사례처럼 아키텍

---

14 `https://oreil.ly/6g2mk`
15 `https://oreil.ly/HLVIo`

처가 매우 공격적인 목표를 달성해야 하는 경우, 피트니스 함수의 역할은 더욱 절대적이다. 테스트 주도 개발과 마찬가지로 피트니스 함수 주도 아키텍처는 성공을 판가름하는 척도에 변화가 영향을 미치지 못하도록 보호한다.

요약

소프트웨어 아키텍처의 다양한 측면과 마찬가지로 진화적 아키텍처의 여러 측면도 서로 떼어 놓고 생각할 수 없다. 진화성을 구축하고자 하는 아키텍트는 피트니스 함수와 아키텍처 구조가 서로 협력하도록 만들어야 한다.

지속적 통합이나 테스트 주도 개발 등이 소프트웨어 엔지니어링의 표준적 관행으로 자리 잡기 까지는 오랜 시간이 걸렸다. 이제 많은 아키텍트가 모니터링, 임시 메트릭 등의 진화적 아키텍처 검증 기법을 활용하고 있지만, 일부는 여전히 아키텍처 검토 위원회, 코드 리뷰 등의 비효율적인 관행과 낡은 거버넌스에 머물러 있다.

도메인과 기술의 다양한 변화를 견디는 시스템을 구축하려면 피트니스 함수를 구축하고 계약을 통해 커플링을 제어해야 한다. 이러한 시스템은 중요한 사안에 대해 빠른 피드백을 제공한다. 소프트웨어를 구성하는 수천 가지 요소 중 변화를 유발하는 요인은 극히 일부에 불과하지만, 아키텍트는 이들 모두가 올바로 작동하는지 항상 확신할 수 있어야 한다. 진화적 아키텍처는 이러한 확신을 제공한다.

진화적 아키텍처의 함정과 안티패턴

지금까지 아키텍처의 적정 커플링 수준을 논의하며 많은 지면을 할애했다. 그러나 현실 세계를 돌아보면 프로젝트 진화에 해악을 끼치는 커플링이 수없이 많다.

소프트웨어 프로젝트에서 발견되는 그릇된 엔지니어링 관행은 함정pitfall과 안티패턴antipattern이 라는 두 가지 형태로 구분할 수 있다. 안티패턴이라는 용어를 그저 '나쁘다'라는 뜻의 전문 용어 정도로 여기는 개발자가 많지만, 실제로는 더 구체적인 의미를 담고 있다. 소프트웨어 안티패 턴은 두 가지 특성이 있다. 첫째, 처음에는 괜찮아 보이지만 나중에 가면 실수였음이 밝혀지는 관행이다. 둘째, 대부분 더 나은 대안이 존재한다. 그러나 뒤늦게 발견되기 때문에 아키텍트가 사전에 방지하기 어렵다. 그에 비해 함정은 표면적으로 괜찮은 아이디어처럼 보였다가 곧바로 나쁜 본색을 드러낸다는 점이 다르다. 이번 장은 함정과 안티패턴을 모두 다룬다.

8.1 기술 아키텍처

이번 절은 아키텍처의 진화와 개발팀의 역량을 해치는 일반적인 업계의 인습을 중점적으로 살 펴본다.

8.1.1 〔안티패턴〕 마지막 10%의 덫, 로우코드/노코드

공동 저자인 닐은 한때 컨설팅 회사의 CTO였다. 그의 자문 업체 중에는 마이크로소프트 액세스와 다양한 4GL(4세대 언어)을 채택했던 회사도 있었다. 성공적으로 출범했던 액세스 프로젝트가 항상 실패로 끝나는 것을 지켜봤던 닐은, 이 회사에 액세스와 4GL을 모두 걷어낼 것을 제안했다. 액세스와 4GL은 당시 한창 인기 있던 기술이었다. 닐과 동료들은 이러한 기술을 주의 깊게 관찰했고, 고객이 원하는 기능의 80%까지는 빠르고 쉽게 구축할 수 있음을 알게 되었다.

액세스와 4GL이 대변하는 기술 환경은 본래 고속 개발 도구를 목표로 설계되었으며 드래그 앤 드롭 UI 구현 등의 각종 편의 기능을 내장하고 있다. 그러나 고속 개발이 가능한 것은 80%까지다. 그 이상의 기능은 프레임워크, 언어에 내장되지 않았기 때문에 구현하기 매우 어렵다. 영리한 개발자들은 개발 도구를 해킹하고 원래 정적 요소가 있던 자리에 실행 스크립트, 메서드 체인 등을 추가하는 방법을 알아냈다. 그러나 이러한 방법까지 동원해도 달성률은 90%를 넘기지 못했다. 결과적으로 이러한 도구는 문제를 완전히 해결하지 못한다. 마지막 10%의 덫이란 바로 이러한 문제를 가리키며, 모든 액세스 프로젝트가 실망스러운 결과로 끝난 이유였다. 4GL을 사용하면 간단한 결과물을 빠르게 만들어 낼 수 있지만, 현실 세계에 발생하는 요구 조건을 충족시키기에는 역부족이다. 개발자들은 결국 범용 언어로 되돌아가는 수밖에 없었다

복잡성을 제거하고, 전방위적 기능을 지원하며, 예측 가능한 결과물을 표방하는 개발 환경은 주기적으로 소프트웨어 세계에 등장한다. 마지막 10%의 덫은 이러한 흐름이 드러내는 징후 중 하나다. 최근 추세를 보면 로우코드$^{low-code}$/노코드$^{no-code}$ 개발 환경에서 비슷한 징후가 보인다. 로우코드/노코드는 풀스택 개발은 물론 오케스트레이터처럼 특화된 도구까지 아우르는 개발 환경이다.

사실 로우코드 환경은 아무런 죄가 없다. 다만 그것이 소프트웨어 개발의 만병통치약인양 과대평가하는 인식이 문제다. 비즈니스 이해관계자가 이러한 인식에 사로잡힌다면 로우코드 환경을 적극 수용하고 높은 전달 속도를 실현하려 할 것이다. 아키텍트는 일부 특수한 상황에서 로우코드 환경이나 도구를 고려할 수 있지만, 그에 따른 한계를 사전에 인지하고 생태계에 어떤 영향을 미칠지 판단해야 한다.

일반적으로 개발자는 새로운 도구나 프레임워크를 접했을 때 간단히 'Hello, World' 프로젝트를 만들어 시험해본다. 그러나 이처럼 간단한 작업은 로우코드 환경에서 훨씬 더 간단해지

는 것이 당연하다. 오히려 아키텍트는 이러한 도구가 하지 못하는 일을 파악해야 한다. 도구의 기본 기능을 테스트하기 보다는 도구의 한계를 먼저 시험하고, 이러한 한계의 대비책을 사전에 구축해두는 것이 좋다.

> **TIP** 로우코드/노코드 도구를 고려할 때는 가장 쉬운 문제가 아니라 가장 어려운 문제를 먼저 검증하라.

8.1.2 [사례 연구] PenultimateWidgets의 컴포넌트 재사용

PenultimateWidgets의 관리 도구에는 특수한 그리드가 있으며 여기에 입력하는 데이터 요구 사항은 매우 구체적이다. 이 그리드는 애플리케이션의 여러 곳에서 사용된다. 따라서 PenultimateWidgets는 그리드 UI, 유효성 검사, 기본 동작 등을 재사용 컴포넌트로 구축하기로 했다. 개발자는 이러한 컴포넌트를 활용해 새롭고 풍부한 관리 인터페이스를 손쉽게 구축할 수 있을 것이다.

그러나 아키텍처의 모든 결정은 트레이드오프를 동반하는 법이다. 시간이 지나며 컴포넌트팀은 점점 고립되었으며 PenultimateWidgets의 최고 개발자들은 컴포넌트팀에 발이 묶였다. 컴포넌트에 신기능이 필요하면 반드시 컴포넌트팀에 요청해야 했으며, 컴포넌트팀은 버그 수정과 기능 구현으로 쉴 틈이 없었다. 설상가상으로 이들의 코드는 최신 웹 표준에 뒤처지며 신기능을 구현하기 어렵거나 불가능해지기 시작했다.

PenultimateWidgets의 아키텍트는 재사용성이라는 목표를 달성했지만 한편으로 새로운 병목 현상을 초래했다. 재사용성은 개발자가 새로운 것을 빠르게 구축할 수 있다는 이점을 낳는다. 그러나 컴포넌트팀이 동적 균형의 혁신 속도를 따라잡지 못한다면, 기술 아키텍처 컴포넌트의 재사용성은 결국 안티패턴으로 전락하는 최후를 맞는다.

재사용 가능한 자산을 구축할 필요가 없다는 뜻이 아니다. 이러한 자산이 가치를 창출하고 있는지 지속적으로 평가해야 한다는 뜻이다. PenultimateWidgets의 아키텍트는 컴포넌트가 병목을 유발하고 있다는 사실을 깨닫고, 원인이 되는 커플링을 제거하기로 결정했다. 앞으로 컴포넌트에 신기능이 필요한 팀은 원본 코드를 포크해 직접 추가할 수 있게 되었으며(애플리케이션 개발팀이 계속 지원하는 한), 새로운 기술을 도입하기 원하는 팀은 이전 코드로부터 완전히 분리할 수 있도록 허가했다.

PenultimateWidgets의 사례에서 얻는 조언은 두 가지다. 첫째, 커플링 지점이 진화를 방해하거나 중요한 아키텍처 특성을 저해할 경우 포크 또는 복제를 통해 커플링을 끊어야 한다.

PenultimateWidgets는 각 팀이 공유 코드를 직접 소유하는 방식으로 커플링을 끊었다. 그로 인해 팀의 부담은 늘어났지만 신기능을 도입하는 능력은 개방되었다. 또한 전체 코드 중 일부를 추상화시키는 방식으로 선택적 커플링을 생성하거나 점진적으로 분리하는 것도 가능하다.

둘째, 아키텍트는 아키텍처의 각종 특성을 평가하며 이들이 지속적으로 가치를 더하고 안티패턴으로 남겨지지 않도록 관리해야 한다.

구축 당시 아키텍트가 내렸던 올바른 결정은 시간이 흐른 뒤 틀린 결정으로 뒤바뀌는 경우가 많다. 이러한 반전의 주된 원인은 동적 평형 조건의 변화다. 일례로, 과거에 데스크톱 애플리케이션으로 설계된 많은 시스템이 사용 형태의 변화로 인해 점차 웹 애플리케이션으로 전환되고 있다. 원래의 결정은 틀리지 않았지만 생태계가 예상치 못한 방향으로 움직인 것이다.

8.1.3 (안티패턴) 벤더 킹

일부 대기업은 회계, 재고 관리, 일상적인 비즈니스 업무 등을 처리하기 위해 전사적 자원 관리enterprise resource planning (ERP) 소프트웨어를 구매한다. ERP를 도입한다는 것은 기업의 비즈니스 프로세스와 각종 결정 사안을 해당 도구에 맞추어 기꺼이 조정한다는 뜻이다. 아키텍트가 이를 전략적으로 활용하려면 해당 도구의 장점과 제약 조건을 함께 이해하고 있어야 한다.

그러나 많은 조직은 이러한 유형의 소프트웨어에 과도한 야심을 투영한 나머지 벤더 킹 안티패턴vendor king antipattern에 빠지고 만다. 이 안티패턴은 특정 벤더를 중심으로 구축된 아키텍처를 의미하며, 조직과 도구가 병적인 수준의 결합을 이룬다는 특징이 있다. 벤더 소프트웨어를 구입한 회사는 벤더가 제공하는 플러그인을 이용해 자사 비즈니스의 핵심 기능을 구현하려 한다. 그러나 대부분의 ERP 도구는 원하는 기능을 정확히 구현할 정도로 자유롭게 가공할 수 없다. 도구의 한계를 절감한 개발자들은 결국 아키텍처의 중심에 도구를 둔다. 다시 말해 아키텍트는 벤더를 아키텍처의 왕으로 추대하고, 이후로는 벤더의 결정을 따르게 된다.

이러한 안티패턴에서 벗어나려면 모든 소프트웨어를 각각 하나의 통합 지점으로 취급해야 한다. 광범위한 기능을 보유한 소프트웨어도 마찬가지다. 처음부터 통합을 염두에 두면 추후 불필요한 기능을 다른 통합 지점으로 쉽게 교체할 수 있다. 자연스레 왕은 권좌를 잃게 될 것이다.

아키텍처의 중심에 외부 도구나 프레임워크가 배치되면 기술적인 측면과 비즈니스 프로세스 측면에서 개발자의 능력은 심각하게 제한된다. 원칙적으로 개발자는 퍼시스턴스, 인프라 등의 여러 면에서 벤더의 선택을 따를 수밖에 없다. 대규모로 캡슐화된 도구는 비즈니스 관점에서 결국 마지막 10%의 덫을 피할 수 없다. 비즈니스 프로세스에 최적화된 워크플로를 제공하지 못하기 때문이다. 대부분의 회사는 도구를 고치려 하기보다 프로세스를 고치거나 프레임워크 권위에 굴복하는 길을 선택한다. 이런 회사가 늘어날수록 회사 간의 차별성은 점점 사라질 것이다. 물론, 차별화를 통한 경쟁 우위를 확보하는 데 관심이 없다면 걱정할 것도 없다. 회사가 빠지기 쉬운 또 다른 함정인 '제품 맞춤화'는 8.3.1절에서 설명한다.

현업에서 ERP 패키지를 취급하는 개발자들은 'Let's Stop Working and Call It a Success (이쯤 하고 성공했다 치자)'라는 대사에 익숙하다. ERP처럼 많은 시간과 자본이 투입되는 대형 프로젝트는 실패가 용납되지 않는다. 자신의 선택으로 수백만 달러를 낭비했음을 순순히 인정할 CTO는 없다. 수 년에 걸친 구현 작업이 엉망이었음을 인정할 벤더도 없다. 결국 양측은 함께 모여 작업을 멈추고 성공적인 마무리에 합의한다. 약속했던 기능의 대부분은 구현되지 않은 채로 남겨진다.

> **TIP** 아키텍처와 벤더 킹이 커플링을 생성하지 않도록 주의하라.

벤더 킹 안티패턴의 희생양이 되지 않으려면 벤더 제품을 독립적인 통합 지점으로 취급해야 한다. 개발자는 통합 지점 사이에 손상방지 계층을 구축하고 벤더 도구의 변경 사항이 아키텍처에 영향을 미치지 않도록 보호할 수 있다.

8.1.4 (함정) 유출된 추상화

추상화가 복잡할수록 이를 구현한 상세 정보가 일정 부분 유출될 가능성이 크다.

– 조엘 스폴스키[Joel Spolsky]

최신 소프트웨어는 추상화로 쌓아 올린 탑 위에 있다. 추상화는 운영체제, 프레임워크, 의존성 등 수많은 계층에 존재한다. 개발자가 추상화를 구축하는 이유는 저차원적인 사고에서 벗어나기 위해서다. 하드드라이브에서 이진 코드를 읽고 텍스트 형식의 프로그램으로 전환해야 한다면 아무도 개발자가 될 수 없을 것이다. 현대 소프트웨어의 성패를 가늠하는 척도 중 하나는 얼마나 효과적으로 추상화를 구축할 수 있는가다.

그러나 추상화에는 비용이 따른다. 완벽한 추상화란 존재하지 않기 때문이다. 만일 완벽하다면 그것은 추상화가 아니라 현실의 사물일 것이다. 조엘 스폴스키의 발언처럼 모든 주요한 추상화는 유출된다. 개발자는 추상화가 항상 정확하다고 믿고 싶어 하지만, 추상화는 종종 깜짝 놀랄 만한 방식으로 망가지며 개발자를 당황케 한다.

근래 들어 기술 스택의 복잡도가 증가하며 추상화 방해 문제[abstraction distraction problem]도 덩달아 심화되었다. [그림 8-1]에 나타난 2005년 무렵의 통상적인 기술 스택을 살펴보자.

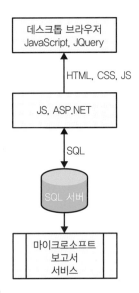

그림 8-1 2005년의 일반적인 기술 스택

[그림 8-1]의 소프트웨어 스택에서 구체적인 벤더명은 지역에따라 따를 수 있다. 시간이 흐르며 소프트웨어는 각각의 분야에 맞게 특화되고 기술 스택은 점차 복잡해진다. 10여년 뒤를 묘사한 [그림 8-2]를 살펴보자.

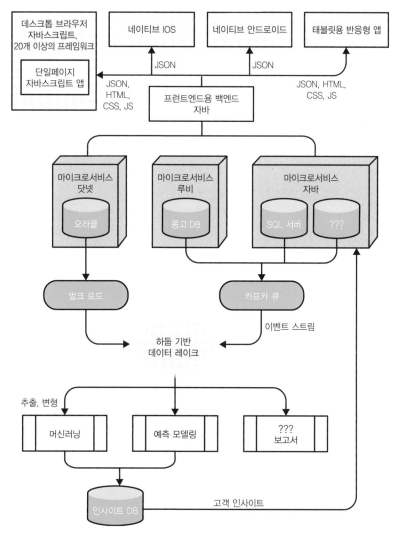

그림 8-2 지난 10여 년간 많은 부분으로 나뉜 소프트웨어 스택

[그림 8-2]에 보이듯 소프트웨어 생태계의 모든 부분은 확장되고 복잡해졌다. 개발자가 직면하는 문제가 복잡할수록 해결책도 복잡해지는 법이다.

원시 추상화 오염 Primordial abstraction ooze은 낮은 수준의 추상화가 깨지며 예측할 수 없는 혼란을 일으키는 현상을 뜻한다. 이는 기술 스택의 복잡도가 증가할 때 생기는 대표적인 부작용이다. 가장 낮은 수준의 추상화에 결함이 발생하면 무슨 일이 벌어질까? 가령, 겉으로 보기에 아무 문제없는 데이터베이스 호출 코드가 부작용을 일으킨다면? 시스템은 너무나 많은 계층으로 구축되어 있기에 결함은 스택을 따라 최상층까지 전파되며 이동 과정 내내 확산될 가능성이 매우 높다. 결과적으로 결함은 시스템 깊은 곳에 내장된 오류 메시지의 형태로 사용자 인터페이스에 노출된다. 이처럼 기술 스택의 복잡도가 증가할수록 디버깅과 포렌식 분석의 난도가 함께 상승한다.

> 일상적으로 접하는 계층보다 더 낮은 수준의 추상화 계층을 한 개 이상 완벽히 이해하라.
>
> – 소프트웨어의 현자들로부터

하위 계층을 이해하라는 조언은 매우 훌륭하다. 그러나 소프트웨어가 전문화되고 복잡해질수록 실천에 옮기기는 어렵다.

기술 스택의 복잡도 증가는 동적 평형이 유발하는 부작용이다. 시간이 흐르면 생태계가 변할 뿐만 아니라 컴포넌트는 점점 복잡해지며 서로 얽히게 된다. 진화적 변화를 보호하는 메커니즘, 즉 피트니스 함수는 아키텍처의 취약한 결합 지점을 보호할 수 있다. 아키텍트는 핵심 통합 지점의 항상성invariant을 피트니스 함수로 정의하고 배포 파이프라인에서 실행함으로써 추상화의 유출을 방지한다.

TIP 복잡한 기술 스택의 취약점을 파악하고 피트니스 함수를 이용해 자동화된 보호 체계를 구축하라.

8.1.5 (함정) 이력서 주도 개발

아키텍트는 소프트웨어 개발 생태계의 흥미로운 신기술에 매료되며 언제나 새로운 장난감을 물색한다. 그러나 효과적인 아키텍처를 설계할 때는 신기술을 들추기보다 도메인을 면밀히 살피고 필요한 기능을 파악하는 것이 먼저다. 그런 다음 가장 적합한 기능을 갖추고 제약 사항이 적은 아키텍처를 선정한다. 다만 아키텍트가 **이력서 주도 개발**resume-driven development이라는 함정에 빠졌다면 이야기가 달라진다. 이력서에 경력을 추가하기 위해 가능한 한 모든 프레임워크와 라이브러리를 아키텍처에 동원하려 할 것이다.

> **TIP** 아키텍처를 위한 아키텍처 구축이 되어서는 안 된다. 목표는 문제를 해결하는 것이다.

아키텍처를 선택하기에 앞서, 다른 무엇보다 항상 문제 도메인을 먼저 이해해야 한다.

8.2 증분 변경

소프트웨어를 점진적으로 변경하기 어려운 이유는 많다. 소프트웨어 개발에서 애자일을 중요하게 여기기 시작한 것은 얼마되지 않았다. 지난 수십 년 동안 소프트웨어는 비용 절감, 리소스 공유, 외부 제약 조건 등의 목표를 위주로 제작되었다. 결과적으로 많은 조직은 진화적 아키텍처를 지원할 빌딩 블록을 보유하고 있지 않다.

현대적 엔지니어링 관행은 다양한 방식으로 진화적 아키텍처를 지원한다. 더욱 자세한 설명은 『Continuous Delivery』(에이콘출판사, 2013)[1]을 참고하면 좋다.

8.2.1 (안티패턴) 부적절한 거버넌스

소프트웨어 아키텍처는 외부와 단절된 존재가 아니며, 종종 자신이 설계한 주변 환경을 비추어 보여주곤 한다. 10년 전만 해도 운영체제는 값비싼 제품이었다. 데이터베이스 서버, 애플리케이션 서버, 애플리케이션 호스팅 인프라 또한 적지 않은 비용을 들여야 실제로 사용해볼 수 있었다. 이러한 현실 세계의 압력에 대항해 아키텍트는 리소스 공유를 최대한 늘리는 방향으로 아키텍처를 설계했다. 과거 SOA로 대표되는 아키텍처 패턴이 저변을 넓혔던 것은 이 때문이다. 공유 리소스를 극대화하고 비용을 절감하기 위한 환경은 그에 맞는 거버넌스 모델을 발전시켰다. 애플리케이션 서버 등의 많은 도구는 이러한 경향 속에서 상업적 동기를 성장시켜왔다. 그러나 여러 리소스를 하나의 머신에 압축하는 방식은 개발 관점에서 볼 때 바람직하지 않

---

1 http://continuousdelivery.com

다. 공유 리소스를 아무리 효과적으로 격리한다 해도 결국 언젠가는 리소스 경합이 발생하기 때문이다.

지난 10년 동안 개발 생태계의 동적 균형은 변화를 맞이했다. 이제 개발자는 마이크로서비스처럼 컴포넌트 격리 수준이 높은 아키텍처를 구축할 수 있다. 따라서 기존의 공유 환경에서 수시로 악화되던 우발적 커플링은 이제 더 이상 문제가 되지 않는다. 그러나 여전히 많은 기업은 낡은 거버넌스 전략을 고수하고 있다. 공유 리소스, 균질한 환경 homogenized environment을 중요시하던 과거의 거버넌스 모델은 데브옵스로 대변되는 현대의 기술 향상 앞에서 무의미하다.

> 모든 기업은 이제 소프트웨어 기업이다.
>
> – 포브스 잡지, 2011년 11월 30일

포브스의 유명한 선언을 풀어서 설명하면, 항공사의 아이패드 앱이 부실하면 결과적으로 항공사의 수익이 저하된다는 뜻이다. 최첨단 기업은 물론, 경쟁력을 제고하고자 하는 현대의 모든 기업은 소프트웨어 역량을 갖추어야 한다. 개발 환경 등의 자산 관리도 이러한 역량에 포함된다.

개발자가 가상 머신이나 컨테이너 등의 리소스를 생성할 때 일체의 금전적, 시간적 비용이 들지 않는다면, 단일 솔루션에 중점을 둔 거버넌스 모델은 더 이상 의미가 없다. 마이크로서비스 환경은 더 나은 접근 방식이 필요하다. 마이크로서비스 아키텍처의 공통된 특징 중 하나는 폴리글랏 환경을 용인한다는 것이다. 각 서비스팀은 기업 표준을 준수하거나 균질성을 유지할 필요가 없이, 서비스를 구현하는 데 적합한 기술 스택을 자유롭게 선택할 수 있다. 전통적인 엔터프라이즈 아키텍트는 이러한 변화 앞에서 몸을 움츠린다. 과거의 관행과 정반대의 접근방식이기 때문이다. 그러나 마이크로서비스 프로젝트의 진정한 목표는 해결하고자 하는 문제의 크기에 어울리는 기술을 채택하는 것이지, 무턱대고 다양한 기술을 활용하는 것이 아니다.

현대의 개발 환경은 단일 기술 스택의 균질성을 유지하는 거버넌스와 어울리지 않는다. 이러한 거버넌스는 시스템의 복잡도를 과도하게 높이며, 솔루션을 구현하기 위한 노력을 곱절로 배가시킨다. 가령 많은 대기업은 일반적으로 단일 벤더의 관계형 데이터베이스를 중심으로 모든 프로젝트를 표준화한다. 프로젝트의 일관성을 높일 수 있고 인력을 대체하기 쉽다는 명확한 이유가 있기 때문이다. 그러나 이러한 방식은 대부분의 프로젝트가 과도한 엔지니어링에 시달리게 되는 부작용을 낳는다. 모놀리식 아키텍처는 거버넌스 결정이 모두에게 영향을 미친다. 따라서 아키텍트는 데이터베이스를 선정할 때 모든 프로젝트의 요구 사항을 파악하고 그중 가장 복잡한 요건을 선택 기준으로 삼는다. 문제는, 기준이 되는 프로젝트를 제외한 대부분의 프로젝트는 그러한 복잡함과 거리가 멀다는 점이다. 결과적으로 가장 단순한 퍼시스턴스 요건을 지닌 소형 프로젝트까지 예외 없이 일관성을 유지하기 위해 거대한 데이터베이스 서버의 복잡성을 감당해야 한다.

마이크로서비스는 기술적인 측면, 데이터 아키텍처 측면에서 서로 결합할 필요가 없다. 따라서 각 팀은 자신의 서비스에 최적화된 복잡도와 정교함을 올바르게 결정할 수 있다. 최종적인 목표는, 서비스 스택의 복잡성을 기술적 요구 사항에 맞춰 단순화하는 것이다. 서비스 분할이 최대의 효과를 발휘하려면 각 팀이 서비스를 온전히 소유하고 운영까지 일임하는 것이 좋다.

> **강제 디커플링**
>
> 마이크로서비스 아키텍처 스타일의 목표 중 하나는, 아무런 부작용 없이 서비스를 교체할 수 있을 정도로 극한까지 기술 아키텍처를 분리하는 것이다. 그러나 모든 개발자가 동일한 코드베이스나 플랫폼을 공유한다면 기존 코드를 재사용하고 싶은 유혹에 흔들리기 쉽다. 따라서 일정 수준의 개발자 규정과, 우발적인 커플링을 방지할 안전장치가 필요하다. 각 서비스를 서로 다른 기술 스택으로 구축하는 것은 기술 아키텍처를 분리하는 효과적인 방책이지만 대부분의 기업들이 꺼린다. 프로젝트 사이에서 인력을 이동시킬 수 없게 된다는 사실이 두렵기 때문이다. 필자가 몸담았던 Wunderlist의 아키텍트였던 채드 파울러[2]는 정반대의 주장을 펼쳤다. 개발자가 이식성을 확보하는 것보다 우발적인 커플링을 방지하는 것이 훨씬 중요하며, 모든 팀은 반드시 서로 다른 기술 스택을 채택해야 한다는 것이다.
>
> 시스템의 기능을 나누어 캡슐화하고 서비스형 플랫폼platform as a service[3]방식으로 내부에서 사용하는 기업이 많다. 각 기능의 기술적 선택 사항은, 명확하게 정의된 인터페이스 뒤편에 감춰져 있으므로 커플링이 발생할 기회도 차단된다.

'just enough' 모델은 실용주의 관점에서 대규모 조직에 적합한 거버넌스 모델로 알려져 있다. 이 모델은 기술 스택을 표준화시킨 다음 '단순, 적당, 복잡' 세 종류의 형태로 분류한다. 각 서비스는 저마다 요구 사항에 맞게 셋 중 하나의 스택을 선택해야 한다. 이러한 방식으로 개발팀은 기술 스택 선정에 있어 유연성을 담보하고 기업 측은 표준화의 이점을 누릴 수 있다.

---

2 http://chadfowler.com
3 https://oreil.ly/fl3h7

8.2.2 (사례 연구) PenultimateWidgets의 'Just Enough' 거버넌스

PenultimateWidgets의 아키텍트는 여러 해 동안 자바와 오라클을 중심으로 모든 개발 환경을 표준화하려 노력했다. 그러나 세분화된 서비스가 늘어남에 따라 이러한 스택이 소규모 서비스에 엄청난 복잡성을 부여한다는 사실을 깨달았다. 그러나 한편으로 아키텍트는 프로젝트가 서로 지식과 기술을 공유할 수 있도록 이식성portability을 유지하고 싶었다. 따라서 '모든 프로젝트가 자체 기술 스택을 선택'하는 마이크로서비스로 전환할 수는 없었다. 결국 아키텍트는 'just enough' 거버넌스를 선택하고 다음과 같이 세 종류의 기술 스택을 선정했다.

소형

엄밀한 확장성이나 성능 요구 조건이 없는 매우 간단한 프로젝트는 루비 온 레일즈와 MySQL을 선택한다.

중형

중간 규모의 프로젝트는 GoLang을 사용하고 데이터 요구 조건에 따라 카산드라Cassandra, 몽고DB, MySQL 등을 백엔드로 선택한다.

대형

대규모 프로젝트는 다양한 아키텍처 문제에 대응할 수 있도록 자바와 오라클을 그대로 사용한다.

8.2.3 (함정) 릴리스 속도 저하

지속적 전달continuous delivery[4]의 엔지니어링 관행은 소프트웨어 릴리스 속도를 늦추는 원인을 개선하도록 설계되었다. 진화적 아키텍처가 성공하기 위해서는 이러한 관행을 당연하게 받아들여야 한다. 지속적 전달의 극대화 버전이라 할 수 있는 지속적 배포는 진화적 아키텍처의 필수 조건은 아니다. 그러나 소프트웨어를 릴리스하는 능력과 소프트웨어 설계를 발전시키는 능력 사이에는 밀접한 상관관계가 있다.

지속적 배포continuous deployment는 모든 변경 사항이 프로덕션에 반영되기에 앞서 배포 파이프라

---

4 http://continuousdelivery.com

인을 통과해야만 한다. 기업이 이러한 지속적 배포를 중심으로 엔지니어링 문화를 구축한다면 개발자는 끊임없는 변화에 익숙해질 것이다. 반면, 릴리스 절차가 고정되어 있고 다양한 특수 작업을 동반한다면 진화적 아키텍처를 활용할 여지는 제한된다.

지속적 전달은 메트릭을 통해 프로젝트 최적화 방법을 학습하며 데이터에 기반한 결과를 도출 하려 노력한다. 개발자는 다양한 대상을 측정하며 개선 방법을 모색해야 한다. 순환 주기는 지 속적 전달이 추적하는 주요 지표 중 하나이며 기본적인 개념은 리드 타임$^{\text{lead time}}$을 기반으로 한 다. 리드 타임은 새로운 발상이 탄생하고 소프트웨어에서 구체화되기까지의 기간을 나타낸다. 그러나 이는 추정, 우선 순위화 등의 주관적 활동을 포함하므로 엔지니어링 메트릭으로 쓰기에 는 적합하지 않다. 따라서 지속적 전달은 리드 타임보다는 순환 주기를 측정한다. 순환 주기는 작업 단위의 시작과 완료 사이의 경과 시간을 나타낸다. 여기서 작업이란 소프트웨어 개발을 의미한다. 순환 주기는 개발자가 신기능을 만들기 시작할 때부터 해당 기능이 프로덕션 환경에 서 실행될 때까지의 기간이다. 순환 주기를 측정하는 목표는 엔지니어링의 효율성을 파악하는 것이며, 순환 주기를 단축하는 것은 지속적 전달의 핵심 과제 중 하나다.

순환 주기는 진화 아키텍처에서도 중요하다. 생물학에서는 부분적인 유전 특성을 발현시키기 위해 일반적으로 초파리를 실험 대상으로 사용한다. 초파리는 수명 주기가 매우 짧아 유전 결 과를 가시적으로 볼 수 있을 정도로 빠르게 세대를 전환하기 때문이다. 진화적 아키텍처도 마 찬가지다. 순환 주기가 빠르다는 것은 아키텍처가 더 빠르게 진화할 수 있음을 의미한다. 따라 서 프로젝트의 순환 주기는 아키텍처가 얼마나 빨리 발전할 수 있을지를 가늠하는 척도다. 진 화의 속도와 순환 주기는 다음과 같이 비례 관계로 나타낸다.

$$v \propto c$$

v는 변화의 속도를, c는 순환 주기를 나타낸다. 개발자는 프로젝트의 순환 주기보다 더 빠른 속 도로 시스템을 발전시킬 수 없다. 다시 말해 소프트웨어 릴리스 속도가 빨라질수록 시스템의 발전 속도도 빨라진다.

순환 주기는 진화적 아키텍처 프로젝트의 중요 지표다. 빠른 순환 주기는 빠른 발전 속도를 의 미한다. 실제로 순환 주기는 원자 피트니스 함수, 프로세스 기반 피트니스 함수에 활용하기 좋 다. 예를 들어 개발자가 프로젝트 배포 파이프라인 자동화를 통해 3시간의 순환 주기를 달성했 다고 가정하자. 시간이 흐르며 개발자가 배포 파이프라인에 검증 및 통합 지점을 추가하면 순 환 주기는 점차 증가한다. 시장 출시 시간은 프로젝트에 중요한 지표이므로, 순환 주기에 피트니스 함수를 적용하고 4시간을 초과할 경우 경보가 울리도록 설정했다. 피트니스 함수가 임곗값에 도달하면 개발자는 배포 파이프라인을 재구성할 것인지 순환 주기를 4시간 이상으로 늘릴 것인지 결정해야 한다. 피트니스 함수는 프로젝트 메트릭은 물론 프로젝트가 모니터링하는 모든 동작에 매핑할 수 있다. 프로젝트의 다양한 관심사를 피트니스 함수로 통합하면 **책임이 따르는 마지막 순간**을 판단하기 쉽다. 즉 개발자의 결정을 재평가할 수 있는 미래의 시점을 설정할 수 있다. 이번 사례에서 개발자는 3시간으로 설정된 순환 주기와 테스트 모음 중 어느 쪽이 더 중요한지 결정해야 한다. 대부분의 프로젝트에서 개발자는 점진적으로 증가하는 순환 주기를 인식하지 못하기에, 서로 상충하는 목표의 우선순위를 저울질할 기회가 없다. 따라서 자신도 모르는 사이에 암묵적으로 결정을 내리는 결과를 낳는다. 그러나 피트니스 함수를 활용하면 향후 결정을 내려야 할 예상 지점에 임곗값을 설정할 수 있다.

> **TIP** 진화의 속도는 순환 주기의 함수로 표현할 수 있다. 더 빠른 순환 주기는 더 빠른 진화를 가능케 한다.

우수한 엔지니어링, 배포, 릴리스 관행은 진화적 아키텍처의 성공에 있어 중요한 역할을 한다. 또한 이들은 가설 주도 개발hypothesis-driven development을 통해 비즈니스에 새로운 능력을 부여한다.

8.3 비즈니스 관심사

마지막으로, 비즈니스가 유발하는 부적절한 커플링을 논의할 차례다. 비즈니스 담당자는 개발자를 괴롭히는 악당이 아니다. 다만 그들은 아키텍처 관점에서 부적절한 결정을 내릴 수 있는 우선권을 가지고 있기에, 의도치 않게 미래의 가능성을 제한하곤 한다. 이제부터 비즈니스 측면의 함정과 안티패턴을 차례로 알아보자.

8.3.1 [함정] 제품 맞춤화

영업 직원에게는 다양한 판매 조건이 필요하다. 익숙한 풍자 속에 비친 영업 직원의 모습은, 수중에 있는 물건이든 없는 물건이든 일단 팔고 보는 사람처럼 그려지곤 한다. 영업 직원이 가장 바라는 제품은 무한히 맞춤 설정^{customization}할 수 있는 소프트웨어다. 그러나 이러한 기능은 다음과 같이 다양한 구현 기술을 필요로 하며 그에 따른 비용을 발생시킨다.

고객별 고유 빌드

제한된 시간에도 불구하고, 영업 직원은 고유한 기능이 담긴 전용 버전을 고객에게 약속한다. 개발자는 버전 브랜치, 태그 등의 기술을 이용해 특정 고객용 버전을 추적해야 한다.

영구적인 기능 토글

3장에서 소개한 기능 토글은 때로는 특정 맞춤 기능을 영구적으로 설정하기 위해 전략적으로 사용된다. 개발자는 기능 토글을 이용해 고객마다 다른 버전을 구축할 수 있다. 일정 비용을 지급한 고객에게 고급 기능을 해제하는 '프리미엄^{freemium}' 버전으로 응용하기도 한다.

제품 주도 맞춤화

일부 제품은 UI에 사용자 정의 기능을 추가하는 단계까지 나아간다. 이 경우 해당 기능은 애플리케이션에 영구적으로 포함되며 다른 모든 기능과 동일한 수준으로 주의 깊게 관리해야 한다.

기능 토글과 맞춤 설정을 함께 도입하면 제품의 실행 분기가 추가되며 전체 경로의 수는 순열^{permutation} 계산 결과만큼 증가한다. 실행 경로가 늘어날수록 테스트의 부담은 상당히 가중된다. 테스트 시나리오뿐만 아니라 개발자가 만드는 피트니스 함수도 늘어난다. 가능한 실행 경로를 모두 보호해야 하기 때문이다.

맞춤 설정은 진화성을 저해한다. 그러나 이를 핑계로 맞춤 소프트웨어 구축을 지양해서는 안된다. 각 상황마다 구축 비용을 평가하며 현실적인 관점으로 접근하는 것이 좋다.

8.3.2 [안티패턴] 기록 시스템에 기반한 보고 시스템

대부분의 애플리케이션은 비즈니스 기능에 따라 다양한 용도로 활용된다. 주문 입력 기능이 필요한 사용자가 있는 반면, 분석용 보고서가 필요한 사용자도 있다. 이러한 모든 비즈니스 기능을 하나의 애플리케이션으로 제공하기란 쉽지 않다. 특히 애플리케이션이 모놀리식 아키텍처로 구축되고 하나의 데이터베이스 구조를 공유할 경우에는 더욱 어렵다. 서비스 지향 아키텍처가 득세했던 시절, 아키텍트는 '재사용 가능reusable'한 서비스 집합을 구성해 모든 비즈니스 관심사를 지원하려 노력했다. 그러나 서비스가 일반적일수록 개발자는 서비스를 사용하기 위해 더 많은 부분을 고쳐야 한다는 사실을 알게 되었다.

보고서는 모놀리식 아키텍처의 우발적 커플링을 설명하기 좋은 예시다. 아키텍트와 DBA는 기록 시스템과 보고 시스템에 동일한 데이터베이스 스키마를 사용하기를 원한다. 문제는, 하나의 아키텍처가 둘을 모두 지원하도록 최적화시킬 수는 없다는 것이다. 개발자와 보고서 디자이너가 공동으로 계층 아키텍처에 참여하는 경우, 관심사 간의 긴장 관계를 드러내는 함정에 빠지기 쉽다. 아키텍트는 우발적 커플링을 방지하기 위해 계층 아키텍처를 구축한다. 각 계층은 역할에 따라 고립되며 관심사는 분리된다. 그러나 보고서 기능은 계층과 관계 없이 데이터만을 필요로 한다. 또한 계층 구조에서 요청을 라우팅하면 계층마다 레이턴시가 추가된다. 결국 우수한 계층 구조를 보유한 조직이라 해도 보고서 기능을 데이터베이스 스키마에 직접 연결하는 경우가 많다. 이 상황에서 데이터베이스 스키마가 변경되면 보고서 기능에는 즉시 문제가 발생한다. 이러한 과정은 서로 상충하는 비즈니스 목표가 아키텍트의 작업을 방해하고 진화적 변화의 난도를 높이는 전형적인 사례라 할 수 있다. 시스템의 발전을 직접적으로 방해한 사람은 아무도 없었지만, 누적된 결정은 부정적인 효과를 일으킨다.

마이크로서비스 아키텍처는 서비스가 아닌 동작을 분리하는 방식으로 보고서 문제를 해결한다. 서비스 격리는 분리에 유리하지만 통합에는 불리하다. 아키텍트는 일반적으로 이벤트 스트리밍이나 메시지 대기열을 이용해 '기록 시스템' 도메인을 구축한다. 기록용 데이터베이스는 하나의 서비스 아키텍처 퀀텀에 속하며 트랜잭션 형태가 아닌 최종 일관성 방식으로 데이터를 기록한다. 보고서 서비스 또한 이벤트 스트림을 수신하며, 보고 용도로 최적화된 비정규화 데이터베이스에 기록을 저장한다. 최종 일관성을 기준으로 데이터를 다루면 아키텍트는 각각의 요소를 조정할 필요 없이 용도에 맞게 저마다 추상화시킬 수 있다. 조정 역시 아키텍처 관점에서 보면 커플링의 한 형태다. 보고서와 분석 데이터에 대한 현대적이고 광범위한 접근법을 알아보려면 『Data Mesh』(O'reilly, 2022)를 참고하면 좋다.

8.3.3 [함정] 과도하게 긴 계획 기간

예산을 책정하고 계획을 수립하는 프로세스는 적절한 가정과 이른 결정을 필요로 하는 경우가 많다. 그러나 재검토 기회 없이 계획 기간만 계속 길어진다면 가용 정보가 거의 없는 상태에서 점점 더 많은 결정을 내리거나 무리한 가정을 세워야 한다. 초기 계획 단계에서 개발자는 여러 가정을 검증하기 위해 각고의 노력을 기울인다. 주로 문서 형태의 자료를 읽으며 '모범 사례' 또는 '최고 사례'를 찾아내고 이를 바탕으로 기본적인 가정을 세운다. 이러한 가정은 개발자가 코드를 작성하거나 소프트웨어를 릴리스하기 전까지 그대로 유지된다. 가정을 세우는 데 너무 많은 노력을 기울인 나머지 개발자는 자신의 가정에 애착을 느끼게 된다. 6개월이 채 지나지 않아 몇몇 가정이 틀렸음이 드러나지만, 개발자는 이를 쉽게 받아들이지 못한다. 이처럼 감정적 투자의 영향을 받는 결정 과정은 매몰 비용[5]으로 설명할 수 있다. 간단히 말해 특정 대상에 시간과 노력을 많이 투자할수록 대상을 포기하기는 점점 더 어려워진다는 뜻이다. 소프트웨어에서 매몰 비용은 비합리적인 자료 첨부irrational artifact attachment라는 형태로 구체화된다. 계획이나 문서에 투자한 시간과 노력이 늘어날수록 그곳에 담긴 내용을 보호하려는 심리가 강화된다. 자료가 부정확하거나 만료됐다는 증거가 눈앞에 있어도 인정하려 들지 않는다.

> **TIP** 손수 제작한 자료에 비합리적으로 집착하지 말아야 한다.

장기간의 계획 주기는 아키텍트의 결정을 돌이키기 어렵게 한다. 아키텍트가 이러한 결정에 연연해하지 않도록 항상 선택의 여지를 남겨두어야 한다. 대규모 프로그램은 초기부터 작은 단위로 나누어 아키텍처 결정과 개발 인프라의 타당성을 테스트하는 것이 좋다. 아키텍트는 소프트웨어를 실제로 구축하기 전에 대규모 투자가 결정되지 않도록 주의해야 한다. 고가의 라이선스나 지원 계약에 관련된 기술은 실제로 문제 해결에 도움이 되는지 검증한 다음 도입해도 늦지 않다. 최종 사용자의 피드백은 이러한 검증 과정에 많은 도움을 준다.

요약

다른 아키텍처 관행과 마찬가지로 진화적 아키텍처 또한 기술, 비즈니스, 운영, 데이터, 통합 측면에 트레이드오프를 동반한다. 패턴과 안티패턴은 각각이 주는 조언을 따르는 것도 중요하지만, 배경에 감추어진 맥락을 이해하는 것이 더욱 중요하다. 소프트웨어 자산 재사용은 엄연

---

5 https://ko.wikipedia.org/wiki/매몰_비용

한 조직 차원의 목표다. 아키텍처는 재사용에 수반되는 트레이트오프를 반드시 평가해야 한다. 지나치게 많은 커플링은 중복보다 해롭다.

소프트웨어 아키텍처 패턴에 모범 사례는 존재하지 않는다. 모범 사례가 존재한다는 것은 특정 상황에서 아키텍트가 자기 두뇌로 사고하는 것을 포기해버렸다는 뜻이다. 실제로 그렇게 하지 않는 이상 모범 사례를 적용할 수 없을 것이다. 소프트웨어 아키텍처의 모든 것은 트레이드오프다. 아키텍트가 내리는 모든 결정은 트레이드오프를 새롭게 평가해야 한다. 패턴과 안티패턴은 트레이오프 상황에 맞는 조언자 역할과 안티패턴을 식별하는 안전장치 역할을 한다.

CHAPTER 9

아키텍처 실천

마지막으로, 진화적 아키텍처를 실제로 구현하기 위해 필요한 사안들을 검토해보자. 여기에는 기술적인 측면뿐만 아니라 조직과 팀의 영향력 같은 비즈니스 분야의 관심사도 포함된다. 아울러 이러한 개념을 실현하기 좋은 시작점과 비즈니스에 적용하는 방법을 알아볼 것이다.

9.1 조직적 요인

소프트웨어 아키텍처는 일반적으로 소프트웨어와 관련이 없는 다양한 요소(팀 구조, 예산)에 걸쳐 놀라울 정도로 광범위한 영향력을 펼친다. 이제부터 진화적 아키텍처를 실현하는 능력에 영향을 미치는 일반적인 요인들을 살펴보자.

9.1.1 콘웨이의 법칙

1968년 4월 멜빈 콘웨이 Melvin Conway는 하버드 비즈니스 리뷰에 〈How Do Committees Invent?〉[1]라는 기고문을 실었다. 이 글에서 콘웨이는 사회적인 구조, 특히 사람들 사이의 의사소통 경로가 최종 제품 설계에 필연적으로 영향을 미친다는 개념을 제시했다.

---

1 https://oreil.ly/bIOG5

콘웨이의 설명에 따르면, 설계 초기는 시스템의 각 책임 영역이 나뉘어지는 패턴을 깊이 이해하는 단계다. 이 과정에서 집단이 문제를 나누는 방식은 향후 집단의 선택에 영향을 미친다.

이러한 개념을 바탕으로 다음과 같은 콘웨이의 법칙이 체계화되었다.

> 시스템을 설계하는 조직은… 조직의 의사소통 구조를 본뜬 설계 결과물을 얻는다.
>
> — 멜빈 콘웨이

콘웨이에 따르면 하나의 큰 문제를 작게 나누어 위임하면 각각을 조정하는 문제가 다시 발생한다. 많은 조직은 정형화된 소통 구조나 엄격한 계층 구조로 조정 문제를 보완할 수 있을 것이라 여긴다. 그러나 이러한 조치는 융통성 없는 해결책을 낳는 수준에 그치는 경우가 많다. 가령 계층 아키텍처는 사용자 인터페이스, 비즈니스 로직 등의 기술적 기능을 기준으로 계층을 나눈다. 그러나 이 구조에서 여러 계층을 수직으로 관통하는 공통 요건을 처리하면 오히려 조정 오버헤드가 증가한다. 이는 마치 스타트업 경력 직후 다국적 대기업에 입사한 개발자가 느끼는 대비와 비슷하다. 전자의 유연하고 수용적인 문화에 비해 후자의 경직된 소통 구조는 융통성이 떨어진다. 두 서비스 사이의 계약을 변경할 때 발생하는 비효율은 특히 콘웨이의 법칙을 잘 드러내는 사례다. 문제 없이 성공적으로 계약을 변경하려면 해당 서비스를 소유한 팀이 조정과 합의를 거쳐야만 한다.

사실상 콘웨이는 소프트웨어 아키텍트가 아키텍처 설계 이외의 측면에 주의를 기울여야 한다고 강조하고 있다. 위임, 할당, 팀 간 조정 등의 사안은 설계만큼이나 아키텍트에게 중요하다.

많은 조직은 보유 기술에 따라 팀을 나눈다. 다음은 몇 가지 일반적인 분류다.

프런트엔드 개발자

HTML, 모바일, 데스크톱 UI 등에 전문적인 기술을 보유한 팀

백엔드 개발자

백엔드 서비스, API 계층 분야에 전문적인 기술을 보유한 팀

데이터베이스 개발자

스토리지, 로직 서비스 분야에 고유한 구축 기술을 보유한 팀

[그림 9-1]은 일반적인 구조/팀 배정 방식을 나타낸다.

그림 9-1 보유 기술에 따라 팀 구성원을 분류하기 편한 계층 아키텍처

[그림 9-1]은 '콘웨이의 법칙'에 따른 조직 구성이며, 기술 계층과 아키텍처 계층이 유사할 경우 비교적 잘 작동한다. 그러나 이 구조를 유지한 채 마이크로서비스 등의 분산 아키텍처로 전환하면 계층 간 메시지가 증가하는 부작용을 일으킨다. [그림 9-2]를 살펴보자.

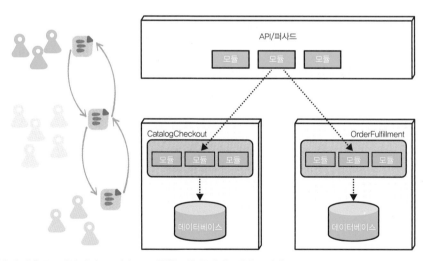

그림 9-2 계층 구조에서 마이크로서비스로 전환할 경우 증가하는 통신 오버헤드

[그림 9-2]에서 `CatalogCheckout`은 도메인에 대응하는 개념이다. 도메인에 변경 사항을 적용하려면 도메인에 속한 모든 기술 분야를 조정해야 한다. 자연히 오버헤드가 증가하고 개발 속도는 저하된다.

기능에 따라 격리된 조직은 엔지니어링 효율성은 뒤로한 채 인사 부서의 입맛에 맞게 팀을 나누는 경우가 많다. 각 팀은 저마다 화면 구축, 백엔드 API, 서비스, 스토리지 메커니즘 등의 전문 분야가 있다. 그러나 새로운 비즈니스와 기능을 구축할 때는 모든 팀이 함께 참여해야 한다. 팀은 일반적으로 추상적, 전략적 비즈니스 목표보다 즉각적인 작업 효율성 향상을 우선시한다. 특히 일정의 압박이 심할 경우 이러한 경향이 더욱 두드러진다. 다시 말해, 엔드투엔드 기능의 가치를 높이거나 자신의 컴포넌트에 집중하며, 서로 잘 어우러지는 것에는 관심이 없다.

콘웨이가 지적한 대로 위임 영역이 분할되고 담당 범위가 좁아질 때마다 효과적인 설계 대안은 줄어든다. 바꿔 말하면, 누군가가 소유하고 있는 대상은 타인이 변경하기 매우 어렵다. 그러므로 소프트웨어 아키텍트는 작업을 분할하는 방식과 위임 범위를 항상 고민하고, 아키텍처의 목표와 팀 구조를 일치시키기 위해 노력해야 한다.

마이크로서비스 아키텍처를 구축하는 회사는 대부분 기술적인 기준보다 서비스 경계를 기준으로 팀을 구성한다. ThoughtWorks Technology Radar[2]는 이를 역 콘웨이 전략[3]이라 정의했다. 팀 구조는 소프트웨어 개발의 무수히 많은 차원에 영향을 미치며 팀이 해결할 문제의 크기와 범위를 드러낸다. 이런 점에서 서비스 경계는 팀을 나누는 이상적인 기준이다. 가령 마이크로서비스 아키텍처를 구축할 때는 일반적으로 다양한 기술을 가로지르는 모든 비즈니스와 기술 분야에서 골고루 팀원을 모은다. 최종적으로 [그림 9-3]의 아키텍처 구조와 유사하다.

팀 구조를 아키텍처와 연동하는 방식의 장점이 부각됨에 따라, 아키텍처와 유사하게 팀을 분리하는 관행이 점차 보편화되고 있다.

 TIP 목표 아키텍처와 비슷하게 보이도록 팀을 구성하면 아키텍처 목표를 더 쉽게 달성할 수 있다.

---

2   https://oreil.ly/MAQoN
3   https://oreil.ly/usLhg

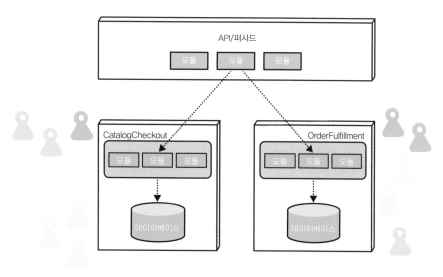

그림 9-3 역 콘웨이 전략을 통한 의사소통 간소화

도메인을 중심으로 구성된 팀은 기술 중심 팀보다 진화적 아키텍처를 구현하기 유리하다. 다음은 이러한 팀의 공통적인 특성들이다.

교차기능팀

도메인 중심 팀은 **교차기능** cross-functional 팀인 경우가 많다. 즉, 한 팀의 구성원만으로 제품의 모든 영역을 아우를 수 있다. 도메인 중심 팀의 목표는 운영과 개발 사이에 존재하던 마찰을 제거하는 것이다. 서비스 설계, 구현, 배포 등의 모든 역할을 하나의 팀이 담당하며, 운영처럼 전통적으로 분리되어 있던 역할까지 포괄한다. 다음은 이러한 팀에 포함된 다양한 역할들이다.

아키텍처

아키텍처는 증분 변경을 방해하는 부적절한 커플링을 제거해야 한다. 이러한 작업에는 마이크로서비스처럼 이색적인 아키텍처가 굳이 필요치 않다. 잘 설계된 모듈러 모놀리식 애플리케이션도 마이크로서비스만큼 증분 변경 특성을 드러낼 수 있다. 다만 이 정도 수준으로 증분 변경을 지원하려면 아키텍트가 최초 설계 단계부터 명시적으로 특성을 강조해야 한다.

비즈니스 분석가

도메인 영역의 복잡도가 높은 제품은 비즈니스 규칙, 설정, 제품 이력 등의 특성도 복잡하다. 이러한 제품은 비즈니스 분석가^{business analyst}(BA)의 조언이 필요한 전문 영역이다. 최근 BA는 다기능 팀에 배치되어 변경 사항을 검토하고 신속한 피드백을 제공한다.

데이터

데이터베이스 관리자, 데이터 분석가, 데이터 과학자는 세분성, 트랜잭션, 이슈 기록 시스템 등을 담당한다.

개발자

복잡한 기술 스택을 취급하는 완전한 교차기능팀은 T자형 인재 또는 '풀스택^{full-stack}' 개발자를 필요로 하는 경우가 많다. 따라서 개발자는 기존에 자신의 분야가 아니었던 작업도 처리할 수 있어야 한다. 가령 백엔드 개발자는 상황에 따라 모바일 또는 웹 개발에 참여할 수 있다. 또는 그 반대의 경우도 가능하다.

디자이너

교차기능팀의 디자이너는 사용자와 대면하는 기능을 담당하며 팀원들과 긴밀하게 협업한다. 그러나 하나의 제품은 일관적인 사용자 인터페이스를 갖추어야 하므로, 디자이너는 많은 시간을 들여 다른 교차기능팀의 디자이너와 소통할 필요가 있다.

운영

전통적인 IT 조직에게 있어 서비스 분할과 독립적 배포는 매우 어려운 과제다. 게다가 기존 서비스까지 함께 배포해야 한다면 더욱 까다롭다. 컴포넌트와 운영 모듈성이 똑같은 개념이라 믿는 고루한 아키텍트도 있지만, 현실은 그렇지 않은 경우가 많다. 운영 프로세스가 성공적으로 안착하려면 시스템 프로비저닝, 배포 등의 자동화된 데브옵스 관행이 반드시 필요하다.

제품 관리자

제품 관리자^{product manager}(PM)는 '제품의 CEO'라 표현하곤 한다. 대부분의 PM은 고객의 니즈와 비즈니스 성과를 우선시한다. 전자는 고객 등록, 결제, 고객 지원 등이며 후자는 '성장^{growth}'이라는 지표다. 교차기능팀의 PM은 제품의 모든 영역에 필요한 기술을 확보할 수 있으므로 이전처럼 여러 기술팀과 조정 절차를 거칠 필요가 없다. 교차기능팀 구조에서 PM은 완벽한 엔드투엔드 제품을 제공하기 위해 다른 PM 또는 내부 이해관계자와 더욱 많은 시간을 들여 협력할 수 있다.

테스터는 도메인 간 통합 테스트에 익숙해져야 한다. 통합 환경 구축, 계약 생성 및 유지 관리 등의 과제가 새롭게 등장한다.

교차기능팀의 목표 중 하나는 팀 조정 과정에서 발생하는 마찰을 근절하는 것이다. 사일로화된 팀 구조 속에서 개발자는 DBA의 변경 작업이나 운영 담당자의 리소스 배정을 기다리며 대기하는 시간이 많다. 교차가능팀은 이러한 모든 역할을 내재화하므로 사일로를 조정하는 부수적인 마찰을 겪지 않는다.

프로젝트에 담긴 모든 역할마다 검증된 엔지니어가 배정되는 호사를 누릴 수 있다면 좋겠지만, 대부분의 회사는 그 정도의 여력이 없다. 특히 핵심 기술 영역은 시장 수요 등의 외부 요인에 의해 제약을 받는다. 따라서 교차기능팀을 꾸리고 싶어도 그만한 자원을 조달하지 못하는 경우가 많다. 이럴 때는 제한된 자원을 여러 프로젝트에서 공유하는 방식으로 대처할 수 있다. 서비스당 한 명의 운영 엔지니어를 배정할 수 없다면 여러 팀에 교대로 배정하면 된다.

도메인을 중심으로 아키텍처와 팀을 모델링하면 하나의 팀 내부에서 하나의 변화 단위를 온전히 처리할 수 있다. 따라서 외부와의 인위적인 마찰이 발생하지 않는다. 또한 여기에 계층 아키텍처를 접목해 관심사를 분리하는 것도 여전히 가능하다. 가령 특정 계층 아키텍처로 구현된 프레임워크를 마이크로서비스에 채택하면, 해당 팀은 손쉽게 기술 계층을 교체할 수 있다. 마이크로서비스는 도메인 내부의 기술 아키텍처를 캡슐화하는 방식으로 기술과 아키텍처 사이의 전통적인 관계를 역전시킨다.

> ### 아마존의 '피자 두 판' 팀
> 아마존의 팀 구성 철학은 **피자 두 판 팀**이라는 원칙으로 유명하다. 이는 라지 피자 두 판이 부족할 정도로 팀 구성원을 늘리지 않는다는 원칙이다. 이러한 분할 방식은 팀의 규모보다 의사소통의 효율성에 중점을 둔다. 팀이 커질수록 팀원이 소통할 사람도 많아진다. 각 팀은 교차기능을 수행하며 '내가 만든 것은 내가 운영한다'는 철학을 받아들인다. 다시 말해 각 팀은 운영 책임과 권한을 포함해 서비스에 대한 완전한 소유권을 가진다.

소규모 교차기능팀은 인간 본성에 부합하는 면이 있다. 일례로 아마존의 '피자 두 판 팀'의 개념은 영장류의 행동 양식과 흡사하다. 대부분의 스포츠팀이 10명 내외의 선수로 이루어지듯, 인류학자들은 문명 이전의 사냥 집단도 이 정도 규모였을 것으로 짐작한다. 타고난 사회적 행동 양식을 모사해 팀을 구성하면 팀원 각자의 책임감이 높아지는 효과가 있다. 가령 한 개발자가 2년 전 작성한 코드가 어느 날 밤 큰 장애를 일으켰다고 가정해보자. 운영팀의 누군가는 한 밤중에 호출받고 날이 새도록 장애를 처리해야 하지만, 다음 날 아침에 출근한 개발자는 정작 자신이 일으킨 대혼란을 알지도 못한 채 넘어갈 가능성도 있다. 반면 교차기능팀은 문제의 코드를 작성한 개발자와 이를 관리하는 운영자가 모두 한 팀에 있다. 이튿날 아침, 불운한 개발자는 뜬눈으로 밤을 지새운 동료의 슬프고 지친 모습을 한 공간에서 마주할 수밖에 없다. 자연히 개발자는 더 나은 동료로 거듭날 동기를 부여받는다.

교차기능팀의 구성원은 사일로 너머를 손가락질로 가리킬 필요가 없다. 모두가 팀의 주인이라는 의식을 키우며 함께 최선을 다할 수 있도록 서로를 격려한다.

데브옵스 자동화를 이용한 추가 자원 확보

필자의 컨설팅 고객 중에는 호스팅 서비스 업체도 있었다. 이 업체는 잘 조직된 12개의 개발팀을 보유하고 있었으며, 그 외 모든 유지 관리, 프로비저닝, 모니터링, 기타 일상 업무를 담당하는 운영 그룹이 있었다. 개발자들은 데이터베이스와 웹 서버 등의 자원이 빠르게 배정되지 않는 것에 항상 불만을 표현하곤 했다. 이러한 불편을 조금이나마 해소하고자 관리자는 각 프로젝트마다 주당 하루씩 운영 담당자를 배치하기 시작했다. 적어도 그날만큼은 개발자들도 자원 배정을 기다릴 필요가 없이 행복한 하루를 보낼 수 있었다. 그러나 이러한 지원을 정기적으로 지속할 여력이 없다는 점이 관리자의 새로운 고민거리였다.

그러나 관리자의 고민은 기우였다. 운영 과정의 수작업이 대부분 우발적인 복잡성에 기인한다는 사실이 컨설팅을 통해 밝혀졌다. 머신 설정 미비, 제조사와 브랜드 혼용 등, 복잡도를 높이는 원인은 대부분 교정할 수 있는 실수였다. 필자는 모든 문제를 체계적으로 정리한 뒤, 퍼펫Puppet[4]을 사용해 시스템 프로비저닝을 자동화하도록 도왔다. 이후 운영팀은 모든 프로젝트에 엔지니어를 영구적으로 배치할 만큼 인력을 확보할 수 있었다. 물론 자동화 인프라 관리 인력도 충분했다.

이 회사는 신규 엔지니어를 고용하지도, 직무 역할을 크게 바꾸지도 않았다. 대신 그들은 현대적 엔지니어링 관행을 도입함으로써, 굳이 사람이 정기적으로 처리할 필요가 없는 일을 자동화시켰다. 불필요한 업무에서 해방된 운영자는 개발자의 훌륭한 동반자로 거듭났다.

비즈니스 기능 중심 팀 구성

도메인을 중심으로 팀을 구성한다는 것은 비즈니스 기능을 중심으로 팀이 구성될 것임을 암시한다. 많은 조직은 기술 아키텍처가 고유한 복잡도와 추상화를 추구하는 한편 비즈니스 동작과

---

4 http://puppetlabs.com

느슨한 관계를 유지하기 바란다. 이는 전통적으로 아키텍트가 순수하게 기능 위주로 아키텍처를 분할했기 때문이다. 계층 아키텍처는 Customer 등의 도메인 엔티티를 다루기 위해서가 아닌, 기술 아키텍처 계층을 손쉽게 교체하는 목적으로 설계된다. 이러한 목적은 대부분 외부 요인에 의해 세워진다. 가령 지난 10년 동안 아키텍처 스타일은 비용 절감을 추구하며 공유 리소스 최대화에 중점을 두었다.

아키텍트는 조직 내부 곳곳에 오픈 소스를 도입하며 점차 상용 도구의 제한에서 벗어나고 있다. 공유 리소스 아키텍처는 구성 부품 사이에 의도치 않은 간섭이 발생한다는 태생적인 문제가 있다. 개발자가 원하는 기능을 갖춘 환경을 자유롭게 생성할 수 있다면 아키텍처의 초점도 기술에서 벗어나 도메인을 향해 이동할 것이다. 이제 대부분의 소프트웨어 프로젝트는 변화의 단위와 도메인을 서로 일치시킬 수 있다.

 직무 기능이 아닌 비즈니스 기능을 중심으로 팀을 구성하라.

비즈니스 기능과 인지 부하의 균형

이 책의 원서가 출간된 이후 지속적인 가치 흐름에 최적화된 팀 설계 기법이 업계에 등장했다. 마누엘 페이스Manuel Pais와 매튜 스켈튼Matthew Skelton은 『팀 토폴로지』(에이콘출판사, 2020)에서 다음과 같은 네 가지 팀 패턴을 제시한다.

스트림 정렬팀 stream-aligned team

비즈니스 도메인(일반적으로 그중 일부)의 작업 흐름과 일치하는 팀

활성화팀 enabling team

스트림 정렬팀이 장애물을 극복하고 부족한 역량을 보완하기 위해 새로운 기술/기법을 습득하도록 지원하는 팀

난해한 하위시스템팀 complicated subsystem team

비즈니스 도메인 중 수학/계산/기술 분야를 담당하는 팀

플랫폼팀 platform team

스트림 정렬팀의 업무 속도를 가속시키기 위해 강력한 내부 도구를 생산하고 지원하는 팀

스트림 정렬팀은 이번 장이 권장하는 '비즈니스 기능'을 중심으로 구성된 팀에 해당한다. 팀을 설계할 때는 인지 부하cognitive load를 반드시 함께 고려해야 한다. 복잡한 도메인 영역을 담당하거나 복잡한 기술 집합을 다루는 팀은 인지 부하가 발생하며 업무에 지장을 겪는다. 예를 들어, 결제 과정을 담당했던 인력은 결제 체계와 각종 규칙을 이해하는 과정에서 높은 수준의 도메인 인지 부하를 경험한다. 하나의 결제 체계는 단일팀이 충분히 감당할 수 있지만 5~6개의 결제 체계를 동시에 관리하기는 어렵다. 기술적 복잡성을 차치한다 해도 팀 인지 부하가 적정 수준을 초과할 가능성이 높다.

이러한 인지 부하에 대처하는 방법은 스트림 정렬팀을 복수로 구성하거나 난해한 하위시스템팀을 보조로 두는 것이다. 이를테면 단일 스트림 정렬팀이 사용자의 결제 과정을 엔드투엔드로 담당하는 동안, 난해한 시스템 팀이 마스터카드나 비자카드 등의 특정 결제 수단을 처리하는 식이다.

『팀 토폴로지』는 도메인 비즈니스 기능과 팀 구조의 관계를 개념적으로 설명하며, 팀 구성에 인지 부하가 미치는 효과를 강조한다.

프로젝트를 넘어 제품으로

팀의 지향점을 프로젝트에서 제품으로 전환하기 위해 많은 회사는 작업 모델을 제품 기준으로 설계한다. 소프트웨어 프로젝트는 대부분 틀에 박힌 워크플로를 따라 진행되어 왔다. 문제를 식별한 다음 개발팀을 구성하고, 작업이 '완료'되면 운영팀에 전달한다. 이때부터 프로젝트는 운영팀의 관리와 유지보수 속에서 남은 여생을 보낸다. 개발팀은 다음 문제를 처리하며 같은 과정을 반복한다.

이러한 워크플로는 다양한 문제를 유발한다. 첫째, 원래의 개발팀이 다른 업무로 이동했기 때문에 버그 수정이나 유지 관리 작업을 처리하기 어려운 경우가 많다. 둘째, 개발자가 운영 업무로부터 격리되어 있으므로 코드 품질을 등한시하기 쉽다. 일반적으로 개발자와 실행 코드 사이에 간접 계층이 추가될수록 둘 사이의 연결 지점은 줄어든다. 이러한 분리는 운영 조직 사이에 '우리 빼면 모두 남'이라는 대립 의식을 고착화시키는 부작용을 낳는다. 그간 근로자의 분열과

갈등을 방관하거나 장려했던 기업들의 태도도 이러한 부작용에 일조한다. 셋째, '프로젝트'라는 개념은 시간적 함의를 내포한다. 즉 프로젝트는 언젠가 종료된다는 인식이 있으며, 이러한 인식은 참여한 이들의 의사 결정 과정에 영향을 미친다.

소프트웨어를 프로젝트가 아닌 제품으로 여기기 시작하면 세 가지 방식으로 회사의 관점이 전환된다. 첫째, 수명 주기가 있는 프로젝트와 달리 제품은 영원히 살아남는다. 역 콘웨이 전략에 기반한 교차기능팀 또한 제품과 함께 유지된다. 둘째, 각 제품의 소유자를 지정할 수 있다. 제품 소유자는 생태계 속에서 제품의 사용 가치를 옹호하고 각종 요구 사항을 관리하는 역할을 한다. 셋째, 교차기능팀이 제품을 담당하므로 제품을 담당하는 PM, BA, 디자이너, 개발자, QA, DBA, 운영 등의 역할이 뚜렷하게 드러난다.

프로젝트에서 제품으로 사고방식을 전환하는 진정한 목표는 장기적인 기업 참여를 유도하는 것이다. 제품팀은 장래에도 제품의 품질을 책임져야 한다. 따라서 개발자는 품질 지표에 주인의식을 느끼며 제품의 결함에 더욱 많은 관심을 기울인다. 또한 제품 중심 사고는 개발팀에 장기적인 비전을 제시하는 효과를 낸다. 믹 커스텐의 『프로젝트에서 제품으로』(에이콘출판사, 2022)는 이러한 문화적, 구조적 전환이 조직의 변화와 조직 구성 원칙에 미치는 영향을 다루고 있다.

과도한 팀 규모 지양

대형 개발팀이 그만한 성과를 내지 못했던 사례는 대부분의 회사에서 일화로 전해 내려오곤 한다. 팀 역학team dynamics 전문가로 유명한 J. 리처드 핵맨J. Richard Hackman은 그 이유를 다음과 같이 설명한다. 문제는 사람의 수가 아니라 사람들이 만들어내는 연결의 수다. [수식 9-1]은 사람들 사이에 존재하는 연결의 개수를 구하는 공식이다. 여기서 n은 인원수를 의미한다.

수식 9-1 사람들 사이의 연결 수

$$\frac{n(n-1)}{2}$$

[그림 9-4]는 [수식 9-1]에서 n을 늘려가며 도식화한 그림이다. 인원수가 늘어남에 따라 연결 수가 가파르게 증가하는 현상을 확인할 수 있다.

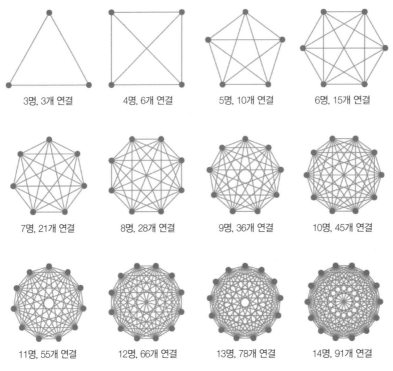

3명, 3개 연결	4명, 6개 연결	5명, 10개 연결	6명, 15개 연결
7명, 21개 연결	8명, 28개 연결	9명, 36개 연결	10명, 45개 연결
11명, 55개 연결	12명, 66개 연결	13명, 78개 연결	14명, 91개 연결

그림 9-4 인원수 증가보다 빠른 연결 수 증가

[그림 9-4]에 보이듯 한 팀의 인원이 14명이면 91개의 연결을 관리해야 한다. 팀원이 50명이 되면 연결은 무려 1,225개로 늘어난다. 폭증하는 의사소통 경로를 제한하려면 팀을 축소해야 하며, 축소된 팀은 교차기능팀이어야 한다. 부서 간 조율 과정에서 뜻하지 않게 협업 대상이 늘어나면 마찰이 일어나는 경향이 있다. 교차기능팀은 이러한 마찰로부터 자유롭다.

팀 사이에 통합 지점이 존재하지 않는 한 각 팀은 서로의 작업을 알 필요가 없다. 그럼에도 불구하고 통합 지점은 무결성을 보장해야 하며, 이를 위해 피트니스 함수를 사용해야 한다.

> TIP 개발팀 사이에 연결 경로가 늘어나지 않도록 주의하라

팀 커플링 특성

기업이 조직을 구축하고 관리하는 방식은 소프트웨어를 구축하고 설계하는 방식에 상당한 영향을 미친다. 이번 절은 진화적 아키텍처 구축에 도움이 되는, 또는 방해가 되는 조직과 팀의 특성을 살펴본다. 팀 구조가 아키텍처 커플링 특성에 미치는 영향을 고려하지 않는 아키텍트가 많지만, 실제로는 막대한 영향을 미친다.

9.1.2 문화

> 문화(명사): 사회 또는 사회 구성원의 사상, 관습, 사회적 행동
>
> – 옥스퍼드 영어 사전

아키텍트는 엔지니어의 시스템 구축 과정을 살피고 조직의 보상 행동에 관심을 기울여야 한다. 아키텍트가 도구를 선택하고 설계를 추진하는 의사 결정 과정은 소프트웨어가 진화를 감당하는 능력에 지대한 영향을 미친다. 탁월한 아키텍트는 리더십을 발휘하며 기술 문화를 조성하고 개발자를 위해 시스템 구축 방식을 설계한다. 또한 진화적 아키텍처 구축에 필요한 기술을 엔지니어에게 전수하고 장려한다.

아키텍트는 다음과 같은 질문들에 스스로 답하며 팀의 엔지니어링 문화를 이해해야 한다.

- 모든 팀 구성원이 피트니스 함수를 알고 있으며 새로운 도구나 제품이 피트니스 함수 제작 역량에 미치는 영향을 고려하고 있는가?
- 피트니스 함수를 정의하고 시스템이 이를 얼마나 준수하고 있는지 측정하고 있는가?
- 응집도, 커플링, 동조성을 엔지니어가 이해하고 있는가?
- 도메인과 어울리는 기술 개념에 대해 대화를 나누고 있는가?
- 배우고 싶은 기술이 아닌, 변화에 적응하는 능력을 기준으로 솔루션을 선택하고 있는가?
- 비즈니스 변화에 팀은 어떻게 대응하고 있는가? 사소한 비즈니스 변화도 통합하기 어려워거나 너무 많은 시간을 소비하고 있지는 않은가?

팀의 행동을 조정하려면 팀에 관련된 프로세스를 조정해야 한다. 사람들은 자신이 받은 요청에 따라 반응하기 때문이다.

당신이 나를 어떻게 평가할지 알려준다면 내가 어떻게 행동할지 알려주겠다.

– 엘리야후 M. 골드랫 Eliyahu M. Goldratt

만일 팀이 변화에 익숙하지 않다면, 아키텍트는 팀의 변화를 우선시하도록 유도하는 장치를 마련할 수 있다. 예를 들어 새로운 라이브러리나 프레임워크를 도입할 때는 얼마나 많은 커플링이 추가로 발생할지 명시적으로 평가하는 단계를 둔다. 팀은 간단한 실험을 통해 자연스럽게 이들의 특성을 파악하게 된다. 라이브러리나 프레임워크 외부에서 코드를 작성하고 쉽게 테스트할 수 있는가? 아니면 개발 주기를 늦출 우려가 있는 런타임 설정이 필요한가?

코드 리뷰는 현재의 코드가 향후 얼마나 변화에 잘 적응할지 자연스럽게 고민할 수 있는 지점이다. 시스템이 갑작스럽게 외부 통합 지점과 연결되고 통합 지점이 예기치 않게 변경되는 경우, 변화는 시스템의 어느 부분에 영향을 미치는가? 또한 얼마나 많은 곳이 업데이트되어야 하는가? 물론 개발자는 모든 질문에 답할 수 없다. 이러한 문제에 지나치게 민감하게 대응하면 과도한 사전 엔지니어링, 복잡성 및 추상화의 조기 도입이라는 부작용이 발생한다. 이와 관련해 『리팩터링 2판』(한빛미디어, 2020)[5]은 다음과 같이 조언한다.

> 어떤 일이든 처음에는 그냥 한다. 비슷한 일을 두 번째로 할 때는 중복을 깨닫고 당황하면서도 일단 계속 진행한다. 비슷한 일을 세 번째로 하게 될 때는 리팩터링한다.

팀은 주로 신기능 개발에 매진하며 보상 또한 이 분야에 집중된다. 코드 품질과 진화성은 의식적으로 우선시하지 않는 한 간과될 가능성이 높다. 진화적 아키텍처를 추구하는 아키텍트는 진화성을 높이는 설계를 우선시하는 팀에 주목하고, 이러한 관행을 다른 팀에 장려할 방법을 강구해야 한다.

9.1.3 실험 문화

진화가 성공하려면 실험이 뒷받침되어야 한다. 그러나 이미 수립된 계획을 이행하기에 급급한 나머지 실험을 소홀히 하는 회사가 많다. 실험이란 소소하지만 새로운 아이디어를 정기적으로 시도하는 활동이다. 성공적인 실험이란 이러한 시도가 무사히 기존 시스템에 통합됐음을 의미한다. 기술적인 실험이든 제품에 대한 실험이든 마찬가지다.

---

5 https://refactoring.com

진정한 성공의 척도는 24시간 동안 집중적으로 실행할 수 있는 실험의 회수다.

– 토머스 앨바 에디슨Thomas Alva Edison

조직은 다음과 같은 다양한 방법으로 실험을 장려할 수 있다.

외부 아이디어 도입 bringing ideas from outside

많은 회사는 외부 컨퍼런스를 통해 자사의 직원들이 새로운 기술, 도구, 접근 방식을 습득하도록 장려한다. 또는 외부의 조언을 얻거나 컨설턴트를 영입해 새로운 아이디어의 원천으로 삼는 회사도 있다.

명시적 개선 장려 encouraging explicit improvement

도요타는 카이젠Kaizen 문화 또는 지속적인 개선으로 유명하다. 모든 인원, 특히 문제와 가장 가깝거나 문제를 해결할 권한이 있는 인원은 지속적으로 개선을 추구해야 한다.

스파이크 구현 및 안정화 implementing spike and stabilize

스파이크 솔루션spike solution은 난해한 기술 문제 학습, 미지의 영역 탐색, 예측 정확도 향상 등을 목표로 일회성 솔루션을 제작하는 익스트림 프로그래밍 기법이다. 소프트웨어의 품질을 포기하는 대가로 학습 속도를 높일 수 있다. 일반적으로 스파이크 솔루션을 곧장 프로덕션에 투입하려는 시도는 하지 않는다. 시장 출시 시기 또는 운영화에 대한 고려가 결여되어 있는 소프트웨어이기 때문이다. 스파이크 솔루션의 목표는 우수한 설계가 아닌 빠른 학습 속도다.

혁신 시간 확보 creating innovation time

구글의 직원은 자신의 시간 중 20%를 원하는 프로젝트에 자유롭게 할애할 수 있다고 알려져 있다. 해커톤Hackathon[6]을 통해 신제품을 발굴하거나 기존 제품의 개선 사항을 찾으려 시도하는 회사도 많다. 아틀라시안Atlassian이 정기적으로 주최하는 ShipIt[7]은 하루 24시간 내내 진행되는 유명한 행사다.

---

6 https://oreil.ly/4EXZx

7 https://oreil.ly/GdsjU

집합 기반 개발은 다양한 접근 방법을 탐색하는 데 중점을 둔다. 여러 조건을 검토하면 작업량과 비용이 늘어난다고 생각하기 쉽다. 그러나 여러 조건을 동시에 탐색하는 과정에서 문제를 더 잘 이해하고 도구와 구현에 따르는 실질적인 제약 조건이 드러난다는 장점도 있다. 효과적인 집합 기반 개발의 핵심은 짧은 시간(며칠 이내) 동안 여러 방식으로 프로토타입을 제작하고 상세한 데이터와 경험을 얻는 것이다. 최적의 솔루션은 여러 경쟁 솔루션을 검토한 뒤에 모습을 드러내는 경우가 많다.

엔지니어와 최종 사용자 연결

실험을 정확하게 설계하려면 작업의 영향력을 이해하고 있어야 한다. 실험적 사고방식이 정착된 기업은 개발팀과 제품 담당자가 실험을 통해 고객의 반응을 직접 확인하도록 장려한다. 기업의 결정은 고객에게 영향을 미치며 이를 탐색하려면 실험이 필요하다. 이때 기업은 주로 A/B 테스트[8] 기법을 활용한다. 팀과 엔지니어를 고객 쪽에 직접 파견해 사용자의 행동을 관찰하는 기업도 있다. 사용성 커뮤니티의 경험에 따른 이러한 관행은 사용자와 공감대를 형성하기 좋은 방법이다. 엔지니어는 이를 계기로 사용자의 요구 사항을 더 잘 이해하게 된다. 새롭고 효과적인 아이디어를 얻는 경우도 많다.

9.1.4 CFO와 예산

예산 책정은 전통적으로 엔터프라이즈 아키텍처의 일부였다. 진화적 아키텍처는 예산의 우선순위 변화에 대응할 수 있어야 한다. 과거에는 예산을 책정하기 위해 소프트웨어 개발 생태계의 장기적인 추세를 예측하는 능력이 필요했다. 그러나 이 책에서 지속적으로 강조하는 동적 환경의 균형 속에서 예측성은 더 이상 의미가 없다.

실제로 아키텍처 퀀텀과 아키텍처 비용 사이에는 흥미로운 상관관계가 있다. 퀀텀의 수가 증가함에 따라 퀀텀당 비용은 [그림 9-5]에 보이듯 적정 지점 *sweet spot*을 향해 하강한다.

8　https://oreil.ly/BrOHR

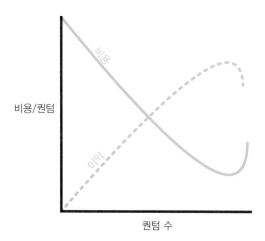

그림 9-5 아키텍처 퀀텀과 비용의 관계

[그림 9-5]에서 아키텍처 퀀텀 수가 증가할 때 비용이 감소하는 이유는 다음과 같다. 첫째, 아키텍처를 구성하는 요소가 더 작아지므로 관심사가 더욱 명확하게 분리 및 정의된다. 둘째, 물리적인 퀀텀 수가 늘어나면 운영은 자동화로 대응해야 한다. 개별 작업이 일정 규모를 넘어서면 수작업으로 처리하는 것이 불가능하다.

그러나 퀀텀이 지나치게 작아지면 퀀텀 수의 규모 자체가 비용을 유발하기 시작한다. 가령 마이크로서비스 아키텍처는 하나의 폼 필드 수준까지 퀀텀을 소형화시킬 수 있다. 이 정도로 규모가 작아지면 각 요소를 조정하는 비용이 아키텍처를 지배하는 수준으로 증가한다. 따라서 [그림 9-5]의 그래프의 오른쪽은 퀀텀 수가 늘어날수록 퀀텀당 이익이 감소한다.

아키텍트는 진화적 아키텍처를 설계하며 퀀텀 크기와 비용 사이에서 적정 지점을 찾아야 한다. 적정 지점은 기업마다 다르다. 공격적인 시장을 상대하는 기업은 기민하게 움직여야 하므로 작은 퀀텀이 적합하다. 아키텍처 세대가 전환되는 속도는 순환 주기에 비례하며, 퀀텀이 작을수록 순환 주기는 단축되는 경향이 있다. 반대로, 단순함을 중요시하는 회사는 모놀리식 아키텍처를 구축하는 것이 더 실용적일 것이다.

생태계가 예측을 거부한다면 현재의 아키텍처와 비용이 이루는 최적의 조합을 찾아내야 한다. 조합을 결정하는 요소는 매우 다양하며 이를 판단하는 것은 결국 아키텍트다. 아키텍트의 역할은 이렇듯 한층 확장되었으며 아키텍처의 영향력은 그 어느 때보다 확대되었다.

엔터프라이즈 아키텍처 분야에 수십 년째 전해 내려오는 '모범 사례'를 고수할 필요는 없다. 현대의 아키텍트는 진화적 시스템의 특성과 내재적 불확실성을 먼저 이해해야 한다.

9.2 비즈니스 사례

지금까지 이 책은 다양한 기술과 세부 사항을 상세히 설명했다. 그러나 이러한 지식이 실질적인 비즈니스 가치를 실현하지 못한다면, 기술 문외한의 눈에는 그저 쓸모없는 메타워크처럼 보일 것이다. 따라서 아키텍트는 진화적 아키텍처가 불러올 변화와 함께 거버넌스 자동화에 대한 확신을 함께 심어줄 수 있어야 한다. 그러나 한편으로는 이보다 더욱 직접적인 이득을 제시하는 것도 가능하다.

아키텍트는 비즈니스 이해관계자가 이해하고 받아들일 수 있는 언어를 이용해 아키텍처의 개념을 설명할 수 있다. A/B 테스트 또는 고객 분석 같은 것들이 훌륭한 비즈니스 언어의 역할을 한다. 이러한 고차원적인 상호작용 기술이야말로 진화적 아키텍처를 지원하는 메커니즘이자 기반 구조다. 이번 절에서 알아볼 가설 주도 개발 및 데이터 주도 개발도 마찬가지다.

9.2.1 가설 주도 개발 및 데이터 주도 개발

Scientist 프레임워크를 사용했던 [예제 4-11]은 데이터 주도 개발^{data-driven development}의 일종이다. 데이터 주도 개발은 데이터를 중심으로 기술적 변화를 도모하는 개발 방법론이다. 비슷한 방식으로, 가설 주도 개발^{hypothesis-driven development}은 기술 측면의 관심사 대신 비즈니스를 통합한다.

2013년 크리스마스부터 2014년 새해 첫날까지 페이스북은 힘든 한 주를 보내야 했다. 이 기간 동안 페이스북에 올라온 사진은 플리커^{Flickr}에 누적된 모든 사진보다 많았다. 그중 백만 장 이상의 사진은 불건전한 사진으로 간주되어 신고가 접수되기도 했다. 페이스북 사용자는 문제가 있는 사진을 신고할 수 있으며 추후 페이스북은 이를 객관적으로 재검토하는 절차를 진행했다. 그러나 폭발적으로 증가한 사진들로 인해, 실제로 사진을 검토할 직원이 부족해지는 문제가 발생했다.

다행히 페이스북은 최신 데브옵스 기법을 통해 사용자 실험을 수행할 수 있었다. 일반적인 페이스북 사용자가 한 번이라도 실험에 참여했을 가능성은 얼마나 되느냐는 질문에 한 페이스북 엔지니어는 이렇게 답했다. '물론 100%입니다. 우리는 대략적으로 20개 이상의 실험을 동시에 진행합니다.' 엔지니어는 사진을 신고한 이유에 대해 사용자에게 추가 질문을 남기는 실험을 진행했으며, 그 결과 인간 본성에 숨겨진 흥미로운 부조리를 발견할 수 있었다. 가령 대부분 사람은 스스로 사진보다 실물이 낫다고 여기며, 사진을 찍어 준 이에게 잘못을 돌리는 경향이 있다. 문구와 질문을 다양하게 바꿔가며 실험하는 동안 엔지니어는 실제 사용자가 사진을 신고한 이유를 수집하고 분석했다. 결과적으로 페이스북은 오탐지를 크게 줄이고 대규모 사진 신고 사태를 관리 가능한 영역으로 가져올 수 있었다. 비교적 짧은 시간 동안 실험용 플랫폼을 구축하고 적절히 실행할 수 있었던 덕분이었다.

『Lean Enterprise』(O'Reilly, 2014)에서 저자는 가설 주도 개발의 현대적 프로세스를 다음과 같이 설명한다. 가설 주도 개발은 공식화된 요구 사항을 수집하고 애플리케이션 기능으로 구현하는 프로세스를 따르지 않는다. 그 대신, 과학적인 방법론에 시간과 자원을 투입한다. 신제품 개발이든 기존 애플리케이션 유지보수든 마찬가지다. 먼저 실행 가능한 최소 제품 버전으로 애플리케이션을 만들고, 요구 사항이 아닌 가설에 근거해 새로운 기능을 추가한다. 가설 주도 개발에서 가설은 검증할 가설만을 의미하지 않는다. 결과를 결정지을 실험과, 가설 검증이 향후 애플리케이션 개발에 미치는 영향을 함축적으로 상징한다.

비즈니스 분석가가 카탈로그 페이지의 상품 이미지 크기를 늘리고 싶어 한다고 가정하자. 이러한 요건을 직접 구현하기에 앞서 가설로 구체화한다. 이를테면, 이미지를 크기를 키웠을 때 해당 품목의 판매가 5% 증가한다는 가설을 세우고 A/B 테스트를 작성해 실험한다. 한쪽은 이미지 크기를 키우고, 다른 한쪽은 그대로 둔 채 사용자의 반응을 비교하고 결과를 집계한다.

프로젝트에 비즈니스 담당자가 관련되면 불안 요소가 점차 증가하는 경향이 있다. 심지어 애자일 프로젝트도 예외는 아니다. 비즈니스 분석가의 결정은 따로 떼어 놓고 보면 합리적이지만 기존 기능과 결합되면서 전반적인 경험 저하를 유발할 가능성이 있다. mobile.de[9] 개발팀이 밝힌 사례[10]에 따르면, 논리적으로 무결했던 많은 기능이 무작위적으로 누적되자 UI가 복잡해지면서 판매가 감소하는 상황이 발생했다. 성숙한 소프트웨어 제품을 지속적으로 개발하면 종

---

9 https://www.mobile.de
10 https://oreil.ly/28dst

종 이런 식의 결과가 만들어지곤 한다. UI 철학은 리스트, 우선순위, 그룹화 등의 측면에 다양한 근거가 마련되어 있다. 이에 개발팀은 세 가지 버전의 UI를 구축하고 사용자가 자유롭게 선택하도록 했다.

애자일 소프트웨어 방법론을 가동하는 엔진은 중첩된 피드백 순환이다. 이러한 피드백은 테스트, 지속적 통합, 반복 수행을 통해 형성된다. 그러나 애플리케이션의 최종 사용자가 속한 피드백 루프에 정작 개발팀이 포함되지 않는 경우가 있다. 가설 주도 개발을 통해 개발팀은 전례 없는 방식으로 사용자를 통합하고, 사용자의 행동을 학습하고, 사용자가 실제로 가치를 부여하는 대상을 구축할 수 있다.

가설 주도 개발을 도입하려면 진화적 아키텍처, 현대적 데브옵스, 수정된 요구 사항, 애플리케이션 동시 실행 기능 등의 다양한 요소를 조율해야 한다. 서비스 기반 아키텍처를 대표하는 마이크로서비스는 일반적으로 지능적 서비스 라우팅^{intelligent routing of service}을 이용해 여러 버전을 나란히^{side-by-side} 실행한다. 예를 들면 한 사용자가 특정 서비스 집합으로 애플리케이션을 실행하는 동안, 다른 요청은 동일한 서비스의 전혀 다른 인스턴스 집합으로 전달된다. 만일 대부분의 서비스가 확장성을 고려해 다수의 인스턴스를 실행하고 있다면, 그중 일부 인스턴스만 기능을 향상시키는 것도 가능하다. 여기에 라우팅 기능을 더하면 개선된 인스턴스에 일부 사용자를 손쉽게 배정할 수 있다.

실험은 유의미한 결과를 얻을 수 있을 때까지 충분히 오래 수행되어야 한다. 팝업 설문 조사처럼 사용자를 번거롭게 하는 방식이 아닌, 더 나은 경험을 제공하는 측정 방식이 바람직하다. 이를테면 '이 가설적인 워크플로는 사용자의 키보드 입력과 클릭을 줄일 수 있을까?'와 같이 말이다. 이런 방식으로 개발 및 설계 피드백 순환에 사용자를 자연스럽게 통합하면 훨씬 더 기능적인 소프트웨어를 구축할 수 있다.

9.2.2 실험적 매체로서의 피트니스 함수

아키텍트는 가설 주도 개발에 응답하는 용도로 피트니스 함수를 활용한다. 아키텍트가 내리는 수많은 결정은 이전까지는 어디에도 존재하지 않았던 경우가 많다. 따라서 아키텍트는 아키텍처에 대한 학습된 추측을 발휘할 수밖에 없다. 그러나 일단 솔루션을 구현하면 아키텍트는 피트니스 함수를 이용해 가설을 검증할 수 있다. 이해를 돕기 위해 현실적인 사례를 살펴보자.

UDP 통신

PenultimateWidgets의 생태계는 다수의 ETL^Extract, Transform, Load 작업과 배치 프로세스를 보유하고 있다. 개발팀은 [그림 9-6]처럼 보고서 전송, 정보 통합 등의 ETL 작업을 모니터링하는 도구를 구현했다.

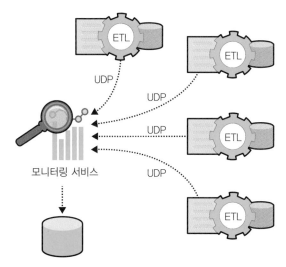

그림 9-6 ETL 통신 모니터링 도구

아키텍트는 [그림 9-6]에 보이듯 ETL과 모니터링 서비스 사이에 UDP를 사용하도록 설계했다. 간혹 완료 메시지가 누락되는 사례가 발생하자 팀은 작업 미완료 경고를 설정하고 오탐지를 관리할 인원을 지정했다. '모니터링 도구에서 누락되는 메시지의 비율은 얼마인가?'라는 질문에 답하기 위해 아키텍트는 피트니스 함수를 구축하기로 했다. 누락 비율이 10%를 넘기면 모니터링 도구를 좀 더 표준적인 구현으로 대체할 것이다.

모니터링 도구의 신뢰도가 제작자의 가정보다 낮다는 가정에 따라, 피트니스 함수는 다음과 같이 구축한다.

- 모니터링을 통해 제어하는 환경(PreProd, UAT 등)의 모든 애플리케이션에서 예상 메시지 수와 빈도를 계산한다.
- `Mock Service`를 생성해 예상 요청 건수를 시뮬레이션한다.
- `Mock Service`는 `Monitor Service` 데이터베이스에서 처리된 메시지를 읽고, 관련 메트릭을 얻는다.

손실된 메시지의 비율, 애플리케이션이 문제없이 처리할 수 있는 최대 메시지 수를 나타내는 메트릭이 필요하다. 이러한 정보를 얻은 다음 JSON 파일에 저장한다.

- 판다스[11] 등의 도구로 JSON 파일을 분석하고 결과를 생성한다.

[그림 9-7]은 이러한 피트니스 함수를 나타낸다.

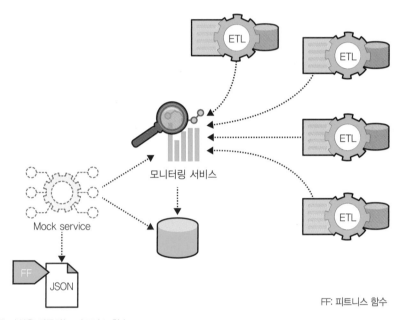

FF: 피트니스 함수

그림 9-7 가설을 검증하는 피트니스 함수

피트니스 함수 실행 후, 메시지의 40%가 대규모로 손실되고 있음이 밝혀졌다. 이에 모니터링 솔루션의 신뢰성에 문제를 제기하였으며 구현을 교체하기로 결정되었다.

사례 연구 2) 보안 의존성

PenultimateWidgets는 라이브러리 의존성 일부에 보안 취약점이 발생했던 경험이 있다. 이후 애플리케이션을 변경할 때는 소프트웨어 공급망을 검증하기 위해 기나긴 수동 프로세스를 거쳐야 했다. 이러한 검토 과정은 팀의 발목을 잡는 요인이 되었다. 팀은 시장의 요구에 따라 신속하게 움직여야 했지만 그럴 수 없었다.

---

11 https://pandas.pydata.org

보안 검수와 피드백 시간을 단축하기 위해, 팀은 통합 파이프라인에 라이브러리 의존성 목록을 스캔하는 단계를 추가했다. 이 단계에서 실시간 차단 목록을 확인하고, 위험 라이브러리를 사용한 프로젝트에 경고를 생성했다. [그림 9-8]은 이러한 단계를 나타낸다.

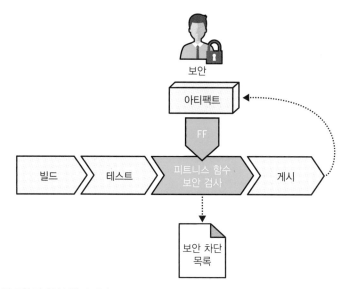

그림 9-8 지속적 통합 단계의 보안 스캐닝

[그림 9-8]의 피트니스 함수는 통합 거버넌스의 일환으로 생태계의 중요 요소를 검증하는 역할을 한다. 보안은 조직의 신속한 피드백을 필요로 하며, 보안 검사 자동화는 가장 빠른 피드백을 보장한다. 자동화는 피드백 루프에서 인간을 배제하는 기술이 아니다. 오히려 회귀^{regression} 등의 작업을 자동화함으로써 인간을 자유롭게 해주는 기술에 가깝다. 그리하여 인간만이 상상할 수 있는 창의적인 해결책을 실현하도록 돕는다.

사례 연구 3 동시 피트니스 함수

PenultimateWidgets는 교살자 무화과나무 패턴[12]을 따라 한번에 하나씩 동작을 교체하며 점진적으로 기능을 개선했다. 그 결과, 팀은 도메인의 특정 부분에 대응하는 새로운 마이크로 서비스를 만들 수 있었다. 이 서비스는 프로덕션 환경에서 실행되며 이중 기록 방식으로 레거

---

12 https://oreil.ly/BhDNV

시 데이터베이스의 원천 정보를 유지한다. 이러한 유형의 서비스를 이전에 구현해본 경험이 없었기에, 아키텍트는 예비 데이터를 기반으로 확장을 수행할 임계 요청 수가 초당 120건이라고 추정했다. 그러나 서비스는 실제 가동 이후 반복적으로 중단되기 시작했다. 측정 결과에 따르면 이미 서비스는 초당 300개의 요청을 처리하고 있었다. 120이라는 임계 요청 수가 잘못된 추정이었을까? 아니면 다른 문제가 존재하는 것일까? [그림 9-9]를 살펴보자.

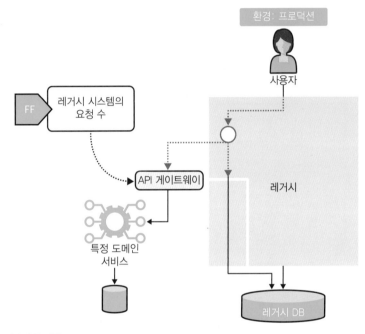

그림 9-9 동시성 수준 검증

[그림 9-9]는 프로덕션 시스템의 실제 성능을 측정하기 위해 피트니스 함수를 도입한 상태를 나타낸다. 피트니스 함수는 다음과 같은 역할을 한다.

1. 프로덕션으로부터 유입된 호출 건수를 파악해 서비스가 감당할 최대 요청 수를 계산한다. 또한 자동 스케일링을 실행할 임계 수치를 산정한다. 임계점을 넘으면 수평 확장으로 가용성을 확보할 것이다.

2. 프로덕션 환경에서 초당 호출 건수를 조회하는 뉴렐릭 쿼리New Relic Query를 생성한다.

3. 새롭게 계산된 초당 요청 수를 바탕으로 부하 및 동시성 테스트를 수행한다.

4. 메모리와 CPU 모니터링하고 스트레스 포인트를 정의한다.

5. 가용성과 성능을 지속적으로 보장하기 위해 파이프라인에 피트니스 함수를 배치한다.

피트니스 함수를 실행한 결과, 평균 호출 건수가 초당 1,200건으로 예상을 크게 초과했음을 알게 되었다. 따라서 팀은 확장 임계치를 현실적인 수준으로 갱신했다.

사례 연구 4 정확성 피트니스 함수

이전 예제의 주인공이었던 팀은 이제 교살자 무화과나무 패턴의 흔한 문제에 직면했다. 신규 시스템이 이전 시스템의 동작을 그대로 복제하게 하려면 어떻게 해야 할까? 이 문제를 해결하기 위해 팀은 기능 집합을 한번에 한 부분씩 선택적으로 교체하는 정확도 피트니스 함수fidelity fitness function를 구축했다. 이러한 피트니스 함수는 대부분 [예제 4-11]과 비슷한 흐름을 따라 실행된다. 두 버전의 코드를 일정 비율에 따라 나란히 실행하며 차이점을 비교하고, 신기능이 구기능과 동일하게 작동하는지 검증한다.

[그림 9-10]은 이러한 정확도 피트니스 함수를 도입한 상태를 나타낸다.

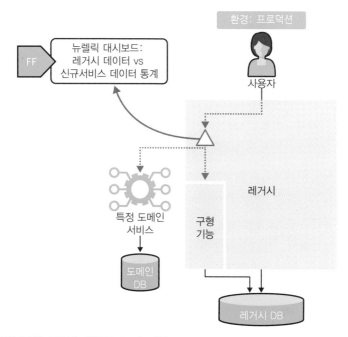

그림 9-10 동일한 응답을 보장하는 정확성 피트니스 함수

이번 예시에서 피트니스 함수는 일관성을 보장하는 용도로 사용됐다. 그러나 피트니스 함수가 낳은 또 다른 부수적인 효과가 있다. 그간 명시되지 않았던 일부 유형의 데이터가 피트니스 함수를 통해 식별되었으며, 이를 통해 레거시 시스템의 데이터 의존성에 대한 전체적인 이해도를 높일 수 있었다.

9.3 엔터프라이즈 피트니스 함수 구축

진화적 아키텍처에서 엔터프라이즈 아키텍트의 역할은 엔터프라이즈 피트니스 함수enterprise fitness function와 관련 지침guidance을 중심으로 이루어진다. 마이크로서비스 아키텍처는 이러한 변화가 반영된 결과물이다. 각 서비스는 운영적으로 분리되어 있으므로 리소스 공유를 고려할 필요가 없다. 그 대신 아키텍트는 아키텍처와 플랫폼이 생성하는 커플링 지점에 대한 지침(서비스 템플릿 등)을 제공해야 한다. 엔터프라이즈 아키텍처는 일반적으로 공유 인프라 기능을 소유하며, 이를 일관적으로 지원하기 위해 기업 곳곳에서 플랫폼 선택의 폭을 제한한다.

9.3.1 [사례 연구] 제로데이 보안 취약점

사용 중인 개발 프레임워크 또는 라이브러리에서 제로데이 취약점이 발견되면 기업은 어떻게 대처해야 할까? 네트워크 패킷 수준에서 알려진 취약점을 검색하는 스캐닝 도구는 많다. 그러나 정확한 시점에 원하는 취약점을 테스트할 수 있는 도구는 많지 않다. 얼마 전 거대 금융 기관에 벌어졌던 최악의 사태는 제로데이 취약점의 위험성을 여실히 드러낸다. 2017년 9월 7일, 미국의 주요 신용 평가 기관인 에퀴팩스Equifax는 데이터 유출 사실을 발표했다. 조사 결과, 해킹에 악용된 기술은 자바 생태계의 유명 프레임워크인 스트럿츠Struts의 취약점(Apache Struts vCVE-2017-5638)인 것으로 밝혀졌다. 아파치 재단은 지난 2017년 3월 7일에 이미 해당 취약점을 알리는 성명을 발표하고 패치를 공개했으며, 이튿날 국토 안보부는 에퀴팩스를 비롯한 동종 업체에 위험성을 경고했다. 이에 기업들은 2017년 3월 15일에 보안 스캔을 실행했으며 대부분의 취약 시스템을 파악할 수 있었다. 그러나 문제는 스캔으로 검출된 시스템이 말 그대로 '대부분'이었다는 점이다. 결과적으로 구형 시스템 중 다수는 패치 대상에서 제외되었으며, 에퀴팩스 보안팀이 해킹을 감지하고 데이터 유출을 알아차린 2017년 7월 29일까지 무방비 상태로 노출되었다.

거버넌스가 자동화된 세계는 모든 프로젝트를 파이프라인으로 배포한다. 각 팀의 배포 파이프라인은 '슬롯slot'이 있으며, 보안팀은 이곳을 통해 피트니스 함수를 배포할 수 있다. 이러한 피트니스 함수의 역할은 대부분 일상적인 안전장치 점검에 해당한다. 이를테면 데이터베이스에 암호를 저장하지 못하도록 방지하는 작업과 비슷하다. 이러한 메커니즘을 모든 곳에서 공통적으로 사용하면 제로데이 취약점에 대처하기 쉽다. 보안팀은 특정 프레임워크나 버전 번호를 확인하는 테스트를 모든 프로젝트에 삽입할 수 있으며, 테스트 도중 취약한 버전이 발견되면 빌드를 중단하고 원인을 파악할 수 있다. 소프트웨어 공급망에 대한 우려는 점점 커지고 있다. 오픈 소스 라이브러리와 프레임워크의 출처를 더 이상 신뢰하기 어렵다. 개발자 도구가 공격 벡터 역할을 하는 사례도 속출하고 있다. 이럴 때일수록 의존성의 메타데이터에 주의를 기울여야 한다. 다행히도, 소프트웨어 공급망 거버넌스를 추적하고 자동화하는 snyk[13]과 Dependabot[14] 등의 도구가 등장했으며 깃허브[15]는 이미 이들을 실제로 사용하고 있다.

배포 파이프라인은 생태계의 모든 변화를 파악하는 장소다. 데이터베이스 스키마, 배포 설정, 피트니스 함수 등의 변화가 모두 배포 파이프라인 설정에 담긴다. 의존성을 변경하면 보안팀은 적시에 정확한 정보를 기반으로 취약성을 모니터링할 수 있다.

각 프로젝트가 배포 파이프라인에서 빌드에 피트니스 함수를 적용할 때, 엔터프라이즈 아키텍트는 자신의 피트니스 함수를 추가로 삽입할 수 있다. 이러한 방식으로 각 프로젝트는 확장성, 보안 등의 공통 관심사를 검증하고 전사적 관심사를 지속적으로 파악하며 가능한 한 조기에 결함을 발견할 수 있다. 마이크로서비스 프로젝트가 서비스 템플릿을 공유하며 기술 아키텍처의 일부를 통합하듯, 엔터프라이즈 아키텍트는 배포 파이프라인을 통해 전체 프로젝트에서 일관적인 테스트를 추진할 수 있다.

이러한 메커니즘을 이용해 기업은 핵심 거버넌스를 전역적으로 자동화한다. 또한 소프트웨어 개발의 핵심 측면에 거버넌스를 추가할 기회를 얻는다. 최신 소프트웨어는 수많은 부품으로 이루어지기 때문에 이들을 보증하기 위해서는 자동화가 필요하다.

---

13 https://snyk.io
14 https://github.com/dependabot
15 https://github.com

9.3.2 기존 통합 아키텍처의 경계 콘텍스트

5.4절에서 재사용성을 높이는 동시에 취약성을 만들지 않는 방법을 논의한 바 있다. 엔터프라이즈 수준에서 재사용과 격리를 조율하는 과정은 이러한 논의가 적용되는 구체적인 사례다. [그림 9-11]은 데이터 계층에 관련된 경계 콘텍스트와 아키텍처 퀀텀을 나타낸다.

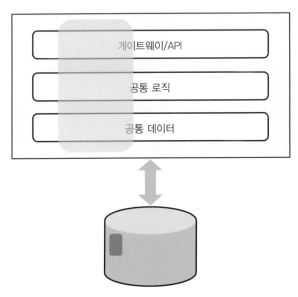

그림 9-11 기존 아키텍처 계층에서 식별된 경계 콘텍스트

일반적으로 계층 아키텍처는 프레젠테이션, 퍼시스턴스 등으로 컴포넌트를 구분한다. 계층 아키텍처의 목표는 관심사를 분리하는 것이며, 이를 통해 재사용성을 높이는 것이다. 기술적 분할technical partitioning은 곧 기술적 능력을 기준으로 구축된 아키텍처를 상징한다. 오랜 기간 가장 일반적인 아키텍처 스타일이었다.

그러나 DDD가 등장한 이후 아키텍트는 DDD에서 영감을 받은 아키텍처를 설계하기 시작했다. 이러한 아키텍처는 경계 콘텍스트 개념을 중요하게 여긴다. 아키텍트가 솔루션을 구축하며 실제로 가장 많이 사용하는 토폴로지는 모듈식 모놀리스modular monolith와 마이크로서비스다. 둘 다 모두 DDD를 중요한 근간으로 삼고 있다.

그러나 이 두 패턴은 근본적으로 서로 호환되지 않는다. 계층 아키텍처는 관심사의 분리를 촉진하고 재사용의 편의성을 높인다. 이는 계층 구조가 제공하는 명확한 이점들이다. 그러나 지난 예제들에서 확인한 바와 같이, 계층을 가로지르는 관심사에 대처하기는 어렵다. 계층 간 공통 재사용성은 지역성을 훼손하며 경계 콘텍스트의 원칙에 위배되기 때문이다.

그렇다면 조직은 이러한 갈등을 어떻게 조정해야 할까? 관심사를 분리하는 동시에 공통 재사용 기능의 해로운 부작용을 차단할 수 있을까? 이러한 상황은 아키텍처 원칙에 거버넌스를 적용할 필요성을 나타내는 좋은 사례다. 다시 말해 피트니스 함수로 아키텍처 구조를 보완해야 한다.

[그림 9-12]의 아키텍처를 살펴보자.

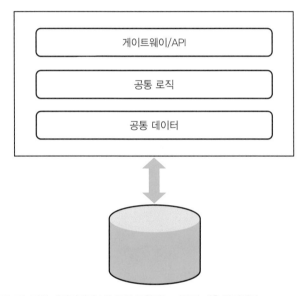

그림 9-12 컴포넌트와 모놀리식 데이터베이스를 모두 포함하는 기존의 계층 아키텍처

[그림 9-12]에서 아키텍트는 기술적 기능을 기준으로 아키텍처를 분할했다. (각 계층의 자세한 기능은 중요치 않다.) 그러나 DDD 개념에 입각해 통합 아키텍처를 분석하면 [그림 9-13]처럼 경계 콘텍스트로 격리해야 할 애플리케이션 영역을 식별할 수 있다.

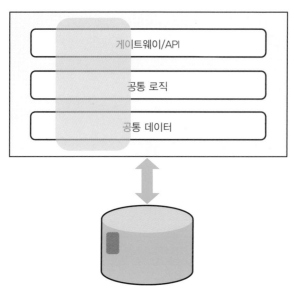

그림 9-13 아키텍처에 내재된 경계 콘텍스트

[그림 9-13]은 기술 계층 내부의 경계 콘텍스트(어두운 영역)를 나타낸다. 이 상태에서 도메인을 기준으로 계층을 한 번 더 나누어도 문제는 없다. 그러나 분할 과정에서 추가적인 커플링이 발생하지 않도록 주의해야 한다.

그래서 [그림 9-14]와 같이 경계 콘텍스트 사이에서 통신을 차단하는 피트니스 함수를 추가한다.

각 분할 지점에 피트니스 함수를 구축하면 우발적인 커플링을 방지할 수 있다. 물론, 항상 말했듯이 이러한 피트니스 함수의 구체적인 형태를 확정할 수는 없다. 피트니스 함수의 모습은 피트니스 함수가 보호하려는 자산에 따라 달라진다. 그러나 궁극적인 목표는 분명하다. 동조성의 지역성 원칙을 고수하고 경계 콘텍스트의 원칙이 깨지지 않도록 보호하는 것이다.

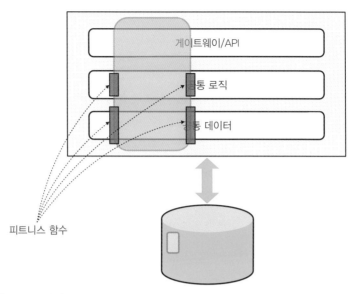

게이트웨이/API

공통 로직

공통 데이터

피트니스 함수

그림 9-14 계층 아키텍처의 경계 콘텍스트

9.4 시작 지점

커다란 진흙 공$^{Big Ball of Mud}$으로 대변되는 낡은 아키텍처는 진화성을 도입할 시작 지점을 찾기 어렵다. 진화성 구축의 첫 단계는 일반적으로 적정 커플링과 모듈 사용성을 파악하는 것이지만, 가끔 다른 우선순위를 따라야 할 때가 있다. 예를 들어 데이터 스키마가 손대기 힘들 정도로 결합도가 높다면 DBA가 먼저 모듈성을 검토하는 것이 효과적일 것이다. 다음 절부터 진화적 아키텍처를 구축하는 일반적인 전략들과 채택 근거를 살펴보자.

9.4.1 낮게 매달린 과일

진화적 아키텍처의 필요성을 입증하려면 초반의 소소한 성공 사례가 필요하다. 이 경우 아키텍트는 아키텍처에서 가장 다루기 쉬운 요소를 선택해야 한다. 이미 상당히 분리되어 있으며 주요 의존성 경로에서 벗어난 구성 요소가 적당하다. 모듈성 증가와 커플링 감소를 이끌어내는 과정에서 진화적 아키텍처만의 특성인 피트니스 함수와 증분 변경 기술을 시연할 수 있다. 격리 수준을 더 높이면 피트니스 함수를 구현하고 집중 테스트를 수행하는 것도 가능하다. 배포 단위를 격리하면 배포 파이프라인을 더 쉽게 구축할 수 있고 한층 견고한 테스트를 수행하는 플랫폼이 갖춰진다.

메트릭은 증분 변경 환경에서 배포 파이프라인이 남기는 부속물이다. 개념 증명 과정에서 개발 자는 개발 전과 후의 시나리오에서 모두 메트릭을 수집해야 한다. 구체적인 데이터는 개발자의 방법론을 심사하는 가장 좋은 근거 자료다. 시위가 토론을 이긴다는 격언을 항상 마음에 되새기 길 바란다.

이렇듯 '가장 쉬운 것부터' 원칙은 가치를 비용을 대가로 리스크를 최소화한다. 접근하기 쉽고 가치도 높은 목표 지점이 없는 한, 이러한 원칙이 최선의 선택이다. 회의적인 문화 속에서 진화 적 아키텍처의 가능성을 조금이나마 엿보고 싶은 기업에게 추천할 만하다.

9.4.2 최대 가치 우선

'가장 쉬운 것부터'의 상대편에는 '최대 가치 우선' 원칙이 있다. 시스템의 가장 중요한 부분을 확인하고 이를 중심으로 진화적 행동을 구축하는 방식이다. 기업이 이러한 방식을 선호하는 몇 가지 이유가 있다. 첫째, 아키텍트에게 진화적 아키텍처에 대한 확신이 있을 때 가장 가치 있는 부분을 선택하는 행위는 아키텍트의 헌신을 강조하는 효과가 있다. 둘째, 진화적 아키텍처를 검토하는 단계에 있는 기업은 이러한 기술을 기존 생태계에 어느 정도까지 적용 가능할지 궁금 할 것이다. 따라서 가장 가치가 높은 부분을 먼저 선택함으로써 진화적 아키텍처가 가져올 장 기적인 가치를 가늠해볼 수 있다. 셋째, 기존 애플리케이션에 이러한 기술이 통용될지 아키텍 트 스스로가 확신하지 못하고 있다면, 시스템의 가장 중요한 부분을 통해 개념을 증명함으로써 향후 진행 여부를 결정하는 데이터를 얻을 수 있다.

9.4.3 테스트

시스템에 테스트가 없다며 한탄을 금치 못하는 기업이 많다. 코드베이스에 테스트가 없거나 빈 약한 수준으로 구현되어 있다면 일부 핵심적인 테스트를 우선적으로 추가하는 것도 좋은 방법 이다. 진화적 아키텍처 전환은 그다음 일이다.

코드베이스에 테스트만 추가하는 프로젝트는 대부분 눈총을 받기 마련이다. 특히 신기능 구현이 지연되는 와중에 개발자가 테스트만 만들고 있다면 경영진이 이를 곱게 볼 리가 없다. 아키텍트는 단위 테스트에서 더 나아가 모듈성 증가와 고수준 테스트를 접목해야 한다. TDD 방법론에 따라 단위 테스트로 기능을 래핑하면 엔지니어링 관행에 기본 틀을 제공하는 효과가 있다. 그러나 단위 테스트를 코드베이스에 추가하려면 시간이 걸린다. 코드를 재구성하기에 앞서 대략적인 기능 테스트를 추가하면 재구성 이후 시스템의 행동이 변경되지 않았는지 전반적으로 검증할 수 있다.

테스트는 진화적 아키텍처의 증분 변경에 관련된 중요한 컴포넌트이며, 피트니스 함수는 테스트를 적극적으로 활용한다. 따라서 일정 수준의 테스트는 피트니스 함수를 활용하기 위해 꼭 필요한 요소다. 또한 테스트의 포괄성과 진화적 아키텍처 구현의 용이성 사이에는 강한 상관관계가 존재한다.

9.4.4 인프라스트럭처

신기능 도입이 유난히 더딘 기업에서 혁신의 부재로 인해 가장 피해를 보는 조직은 운영 그룹이다. 이렇듯 인프라에 결함이 있는 기업은 진화적 아키텍처를 구축하기에 앞서 이 문제를 먼저 바로잡는 것을 고려해야 한다. 인프라의 문제는 다양한 형태로 나타난다. 가령 일부 회사는 모든 운영 업무를 협력사에 아웃소싱하며 생태계의 핵심 요소를 방치한다. 이러한 조직에 데브옵스를 도입하는 난이도는 업체 사이의 조정 오버헤드를 짊어진 채 수십 배로 증가한다.

또 다른 인프라 기능 장애는 개발과 운영 사이의 극복 불가능한 장벽이다. 코드의 작동 방식에 대한 통찰이 없는 개발자는 자신만의 장벽을 주변에 쌓는 경우가 많다. 이러한 격리 구조는 부서 간 정치가 만연한 기업에서 주로 발생하며 각 조직이 독자적으로 활동하는 경향을 보인다.

마지막으로, 아키텍트와 개발자가 모범 사례를 등한시할 경우 결과적으로 엄청난 양의 기술 부채가 인프라 내부에 축적된다. 우수한 아이디어는커녕 아키텍처와 인프라의 상호작용에 대한 기초적인 지식조차 없는 기업도 있다.

> **인프라는 항상 아키텍처에 영향을 미친다**
>
> 필자는 한때 호스팅 서비스 업체에 컨설팅을 제공한 경험이 있다. 이 업체는 2,500여 대에 달하는 많은 서버를 보유하고 있었으며, 운영 그룹은 각각 하드웨어, 운영체제, 애플리케이션 설치를 담당하는 팀으로 나뉘어 있었다. 개발자가 지원을 요청하면 이들은 티켓을 발행하고 자원이 배정되기를 기다렸다. 짐작한 대로, 이러한 티켓은 자원이 확충되기까지 몇 주가 지나도록 반송과 재신청을 오가며 운영의 블랙홀 속에서 떠돌곤 했다. CFO는 이미 몇 년 전에 회사를 떠난 CIO를 대신해 부서를 운영하며 문제를 악화시켰다. 으레 그렇듯 CFO의 최대 관심사는 비용 절감이었으며, 현대화라는 가치는 그에게 있어 그저 간접비에 불과했다.
>
> 운영 취약점을 조사하던 중, 이 업체의 서버 수용 인원이 5명에 불과하다는 사실이 한 개발자의 증언으로 밝혀졌다. 해당 업체의 애플리케이션이 매우 단순하다는 점을 고려하면 이는 충격적인 수치였다. 개발자들은 쭈뼛거리며, 그들의 서버가 HTTP 세션을 전설적인 수준으로 남용하고 있으며, 세션 자체를 하나의 거대한 인메모리 데이터베이스처럼 사용하고 있음을 밝혔다. 서버당 호스팅 사용자가 몇 명에 불과했던 것은 이 때문이었다. 더 큰 문제는 운영 그룹이 실제 프로덕션과 동일한 환경을 구성하지 못해 디버깅이 원활하지 않다는 점이었다. 심지어 그들은 정치적인 알력 관계에 얽매여 개발자들이 디버깅에 참여하는 것을 결사적으로 반대하고 있었다. 실제 애플리케이션과 상호작용할 수단이 없다면, 그 간 개발자가 점진적으로 가중시킨 혼란을 해결할 방법이 없다.
>
> 기초적인 계산 결과, 이들의 서비스는 지금보다 훨씬 더 적은 250여 대의 서버로 충분히 운영할 수 있음이 밝혀졌다. 그럼에도 이 업체는 지금까지 추가로 서버를 구입하고 운영체제를 설치하느라 바쁜 시간을 보냈던 것이다. 가장 역설적인 점은, 이들이 비용을 절감하기 위해 취했던 조치가 실제로는 회사에 더욱 막대한 비용을 초래했다는 사실이다.
>
> 막다른 곳에 몰린 개발자들은 게릴라성 데브옵스 그룹을 조직하며 대항했다. 또한 기존 운영 조직을 완전히 건너뛰고 직접 서버를 관리하기 시작했다. 언젠가는 두 그룹 사이에 싸움이 벌어질지도 모르지만, 단기적으로는 이들의 애플리케이션 재구성 작업에 진전이 보이기 시작했다.

결과적으로 컨설턴트의 조언은 마음에 안 들지만 인정할 수밖에 없는 명제로 귀결된다. 해결책은 상황에 따라 다르다는 것이다. 아키텍트, 개발자, DBA, 데브옵스, 테스트, 보안 등의 관계자들만이 진화적 아키텍처를 향한 최적의 로드맵을 그릴 수 있다.

9.4.5 사례 연구 PenultimateWidgets의 엔터프라이즈 아키텍처

PenultimateWidgets는 레거시 플랫폼의 주요 부분을 개편하는 방안을 고려하고 있다. 엔터프라이즈 아키텍트팀은 신규 플랫폼이 지녀야 할 모든 속성이 나열된 스프레드시트를 생성했다. 보안, 성능 메트릭, 확장성, 배포 가능성 등의 속성으로 범주를 나누고 각 범주마다 5~20

개의 상세 조건을 추가했다. 예를 들면 가동 시간 메트릭 중 하나는 모든 서비스의 가용성이 99.999여야 한다는 조건이 달려 있었다. 최종적으로 확정된 개발 항목은 총 62개였다.

이내 아키텍트는 이 방식에 몇 가지 문제가 있음을 깨달았다. 첫째, 프로젝트에서 이러한 62개 속성을 일일이 검증할 수 있는가? 아키텍트가 정책을 만들 수는 있지만 모두가 이를 지속적으로 따를 수 있을 것인가? 이러한 모든 속성을 수동으로 확인하는 것은 일회성 작업이라 해도 상당히 어려운 도전이 될 것이 분명했다.

둘째, 시스템의 모든 부분에 엄격한 가용성 지침을 적용하는 것이 이치에 맞는가? 관리자의 화면에 99.999%를 띄우는 것이 그렇게 중요한가? 포괄적인 정책은 종종 지독한 오버엔지니어링을 낳는 원인이 되기도 한다.

이러한 문제를 해결하기 위해 엔터프라이즈 아키텍트는 피트니스 함수로 기준을 정의하고 신규 프로젝트용 배포 파이프라인 템플릿을 만들었다. 아키텍트는 보안 등의 핵심 기능을 자동으로 확인하는 피트니스 함수를 배포 파이프라인에 내부에 설계하고, 서비스용 피트니스 함수(가용성 등)는 개별 팀의 몫으로 남겨두었다.

9.5 미래 전망

진화적 아키텍처의 미래 상태는 무엇일까? 모든 이가 진화적 아키텍처의 개념과 관행에 익숙해지면 일상적으로 이를 비즈니스에 반영하고 고도화시켜 데이터 주도 개발처럼 새로운 역량을 개발할 수 있다

피트니스 함수의 난도는 점점 높아지고 해야 할 일은 더욱 늘어난다. 그러나 문제를 해결한 많은 조직들이 자신들의 해결책을 공개함에 따라, 상황은 이미 진전되고 있다. 애자일을 중요하게 여기기 시작할 무렵 사람들은 자동화하기 불가능한 문제들이 있다며 한탄했지만, 용맹한 개발자들은 조금씩 전진하며 장애물을 극복했고 현재에 이르러 모든 데이터 센터를 자동화의 지배 아래 굴복시켰다. 넷플릭스의 구상이 개념화, 실체화된 시미안 아미^{Simian Army}는 그 자체로 엄청난 혁신인 동시에, 전체론적이고 지속적인 피트니스 함수를 지원하는 도구다(아직 이렇게 평하는 이는 아직 많지 않다).

지금부터 이 분야에 전도유망한 주제들을 살펴보자.

9.5.1 AI를 활용한 피트니스 함수

대규모 오픈 소스 인공지능 프레임워크는 점차 일반 프로젝트에 도입되는 추세다. 개발자가 소프트웨어 개발에 AI 도구를 활용하기 시작하면서 비정상적인 동작을 감지하는 AI 기반 피트니스 함수가 현실화되고 있다. 신용 카드 업체는 AI를 이용한 휴리스틱을 구현하고 세계 각지에서 발생하는 근 실시간 트랜잭션을 감지하는 용도로 활용하고 있다. 비슷하게, 아키텍트는 아키텍처의 이상 행동을 감지하는 조사 도구를 구축할 수 있을 것이다.

9.5.2 생성 테스트

생성 테스트^{generative testing}는 함수형 프로그래밍 커뮤니티 사이에서 널리 인기를 끌기 시작한 기법이다. 전통적인 단위 테스트는 각 테스트 케이스 내부에 올바른 결과가 포함된다. 그러나 생성 테스트는 개발자가 대량의 테스트를 실행하고 결과를 수집한 다음 통계와 분석을 이용해 이상 행동을 발견한다. 수치 범위 경계를 검사하는 보편적인 테스트를 떠올려보자. 전통적인 단위 테스트는 이제껏 알려진 오류 사례(음수, 롤오버 등)를 검사할 뿐, 예상할 수 없는 경계 조건에 대비하지 못한다. 반면 생성 테스트는 가능한 모든 값을 대입하고 문제가 발생한 경계 조건을 보고한다.

9.6 되는 이유와 안 되는 이유

아키텍처에 만병통치약은 존재하지 않는다. 모든 프로젝트는 명확하게 이득이 되지 않는 한, 진화성을 도입하기 위해 비용과 여력을 낭비할 필요가 없다.

9.6.1 기업이 진화적 아키텍처를 구축하는 이유

지난 몇 년 동안 많은 비즈니스 분야에서 변화의 주기가 급속히 빨라졌다. 이는 8장에서 언급했던 포브스의 선언처럼, 모든 회사가 소프트웨어 개발과 전달에 익숙해져야 한다는 전제를 뒷받침한다. 이러한 전제에 입각해 진화적 아키텍처가 합리적인 선택인 이유를 논의해보자.

예측성 vs 진화성

많은 기업이 리소스 전략 등의 장기 계획을 중요하게 여긴다. 기업은 분명 예측성에 높은 가치를 둔다. 그러나 소프트웨어 개발 생태계의 동적 균형으로 인해 예측성의 가치는 퇴색되었다. 엔터프라이즈 아키텍트는 여전히 계획을 수립할 수 있지만, 언제든지 무효화될 수 있음을 명심해야 한다.

견고하고 안정적인 산업 분야도 진화가 멈춘 시스템의 위험성을 간과해서는 안 된다. 택시 산업은 수 세기에 걸쳐 국제적인 업력을 쌓았지만 승차 공유 기업이 등장하는 순간 크나큰 동요를 겪어야 했다. 생태계의 변화가 일으킨 영향력을 이해하고 발 빠르게 대응한 새로운 경쟁 상대가 등장했기 때문이었다. 혁신가의 딜레마[16]는 이렇듯 안정적인 시장에 정착했던 기업이 언제든지 실패할 수 있는 가능성을 의미한다. 스타트업의 기민함은 변화하는 생태계에 대처하기 위한 필수 조건이다.

진화적 아키텍처를 구축하려면 시간과 노력이 필요하다. 그러나 이에 대한 보상은 대대적인 재작업 없이 시장의 실제 변화에 대응할 수 있을 때 주어진다. 예측성은 메인프레임과 관제센터의 향수를 불러일으키는 시대의 위상을 결코 되찾지 못할 것이다. 개발자가 몸담은 세계는 특유의 높은 변동성을 앞세워 모든 조직이 점진적인 변화를 향해 나아가도록 압력을 가하고 있다.

확장성

관계형 데이터베이스를 배경에 둔 트랜잭션 시스템은 한동안 모범적인 아키텍처로 여겨졌다. 이러한 시스템은 데이터베이스의 다양한 기능을 동원해 관련 요소들을 조정한다. 이 방식의 문제는 백엔드 데이터베이스의 확장성이 충분하지 않다는 점이다. 온갖 복잡다단한 기술들이 보완책으로 등장했지만, 확장성을 저해하는 근본 원인인 커플링을 해결하지 못하는 미봉책에 그쳤다. 아키텍처의 모든 커플링 지점은 결국 확장을 방해한다. 데이터베이스 수준에서 이를 조정하려 하면 결국 한계에 부딪히게 된다.

아마존이 직면했던 문제가 정확히 이와 같다. 원래 아마존 사이트는 모놀리식 백엔드와 모놀리식 프런트엔드로 구성되었으며 백엔드는 데이터베이스를 중심으로 설계되었다. 따라서 아마존

---

16 https://oreil.ly/1d6Zx

은 트래픽이 증가할 때마다 데이터베이스를 확장해야 했다. 어느 시점에 이르자 데이터베이스의 규모는 한계에 도달했고 그 영향으로 사이트의 성능이 저하되기 시작했다. 간단히 말하면, 모든 페이지의 로딩 속도가 느려졌다.

이러한 경험을 통해 아마존은 모든 것이 연결된 단 하나의 지점(관계형 데이터베이스, 엔터프라이즈 서비스 버스 등)이 궁극적으로 확장성을 제한한다는 사실을 깨달았다. 부적절한 커플링을 제거하고 아키텍처를 마이크로서비스 스타일에 가깝게 재설계하고 나서야, 비로소 아마존은 전체 생태계를 확장할 수 있었다.

진화성은 디커플링에 뒤따르는 부수적 이득이다. 이 책 전반에 걸쳐 설명했다시피 부적절한 커플링은 진화를 가로막는 가장 큰 장애물이다. 확장 가능한 시스템을 구축하는 과정은 진화 가능한 시스템을 구축하는 과정과 많은 면에서 일치한다.

고급 비즈니스 기능

페이스북, 넷플릭스 등의 첨단 기업이 갖춘 정교한 기술력을 탐내는 기업이 많다. 증분 변경 기술이 정착되면 가설 주도 개발 및 데이터 주도 개발처럼 이름난 관행을 도입할 수 있다. 다변량 테스트multivariate testing를 활용하면 사용자를 피드백 순환에 통합시킬 수 있다. 이러한 고급 데브옵스 기법의 핵심 빌딩 블록은 진화적 아키텍처다. 진화적 아키텍처가 없다면 A/B 테스트조차 수행하기 어렵다. 컴포넌트 결합 수준이 높고 관심사를 각각 고립시킬 수 없기 때문이다. 이처럼 진화적 아키텍처는 불가피하고 불특정한 변화에 맞서 기업의 기술적인 대응력을 높이는 역할을 한다.

비즈니스 지표로서의 순환 주기

3.1.1절에서 지속적 전달과 지속적 배포를 잠깐 살펴봤다. 전자는 한 개 이상의 배포 파이프라인에서 수동 또는 자동으로 풀pull 작업을 수행하면 달성할 수 있다. 후자는 전자의 모든 단계를 자동으로 수행하며 성공 여부에 따라 차례대로 승격시킨다. 지속적 배포를 구축하려면 상당히 정교한 엔지니어링이 필요하다. 기업이 이렇게까지 해야 하는 이유는 무엇일까?

시장은 이미 순환 주기를 비즈니스의 차별화 요소로 인정했다. 보수적인 일부 대기업은 소프트웨어를 오버헤드로 간주하고 비용 절감 대상으로 취급한다. 그러나 혁신적인 기업에게 소프트웨어는 경쟁 우위를 점하는 수단이다. 예를 들어, PenultimateWidgets의 순환 주기가 6주인데 비해 경쟁사인 AcmeWidgets는 자사의 아키텍처를 활용해 순환 주기를 3시간으로 줄였다고 가정해보자. 시장에서 유리한 고지를 점령할 기회는 AcmeWidgets에게 먼저 주어질 것이다.

치열한 경쟁 시장에 놓인 수많은 기업은 순환 주기를 최고의 비즈니스 지표로 격상시켰다. 모든 시장이 결국 이러한 방식으로 경쟁하게 될 것이다. 1990년대 초 일부 대기업은 소프트웨어를 통해 수동 워크플로를 자동화하는 일에 적극적으로 앞장섰다. 결과적으로 자동화의 필요성은 모든 기업을 일깨웠으며, 선도적인 기업들은 큰 반사이익을 얻었다.

퀀텀 수준의 아키텍처 특성 격리

전통적인 비기능적 요구 사항을 피트니스 함수로 전환하고 캡슐화된 아키텍처 퀀텀을 구축함으로써, 아키텍트는 퀀텀마다 서로 다른 특성을 부여할 수 있다. 이는 마이크로서비스 아키텍처의 이점 중 하나다. 하나의 퀀텀이 보유한 기술 아키텍처는 다른 퀀텀으로부터 격리되므로 아키텍트는 용도에 따라 다른 아키텍처를 선택할 수 있다. 소형 서비스는 마이크로커널 아키텍처의 작은 핵심부와 증분 변경 기능이 있으면 충분하다. 확장성이 중요한 서비스는 이벤트 기반 아키텍처가 적합하다. 이러한 두 서비스를 하나의 모놀리스에 담으려면 양쪽의 요구 사항을 모두 수용하기 위한 트레이드오프를 절충해야 한다. 그러나 퀀텀 수준에서 기술 아키텍처를 고립시킬 수 있다면 아키텍트는 양측의 요구 사항을 저울질할 필요 없이 각 퀀텀에 필요한 주요 특성에 온전히 집중할 수 있다.

적응 vs 진화

많은 조직이 점진적으로 증가하는 기술 부채와 재구조화 지연이라는 함정에 빠진다. 이에 따라 시스템과 통합 지점은 점점 취약해진다. 이러한 취약성을 극복하기 위해 서비스 버스^{service bus} 같은 연결 도구를 사용해보지만 기술적 문제가 일부 완화될 뿐 비즈니스 프로세스 깊이 자리잡은 논리적 응집도를 해소하지는 못한다. 서비스 버스를 사용하려면 현재의 서비스가 지금까지와 다른 사용 방식에 적응^{adapting}해야 한다. 그러나 여러 번 언급했다시피, 적응의 부작용은 기술 부채 증가다. 개발자에게 적응이란 원래의 동작을 보존하고 새로운 동작을 나란히 추가하는 것이다. 컴포넌트가 순환 주기를 겪은 회수가 늘어날수록 병렬 동작과 복잡도는 점점 증가한다. 이러한 변화는 전략적인 방향과 어긋날 가능성이 크다.

기능 토글feature toggle은 적응이 긍정적인 효과를 발휘하는 좋은 예다. 개발자는 종종 가설 주도 개발 기법으로 여러 대안을 시도하며, 기능 토글을 이용해 사용자의 반응을 테스트한다. 이 경우 기능 토글이 유발하는 기술 부채는 목적이 명확하며 바람직하다. 물론 기능 토글은 용도를 다하는 즉시 제거하는 것이 엔지니어링 모범 사례를 따르는 길이다.

다른 관점에서, 진화는 근본적인 변화를 의미한다. 진화적 아키텍처 구축은 아키텍처의 변화를 의미하며, 변화 과정에서 아키텍처가 중단되지 않도록 피트니스 함수를 이용해 보호해야 한다. 이러한 변화의 최종 결과는 효과적이며 지속적으로 진화하는 시스템이다. 시스템에 남아 있던 낡은 솔루션은 더 이상 자신의 유산을 축적할 수 없게 된다.

9.6.2 기업이 진화적 아키텍처를 구축하지 않는 이유

진화적 아키텍처가 만병통치약은 아니다. 기업이 이러한 주의 사항을 명심해야 할 이유가 몇 가지 있다. 지금부터 하나씩 살펴보자.

커다란 진흙 공

아키텍트는 아키텍처의 타당성feasibility을 간과하는 경향이 있다. 타당성이란 진화적 아키텍처가 반드시 필요한가에 대한 답변이다. 절망적인 수준으로 결합도가 높은 커다란 진흙 공Big Ball of Mud은 깔끔하게 진화시키는 것보다 버리고 새로 만드는 것이 더 쉬울지도 모른다. 기업은 일반적으로 조금이라도 가치를 지닌 자산은 버리려 하지 않는다. 그러나 개편이 구축보다 더 큰 비용이 드는 경우가 가끔 있다.

현재 상황이 둘 중 어느 쪽에 가까운지 판단하려면 어떻게 해야 할까? 기존 아키텍처를 진화적 아키텍처로 변환하는 첫 단계는 모듈성modularity 파악이다. 따라서 개발자의 첫 번째 작업은 현재 시스템에 존재하는 모든 모듈성을 확인하고 이를 중심으로 아키텍처를 재구성하는 것이다. 아키텍처의 얽힘이 완화될수록 아키텍처의 기반 구조가 더욱 잘 드러나며, 아키텍트는 이를 분석하고 아키텍처 재구성에 드는 노력을 합리적으로 추정할 수 있다.

지배적인 아키텍처 특성

진화성evolvability은 아키텍처 스타일을 선택하기 위해 평가하는 여러 특성 중 하나일 뿐이다. 서로 상충되는 핵심 목표를 동시에 완벽하게 지원할 수 있는 아키텍처는 없다. 가령 고성능과 대규모라는 두 목표를 동시에 달성하는 아키텍처를 구축하기는 어렵다. 마찬가지로, 진화적 변화보다 다른 목표가 더 중요한 경우가 있다.

대부분의 경우 아키텍트는 가급적 넓은 범위에서 요구 사항에 부합하는 아키텍처를 선정한다. 예를 들어 고가용성, 보안, 확장성을 중요시하는 아키텍처를 가정해보자. 이러한 요구 사항들은 모놀리식, 마이크로서비스, 이벤트 기반 아키텍처 등의 선택지를 준다. 그러나 도메인별 아키텍처domainspecific architecture로 알려진 유형은 하나의 특성을 극대화시킨다는 특징이 있다. 특정 목적에 맞게 구축된 아키텍처가 추후 다른 관심사를 수용하도록 발전하기는 어렵다(개발자가 몹시 운이 좋고 관심사도 겹친다면 모를까). 이처럼 대부분의 도메인별 아키텍처는 더 우선시하는 관심사가 있으므로 진화에 연연해하지 않는다.

희생적 아키텍처

마틴 파울러는 희생적 아키텍처[17]를 버려지도록 설계된 아키텍처라 정의했다. 많은 기업이 초기 시장 조사, 생존 가능성 타진 등을 위해 약식으로 아키텍처를 설계한다. 이후 기업의 존속이 입증되면 시스템이 드러내는 특성에 맞추어 실제 아키텍처를 구축한다.

희생적 아키텍처를 전략적으로 활용하는 기업도 많다. 최소 기능 제품[18]은 시장을 시험해보기 위해 최소한의 노력을 들여 구현한 제품이다. 희생적 아키텍처 유형으로 먼저 구축하고, 제품이 시장에서 검증된 이후 더욱 견고한 아키텍처를 구축할 것을 기약한다. 희생적 아키텍처는 진화하는 존재가 아닌, 적정 시점에 영구적으로 대체되는 존재를 상징한다. 클라우드 업체는 이와 비슷한 개념을 서비스로 제공하며, 신규 시장을 개척하거나 신제품의 타당성을 실험하는 기업에게 각광받고 있다.

폐업 예정 비즈니스

진화적 아키텍처는 변화하는 생태계의 압력으로부터 기업의 적응을 돕는다. 만일 1년 이내에 사업을 접을 계획이라면 아키텍처에 진화성을 구축할 이유가 없다.

---

17 https://oreil.ly/0RyeF
18 https://oreil.ly/SgSj8

요약

진화적 아키텍처는 아키텍트가 간단히 다운로드하고 실행할 수 있는 만능 도구 상자가 아니다. 소프트웨어 엔지니어링 분야에 누적된 경험과 이를 기반으로 확립된 아키텍처 거버넌스를 다루는 전체론적 접근법이다. 진정한 소프트웨어 엔지니어링은 진화적 아키텍처의 두 기능인 자동화와 증분 변경에 의존한다.

턴키 turnkey 도구는 생태계에 존재하지 않는다는 점을 기억하기 바란다. 가장 중요한 질문은 '나에게 필요한 정보가 과연 존재하는가?'이다. 만일 그렇다고 답한다면, 손수 만든 간단한 스크립트 도구만으로 다양한 데이터를 수집 및 집계함으로써 아키텍처의 가치를 더할 수 있다

아키텍트가 모든 피트니스 함수를 공들여 구현할 필요는 없다. 단위 테스트로 도메인을 검사할 때와 마찬가지로, 아키텍트는 고가치가 부여된 피트니스 함수에 주력하고 이들을 만들어 유지하는 노력을 정당화할 수 있어야 한다. 아키텍처의 진화에 절대적인 최종 상태란 없다. 다만 이에 근접하는 가치의 정도만이 존재할 뿐이다.

소프트웨어 시스템을 발전시키기 위해 아키텍트는 구조 설계와 엔지니어링 관행이 만들어내는 시너지 효과를 확신할 수 있어야 한다. 커플링 제어와 검증 자동화는 아키텍처 거버넌스의 핵심 조건이다. 도메인, 기술 변화, 또는 둘 모두를 통해 진화하는 안정된 아키텍처는 이러한 전제를 바탕으로 탄생한다.

INDEX

O'REILLY® Building Evolutionary Architectures,
2nd Edition

소프트웨어 개발 생태계에 혁신을 가져올 진화적 아키텍처

어떻게 하면 소프트웨어 아키텍처를 유연하게 만들어 비즈니스와 기술 변화의 속도에 대응할 수 있을까? 그 해답 중 하나는 진화적 아키텍처에 있다. 누군가에게는 낯설 수 있지만, 다른 누군가는 진화적 아키텍처를 구축하여 개발자가 기존의 서비스를 그대로 유지하면서 언제든지 새로운 서비스로 이전할 수 있는 유연성을 얻게 되었다.

이 책을 읽는 모든 개발자가 진화적 아키텍처에 쉽게 다가갈 수 있도록 이 책은 크게 두 가지 주제로 나누어서 설명한다. 첫 번째 주제는 진화적 아키텍처를 구현하기 위한 엔지니어링 실천 방법으로, 실제 아키텍처 설계와 구축에 필요한 기술과 접근 방법을 다룬다. 두 번째 주제는 진화적 아키텍처를 더욱 용이하게 만드는 구조적인 접근 방법으로, 아키텍처의 구조 설계와 조직화 방법을 논의한다. 이 책을 통해 비즈니스와 기술 변화에 유연하게 대응할 수 있는 아키텍처를 구축하는 방법을 습득하길 바란다.

진화적 아키텍처 기술의 현 상황을 이해하는 필수적인 로드맵으로, 부족함이 없는 도서이다.

마틴 파울러, 『리팩터링』 저자 / 쏘우트웍스 수석 과학자

소프트웨어가 할 수 있는 일에 대한 기대치가 점점 증가하면서 우리는 아키텍처를 진화시켜 이에 대응할 방법을 찾아야 한다. 이 책은 시스템 아키텍처를 고정된 장애물이 아닌 유연한 도구로 바라보는 방법을 이해하는 데 도움을 주는 핸드북이다.

샘 뉴먼, 『마이크로서비스 아키텍처 구축』 저자 / 쏘우트웍스 아키텍트

개발자들은 주로 구현 기술에 더 치중되어 있어 아키텍처 용어에 익숙하지 않아 이 책을 읽는 데 어려움을 느낄 수 있다. 하지만 조금만 인내를 가지고 초반의 문턱만 넘으면 평생 자산이 될 지식을 얻게 될 것이다.

박성철, 컬리 물류 프로덕트 본부장

관련 도서

마이크로서비스 아키텍처 구축	소프트웨어 아키텍처 101	소프트웨어 아키텍처 The Hard Parts

소프트웨어 공학 / 개발방법론

93000

9 791169 211345
ISBN 979-11-6921-134-5
정가 26,000원

O'REILLY® **한빛미디어** Hanbit Media, Inc.